평생 주식투자로 부자 되는
실전 투자 절대 원칙

평생 주식투자로 부자 되는

실전 투자 절대 원칙

초판 1쇄 인쇄 2022년 7월 11일
초판 1쇄 발행 2022년 7월 15일

지은이 박정식
펴낸이 박수길
펴낸곳 (주)도서출판 미래지식
디자인 최치영

주소 경기도 고양시 덕양구 통일로 140 삼송테크노밸리 A동 3층 333호
전화 02)389-0152
팩스 02)389-0156
홈페이지 www.miraejisig.co.kr
전자우편 miraejisig@naver.com
등록번호 제 2018-000205호

ISBN 979-11-91349-51-1 13320

미래지식은 좋은 원고와 책에 관한 빛나는 아이디어를 기다립니다.
이메일(miraejisig@naver.com)로 간단한 개요와 연락처 등을 보내주시면
정성으로 고견을 참고하겠습니다. 많은 응모바랍니다.

평생 주식투자로 부자 되는

실전 투자 절대 원칙

박정식 지음

미래지식

함께 걸어가는
주식투자의 길

워런 버핏(Warren Buffett)은 주식 중개인이었던 아버지를 따라 여덟 살 때부터 주식 관련 책을 읽기 시작했고, 열 살이 되었을 때는 이미 오마하 도서관에 있는 투자 관련 책을 모두 읽을 정도가 되었다고 한다. 제시 리버모어(Jesse Lauriston Livermore)도 14세부터 보스턴의 한 주식중개소에서 시시때때로 변하는 주가를 커다란 호가 판에 옮겨 적는 일을 했다고 한다. 이것이 주식투자의 동기가 되어 훗날 큰 성공을 이루었다. 나 또한 중학교 시절부터 부모님을 대신해 컴퓨터로 시세를 확인하면서 주식을 자연스럽게 접할 수 있었다. 수많은 숫자가 어지럽게 흩어져 있고, 의미를 알 수 없는 빨간색과 파란색 기둥이 어린 나의 마음을 흔들었다. 하지만 신기하다며 이것저것 주식 창을 둘러보던 흥미는 이내 식어 버렸고, 직접 주식을 해 봐야겠다는 도전적인 마음조차 품지 않았다. 대학 진학 때까지 그저 시세를 실시간으로 알려주는 역할을 했을 뿐이다.

우연한 계기로 나의 주식투자 인생은 본격적으로 시작되었다. 집안 사업인 금형공장의 주 거래처인 일진전기 주식으로 아버지가 큰 수익을 내면서 본격적인 관심을 가지게 되었다. 20세가 되던 2001년에 40만 원이라는 소액으로 첫 주식 거래의 문을 열었다. 당시는 IT 버블이 꺼지고 있던 시기라 상장 폐지되는 종목들이 상당히 많았다. 몇십 원에 거래되던 종목들도 많았는데 이런 종목은 호가가 5원 단위로 거래되었기에 한 호가만 높게 거래되어도 높은 수익을 올릴 수 있다는 허황된 욕심이 생겼다.

주식을 전혀 모르고 뛰어들었던 호기로움 탓이었을까? 10원 대에서 5원 단위로 거래되던 주식은 쉽게 매수는 되지만 매도가 되지 않는 아이러니한 상황이 벌어졌다. 40만 원 중 30만 원은 그렇게 사라져 갔다. 남은 10만 원으로 무엇을 살까 고민하던 중 채권단에 매각되면서 워크아웃에 돌입하게 된 하이닉스 반도체가 눈에 들어왔다. 2003년에 나머지 10만 원을 주당 760원의 가격으로 하이닉스에 100% 투자했다. 투자 이후 대규모 감자 등 여러 이슈가 있었는데, 당시 나는 입대를 앞두고 있었기에 한동안 주식은 들여다보지 않았다.

군 제대 후 주식투자를 본격적으로 공부할 심산으로 몇 년 전 사두었던 SK하이닉스 주식을 보았더니 이게 어찌 된 일인가? 주가가 3만 원 후반에서 거래되고 있었다. 첫 투자금 40만 원에서 손실 난 금액을 전부 회복하고도 남을 만큼의 수익을 내고 있었다. 이때가 내 주식 인생의 스타트였던 것 같다. 알 수 없는 감정이 일어났고, 나는 본격적으로 주식투자를 해야겠다고 마음먹었다.

2006년부터 본격적으로 주식투자를 공부하면서 2010년까지 수많은 주식투자 관련 도서를 읽었다. 당시 시중에 나온 주식 관련 도서의 90% 이상을 탐독했던 것 같다. 그런데 기술적 분석에 너무 몰입했던 탓인지, 재무제표를 기반으로 저평가 종목을 찾거나 장기적 관점의 투자 전략을 수립하기보다는 HTS를 활용한 차트 및 수급 분석을 통한 매매에 집중했다. 장기투자보다는 가격 흐름에 따른 단기투자를 중점적으로 한 것이다. 물론 단기투자로 수익을 낸 적도 있다. 하지만 돌이켜 생각해보면, 수익을 낸 돈을 불리기보다는 주식 계좌에 자금을 밑 빠진 독에 물 붓듯 수혈하고 있었다.

수년간 이어진 기술적 분석을 통한 실전 매매의 경험은 나에게 힘든 시간이었다. 만약 당시에 제대로 된 투자를 했다면, 그렇게 자주 자금을 계좌에 넣고 있지는 않았을 것이다. 문득 내 모습을 돌아보며 심각한 자괴감에 빠졌고, 몇 년간은 정말 주식 창을 쳐다보기도 싫었다.

어느 정도 반성의 시간을 가지고 난 후 우연히 철학을 접하게 되었다. 니체의 철학과 노자의 철학은 내 자신을 돌아보는 계기를 만들어 주었다. 그렇게 나의 고통(투자의 문제)의 근원을 찾을 수 있었다. 철학적 깨달음을 얻은 이후부터 나는 이전과는 다른 생각과 가치관으로 주식투자에 임하기 시작했다. 그때부터 나는 주식투자를 처음 시작했을 때 간과했던 재무제표를 면밀히 분석하기 시작했다. 또한, 단기투자보다는 장기투자의 관점에서 시장을 바라보게 되었다. 생각의 변화는 결과도 다르게 바꾸었으며, 그 이후부터는 손실이 나지 않고 꾸준하게 수익을 창출하고 있다.

이 책에는 나의 주식투자 실전 경험과 여러 성공과 실패 사례가 담겼다. 실패를 통해서는 무엇이 잘못되었는지를 배우고, 성공을 통해서는 어떻게 성공에 이를 수 있는지를 알 수 있다. 우리가 역사를 배우는 이유는 과거가 현재를 만들기 때문이다. 그리고 미래도 현재와 과거를 통해 예측할 수 있다. 주식투자에서도 성공했든, 실패했든 간에 자신이 걸어온 길을 돌아보는 작업은 반드시 필요하다.

나는 이 책에서 '기준과 원칙을 확립해야 한다'는 점을 강조했다. 배움도 중요하지만 '무엇을, 어떻게, 왜' 배우는지 먼저 생각해야 한다. 결국 주식투자는 돈을 벌기 위해 하는 것이고, 돈을 벌기 위해서는 공부를 해야 하며, 공부를 통해서는 자신만의 투자 기준과 원칙을 확립해야 한다. 이 책을 통해 독자들이 자신만의 투자 철학에 한 걸음 더 다가섰다면, 이 책의 목적을 이루었다고 생각한다.

초심자라면 기술적 분석을 다룬 장에서는 쉽게 이해하지 못하는 부분도 있을 것이다. 그렇더라도 포기하지 말자. 무엇이든 끝까지 손에서 놓지 않는 자가 성공한다. 앞이 보이지 않는 길에서 누군가와 함께 걸어갈 수 있다는 것만으로도 큰 힘이 된다. 이 책은 우리의 험난한 주식투자의 길에서 여러분과 내가 만나는 소통의 공간이 될 것이다. 우리 소통 공간이 독자들에게 주식투자의 든든한 길잡이가 될 수 있기를 간절히 바란다.

주식투자 디자이너

박 정 식

CONTENTS

자신을 너무 과대평가하지 말자. 우리는 인간이고 누구나 실수를 한다. 실수할 수 있다는 점을 인정

하고, 실수를 했다면 그것을 반복하지 않도록 하자. 독단과 자기 과신을 버리면 성공적인 투자에 더

가까워질 수 있다.

1장

평생 성공을

부르는

투자 마인드

주식투자, 기본을 지켜야 성공한다

이상만 좇으면 현실감을 잃는다

　주식투자를 이제 막 시작한 사람들의 이야기를 들어보면 대부분 좋은 결과를 얻었다고 말한다. 그리고 첫 투자 성과에 자신감을 얻은 초심자들은 투자 금액을 점차 늘려나간다. 그런데 초심자의 성과는 첫 투자처럼 계속될 수 있을까? 많은 투자자가 경험했겠지만 이런 행운은 대부분 지속되지 않는다. 이들은 얼마 지나지 않아 주식시장의 쓴맛을 제대로 보게 된다.

　개인 투자자들의 시작은 대체로 비슷하다. 처음에는 소 뒷걸음질로 쥐를 잡는 듯 보이지만, 이내 그 행운과도 같은 성과는 물거품이 된다. 주식시장을 쉽게 보고 들어갔다가 큰 손해를 입는 경우도 적지 않다. 큰 기대 없이 적은 금액으로 시작한 주식투자였는데 어느새 부동산이나 자동차를 담보로 주식을 산다. 화재 현장에서 초기에 불씨를 잡지 않으면 큰불을 막을 수 없듯이 주식투자도 마찬가지다. 투자 초기의 그릇되고 섣부른 판단과 행동이 화를 자초할 수 있다는 말이다.

40만 원으로 처음 주식투자를 시작했을 때 나는 초심자의 행운을 크게 느낄 수 없었다. 초기 주식투자 자금 40만 원 중 30만 원이 손실과 상장 폐지로 사라졌기 때문이다. 그래도 곰곰이 생각해보면 나도 초심자의 행운으로 볼 수 있는 성과는 있었다.

당시 손실을 본 30만 원은 나에게 큰돈이었다. 이미 주식시장의 뜨거운 맛을 본 나는 자포자기하는 심정으로 남은 돈 10만 원으로 SK하이닉스 종목을 매수했다. 내가 SK하이닉스를 매수한 시점은 2002년으로 21:1의 감자가 진행되기 전 1주당 760원의 가격이었을 때다. 그러고 나서 입대를 했으며, 한참 후 전역을 하고 2006년에 우연히 HTS를 열었는데, 이게 어찌 된 일인가? SK하이닉스 주가가 3~4만 원대에서 움직이고 있었다. 그리고 지금은 1주당 가격이 10만 원대를 넘어선 상황이니, 초기 자금을 회수하고도 남을 만한 수익을 내고 있다. 물론 그때 매수한 주식은 아직도 훈장처럼 보유하고 있다.

대개 초기 투자는 큰 기대를 하지 않고 조심스럽게 접근한다. 현 상황을 있는 그대로 받아들이면서 판단하는 것이다. 그렇기 때문에 긍정적인 결과가 나올 확률이 높다. 또 개인 투자자들이 초기 투자에서 지속해서 수익을 냈다면 주가 상승기인 경우가 많다. 이때는 다른 투자자들도 많은 수익을 내고 있던 시점이다. 그래서 이런 행운을 누린 초심자들은 주식시장을 쉽게 볼 여지가 커지고 주식투자로 어렵지 않게 많은 돈을 벌 수 있을 거라는 착각에 빠진다. 하지만 투자 기간이 길어지면 상황은 달라진다. 자신감은 자만심으로 번져 터무니없는 목표 수익을 잡기 일쑤고 주식투자를 통해 바라는 것들도 많아진다. 이때부터는 현 상황을 있는 그대로 바라보며 판단하는 것이 아니라 자신이 보고 싶은 대로, 바라는 대로 시장을 대한다. 현실감을 잃은 뒤부터는 상황을 왜곡해서 인식하기 시작한다. 투자가 정말 힘들어지는 시기가 온 것이다.

그렇다면 이 시기에 초심자가 현실적인 수익을 내기 위해서는 어떻게 해야 할까? 우선 자신의 생각과 욕망, 감정을 내려놔야 한다. 그러나 실제 행동으로 옮기기는 정말 힘든 일이다. 조금 더 쉽게 자신을 다스리기 위해서는 투자를 잘하는 사람들이 흔히 강조하는 투자의 기준과 원칙을 마련해야 한다.

사실 기준과 원칙을 마련한다는 것도 애매모호한 표현이다. 그리고 그것이 쉽게 세워지지도 않는다. 누구나 기준과 원칙을 세울 수 있고 또 누구나 그것에 따라 투자를 한다면 정말 많은 사람이 큰돈을 벌 것이다.

주식투자를 하는 사람들은 이미 투자로 성공한 사람들의 기준과 원칙을 배우려고 많은 강연을 듣고 책을 읽는다. '나도 저 사람처럼 똑같이 생각하고 행동하면 많은 돈을 벌 수 있을 거야'라는 마음으로 말이다. 하지만 아무리 열심히 듣고 읽어도 단기간에 성공적인 투자를 하기는 어렵다. 투자의 기준과 원칙을 마련하고자 하는 초심자들에게 꼭 전하고 싶은 말이 있다.

"기준과 원칙을 세운다는 것은 다르게 말하면 자신만의 투자 철학이 완성되었다는 의미이다. 즉, 자기 내면이 철학적으로 성숙하지 않으면 기준과 원칙이 형성될 수 없다. 최대한 많은 책을 읽고 많은 강연을 들으며, 그 속에서 자신에게 영감을 주는 포인트를 찾아라. 그리고 깨달음을 주는 부분에 더욱 파고들어 발전시켜라!"

대다수 초심자는 돈을 벌 수 있는 방법에 집중하겠지만, 나는 오히려 손실을 보지 않는 방법에 더욱 집중하라고 말하고 싶다. 손실을 보지 않으면 수익은 필연적으로 따라온다.

헛된 이상만 좇다 보면 현실감을 잃게 되고, 현실감을 잃으면 무조건 손실로 이어진다. 내가 원하지 않는 주가의 흐름, 즉 손실을 방어할 수 있는 자신만의 방법을 다양하게 생각하고 연구해야 한다. 그 인고의 시간이 지나면 어느 순간 투자 철학이 완성되고, 자신만의 기준과 원칙이 만들어질 것이다.

주식투자는
머리싸움이 아니다

'기다림'이라는 말에는 기대감, 여유, 초조함, 애태움 등 다양한 감정이 들어있다. 특히 여유와 초조함이라는 정반대의 감정이 동시에 나타나기도 하는데, 아마도 현재의 상황과 마음가짐의 차이일 것이다. 누군가에게는 기다림이 불확실한 미래라는 점에서 초조함을 불러올 테고, 반면 긍정적으로 상황을 인식하고 확신이 섰다면 또 다른 누군가에게는 기다림도 여유가 될 수 있다.

주식투자에서 필요한 기다림의 감정은 여유다. 여유는 주변의 사물을 있는 그대로 보고 제대로 인식하게 하는 힘이 있다. 무언가에 쫓기거나 급하게 마음먹으면 자신의 생각에 갇혀 주변과 상황을 유심히 관찰할 수 없다. 주식투자에 첫발을 내디딘 사람들은 대개 마음이 조급하기 마련이다. 구입한 종목이 더 빨리 오르기를 바라고, 다른 종목이 급등했다는 소식에 본능적으로 눈길이 간다. 예를 들어 조정 장세에 많은 종목이 하락하고 있다고 하자. 그때는 자신이 보유한 좋은 종목들도 장세에 영향을 받아 조정될 확률이 높다. 하지만 조정 장세에서도 테마성이 있는 종목들은 급등할 수 있다. 초심자들은 급등하는 종목을 보면서 '왜 난 저런 것에 투자하지 않았을까?' 하며 자괴감을 느끼고 자신의 투자가 잘못된 것처럼 생각한다. 하지만 조정 장세에 급등하는 종목들을 골라 집중 투자해서 고수익을 올리는 사람은 극히 드물다. 아니, 거의 없다고 보면 된다. 그런데도 자괴감을 느끼는 것은 자기 투자에 대한 확신이 없으며 마음이 조급하기 때문이다. 너무나 많은 사람이 초조함과 조급함으로 투자에 실패한다.

주식투자자가 확실한 기준과 원칙이 아닌, 일시적인 인기나 다른 투자자의 움직임에 편승해 매매에 나서는 것을 일명 '뇌동매매(雷同賣買)'라고 한다. 뇌동매매는 '묻지 마 투자'의 일종으로 '남이 하니까 따라 한다'라는 심리에서 비롯된다. 일부 세력들은 개인 투자자들의 이런 심리를 너무나 잘 알기 때문에 주가를 움직여 그들의 돈을 빨아들이기도 한다. 개인이 세력을 이길 수 없다고 말하는 사람도 있지만, 중심을 잡고 학습을 통해 자신이 마련한 기준과 원칙에 따라 투자한다면 좋은 결과를 얻을 수 있다.

인간은 미래의 일을 정확히 알 수 없다. 그래서 사업이나 투자를 할 때 현실을 있는 그대로 바라보고 그것에 맞게 대응하는 것이 현명하고 긍정적인 결과를 만들어내는 최고의 방법이다. 주식투자도 마찬가지다. 내일 주식시장의 상황은 누구도 정확히 알수 없다. 다만, 다양한 자료와 근거로 시장 상황을 유추하고 분석하면서 논리적으로 예측하는 것이다. 하지만 명심해야 한다. 예측은 예측일 뿐이다. 모든 예측대로 들어맞는다면 주식투자에서 돈을 잃는 사람은 없을 거다. 모든 일이 그렇겠지만 주식투자는 더더욱 얼마나 부지런한지, 얼마나 똑똑한지와 상관없이 돈을 잃는 사람들이 부지기수다. 한 시대를 개척한 선구자들도 미래를 예견한 것이 아니라 현실에 충실했을 뿐이라고 이야기한다.

대부분 투자자가 손실을 보는 이유 중 하나는 좋은 리포트나 주변 사람의 추천, 혹은 전문가의 추천으로 이미 가격이 많이 상승한 종목에 투자하기 때문이다. 이런 종목은 주식시장이 조금이라도 불안정해지면 주가가 내리며 큰 손실을 낸다. 반면 재무제표 대비 시장에서 크게 부각되지 않은 저평가된 주식은 누구도 추천하지 않지만, 이후에 실적이 점차 개선되고 이슈가 붙으면 자연스럽게 주가가 오르며 대시세를 만든다.

다시 말하지만, 주식투자는 절대로 머리로 하는 것이 아니다. 기다릴 줄 아는 사람이 성공한다. 그렇다고 무턱대고 기다리는 게 아니라 자신만의 기준과 원칙으로 종목을 탐색하고, 느긋한 마음으로 때가 오기를 기다리면 된다. 저평가된 종목은 시간이 지나면 시장 상황과 무관하게 꾸준히 수익을 만들 수 있다. 또 여유 있게 기다릴 줄 알아야 현실을 정확히 탐색하고 판단할 수 있는 이성적 사고도 가능하다. 인내야말로 주식투자자들의 가장 큰 덕목이라는 것을 명심하자.

여윳돈이 없다면 숨고르기 타이밍이다

기다림의 미학이 투자자의 가장 중요한 덕목이다. 그러나 자금이 없거나 미수나 신용을 이용해 주식투자를 한다면 조급해지기 마련이고, 조급해지면 투자에 실패할 가능성도 그만큼 커진다. 여윳돈이 없다면 주식투자를 아예 하지 말라는 뜻은 아니다. 당장 급하게 투자한 돈을 빼지 않고도 생활이 가능하다면 주식투자를 해도 된다. 하지만 여윳돈이 많든 적든 가진 재산을 다 넣는 일명 '몰빵'은 투자자가 가장 피해야 할 상황이다. 투자를 할 때 항상 일정 부분은 현금을 보유하는 것이 현명한 투자를 위한 길이다. 현금 보유의 장점은 다음과 같다.

1. 좋은 종목이 보이면 잔여 자금으로 신규 편입을 빠르게 진행할 수 있다.

2. 초조하거나 조급하지 않은 심리적 여유를 가질 수 있다.

3. 필요한 자금을 수시로 인출할 수 있다.

4. 손실권에 있는 보유 종목을 추가 매수하여 안정적인 평단을 만들 수 있다.

5. 주식 보유 포지션이 낮아 리스크를 억제할 수 있다.

이외에도 현금을 보유하면 다양한 장점이 있다. 하지만 대부분 투자자는 주식으로만 100% 보유하고 싶어 한다. 더 많이 벌려는 욕심 때문이다. 예를 들어 1,000만 원의 투자금으로 어떤 종목에 전부 투자해서 10%의 수익이 나면 100만 원을 벌 수 있지만, 1,000만 원 중 600만 원을 투자해서 10% 수익이 나면 60만 원을 번다. 같은 10%이지만 투자 금액에 따라 큰 차이가 난다. 60%를 투자해 60만 원을 벌었다면, '더 많이 투자해서 더 많은 돈을 벌 수 있었을 텐데…….' 하며 후회하는 것이 일반적인 투자자의 마음이다. 그런데 반대로 손실이 났을 때를 가정해 보자. 더 많이 투자한 사람이 더 많은 돈을 잃는다. 지나친 욕심은 화를 부를 수 있다는 점을 깊이 새기자.

현금 보유의 가장 큰 장점은 '올바른 현실 인식'이다. 올바른 현실 인식은 심리적인 여유에서 비롯되기에 투자자들은 항상 심리적 평정과 여유가 있어야 한다. 심리적으로 쫓기고 억압받으면 현실과의 괴리가 발생하고, 이는 손실로 직결된다. 무엇보다 주식은 정확한 예측이 불가능하기 때문에 긍정적인 결과를 위해서는 시간적 제약이 있는 자금으로 투자를 해서는 안 된다. 곧 써야 할 돈으로 투자를 하면, 이 역시 심리적인 불안감을 유발해 현실을 직시하지 못하고 자기 생각에 갇혀 현명하지 못한 판단을 내린다.

주식투자 관련 상담을 하다 보면 가끔 '얼마 정도의 여윳돈으로 주식투자를 해야 하나요?'라는 질문을 받는다. 사실 투자금에 대해 정답은 없다. 돈이 적든 많든 자신의 심리적 안정감을 유지할 수 있는 선에서 효율적으로 운용하면 된다. 대체로 특정 기법이나 법칙에 따른 자동 매매를 할 때, 계좌 수익이 월평균 3%만 나와도 훌륭한 로직이나 기법이 된다. 월 3% 복리로 계산하면 연수익은 42.5% 정도이다. 하지만 이것은 이상적인 투자 수익이고 현실은 그렇지 않다.

일반적으로 주식투자를 할 때 많은 사람은 오랜 기간 자금이 묶이는 것을 꺼린다. 그리고 여윳돈으로 투자하는 사람도 생각보다 많지 않다. 만약 욕심을 부리지 않으며 느긋하게 기다릴 수 있는 전업 투자를 고려한다면, 투자금 3억 원 정도가 가장 이상적이지 않을까 생각한다. 3억 원으로 월 3% 수익이 난다면 월 900만 원을 벌면서 안정적인 생활을 할 수 있다. 혹시 이에 조금 미치지 못하더라도 살아가는 데에는 무리가 없다. 투자금이 적은 초심자라면 전업 투자를 하지 않는 것이 좋다. 고정 수입이 없는 상황에서 투자 수입만으로 고정 지출을 메우고자 한다면, 대부분 초심자는 자신의 목표 의식과 목표 수익 생각에만 사로잡혀 현실을 제대로 인식할 수 없다. 몇 번이고 강조했듯이 현실을 왜곡해서 바라보면 투자는 실패한다. 그리고 3억 원의 자산이 있다고 해서 전부 투자하는 것보다는 50%인 1억 5,000만 원을 투자하는 것이 현명한 방법이다. 현금을 보유했을 때의 장점을 고려한 최소한의 안전장치다. 50%를 투자해서 계좌 손실이 발생해도, 여유 자금으로 지속해서 전진할 수 있는 연료가 될 수 있다. 느리더라도 후퇴하지 않고 지속해서 전진하는 것이 훨씬 좋은 결과를 가져온다.

투자자가 될 것인가, 투기꾼이 될 것인가

주식시장은 투자자와 투기꾼이 공존하는 곳이다. 투기꾼이라고 해서 반드시 나쁘고, 투자자만이 항상 올바르다고 단정할 수는 없다. 주식시장에서의 투자와 투기는 시장을 바라보는 관점과 접근법의 차이다. 내가 생각하는 주식시장에서의 투자자와 투기꾼은 다음과 같다. 물론 이를 정확하게 구분 짓는 기준은 없지만, 주식시장에서 다년간의 여러 경험을 토대로 투자와 투기에 대한 나름의 기준을 설정해 보았다.

투기	투자
단기 결과	장기 결과
확률에 대한 접근	재무제표에 따른 가치적 접근
매수 매도 타이밍에 따른 보상	장기적 시간에 따른 보상
단기적 결과 반복	반복이 없는 기다림
흥미와 재미	지루함, 무료함, 소외감
심리 변화 예측	미래 수익 전망

주식시장에서의 투기와 투자를 표와 같이 나눈다면, 투기는 단기적으로 시장에 참여하는 사람들의 심리 변화를 예측해 자산을 매수하는 소위 단타 매매를 하는 사람, 투자는 장기적으로 가치적 접근을 하는 사람이라고 구분할 수 있다. 무엇이 옳고 그르다는 것을 따지려는 게 아니다. 하지만 경험상 주식시장에서는 투기보다는 투자가 결과적으로 더 좋은 성과를 얻을 수 있다는 점은 명확히 해두고 싶다. 나는 주식투자를 본

격적으로 시작하고 10년간 가격 차트나 거래량 등을 활용한 기술적 매매와 타이밍 매매를 연구하고 실전으로도 활용했다. 그 결과 수익을 낼 때도 있었지만, 막상 10년 동안의 계좌를 들여다보니 참담한 결과라는 것을 이내 알 수 있었다. 그 긴 세월 동안 노력에 대한 보상이 전혀 없었던 것이다. '주식투자를 접어야 할까?', '나와는 맞지 않는 길을 온 것일까?' 하는 생각에 사로잡혀 고뇌의 시간을 약 1년간 보냈던 것 같다. 허우적대던 1년은 결국 자신을 돌아보는 시간을 만들어 줬다.

다시 마음을 추스르고 현업으로 돌아와서는 투자 방법을 전면적으로 바꾸고 재무제표를 기반으로 투자의 기준을 만들어갔다. 그 결과는 놀라웠다. 기술적 매매의 10년보다 가치투자의 3년이 훨씬 더 높은 수익을 가져다준 것이다. 기술적 매매, 타이밍 매매를 하지 말라는 뜻은 아니다. 다만 주식시장을 더 넓게 장기적인 안목으로 바라보고 가치투자를 한다면 더 좋은 결과를 만들 수 있고, 기술적 매매와 타이밍 매매는 투자를 조금 더 효율적으로 만드는 도구로 충분히 활용할 수 있다는 점을 말하고 싶다.

투자와 투기는 정말 한 끗 차이다. 투자자의 대명사 워런 버핏과 투기꾼의 대명사 조지 소로스(George Soros)의 경우만 봐도 알 수 있다. 이 두 사람은 전혀 다른 방식으로 주식시장에 접근했지만, 결국에는 두 사람 모두 주식시장에서 세계적인 인물로 평가된다.

투자와 투기는 선택의 문제이다. 하지만 초심자로서 안정적인 방법을 원한다면 본연의 가치에 투자하는 것을 추천한다. 그렇더라도 주식시장에서 기술적 요소를 모르고 투자를 시작하는 것은 무기도 없이 전쟁터에 뛰어드는 것과 마찬가지다. 아는 만큼 보이고, 보이는 만큼 돈을 벌 수 있다. 장기적 안목으로 접근하면서 기술적 요소를 가미하면 분명히 시너지 효과를 낼 수 있을 것이다.

목표수익률에 집착하지 말자

어떤 일을 처음 시작할 때 누구나 목표를 세운다. '이번 승진 시험에서 꼭 합격해야지', '올해는 살을 10kg 빼야지' 등 일상적인 목표에서부터 자신의 삶을 한층 발전시키는 목표까지 비록 성공하지 못하더라도 늘 목표를 세운다. 주식투자도 마찬가지다. 사람들은 주식투자를 통해 '몇 %의 수익률을 달성해야지', '얼마를 벌어야지' 등 투자한 금액과 상황에 따라 다양한 목표를 세운다. 그런데 주식투자에서 목표나 목표수익률은 무의미한 일일 수도 있다. 주식의 흐름을 정확하게 예측할 수 없기 때문이다. 목표라는 것은 노력하면 혹은 시간과 공을 들이면 달성이 가능한 현실적인 지향점인 데 반해, 주식투자에서의 목표수익률은 너무나도 불확실하다. 오히려 목표수익률을 달성하겠다는 마음이 강하면 강할수록 현실 흐름에 대응하지 못하게 된다. 자기합리화를 통해 현실은 왜곡되고 잘못된 대응으로 큰 실패를 맛볼 수 있다. 목표를 세우고 목적의식을 가지고 실천하면 행위의 원동력은 될 수 있다. 하지만 대다수 개인 투자자는 자신이 세운 목적의식에 사로잡혀 결국 눈뜬장님이 되고 만다. 자신을 의식의 틀 속에 가두는 사람은 우물 안의 개구리가 될 수밖에 없는데도 말이다.

그렇다면 주식투자에서는 목표나 목적의식이 정말 쓸모없는 것일까? 꼭 그렇다고 단정할 수는 없다. 하지만 발상을 전환할 필요는 있다. 바로 수익률에 집착하는 것이 아니라 자신의 돈을 지키는 것에 집중하는 것이다. 투자라는 것이 돈을 벌기 위한 일이기에 수익률에 집착하지 말고, 돈을 지키는 것에 집중하라는 것은 말도 안 된다고 생각할 수도 있다. 하지만 구체적인 수치의 수익이라는 목표가 생기면 심리적으로 불안해진다. 이는 잘못된 대응으로 이어질 수 있다. 하지만 돈을 지키는 것에 집중하면, 완벽한 확신이 생기기 전까지는 투자에 신중하게 된다. 이는 실수를 줄일 뿐만 아니라 생각지도 못한 리스크에 더욱 집중할 수 있어 안정적인 투자 전략을 구사할 수도 있다. 그리고 돈은 한번 잃으면 다시 원상태로 되돌리기까지 많은 시간이 걸린다. 수익을 낼 수 있는 기회비용을 날리게 된다는 말이다. 더군다나 크게 잃었다면 아예 원금을 회수하지 못할 수도 있다. 그런데 돈을 지키는 전략을 쓰다 보면 지금 당장 큰돈은 벌지 못하더라도, 때가 오면 돈을 잃은 사람보다 더욱 빠르게 돈을 벌 수 있다.

▎ 모의 투자와 투자 일지의 중요성

군대에서 신참내기를 바로 실전에 투입하는 경우는 거의 없다. 충분한 훈련과 연습을 거치고 싸울 수 있을 정도의 실력이 되었을 때만 실전에 투입한다. 주식시장도 일종의 전쟁터라고 볼 수 있다. 누군가 돈을 벌면 누군가는 돈을 잃는다. 매일 치열하게 벌어지는 전쟁의 현장에서 아무런 준비나 대책 그리고 훈련도 없이 뛰어들면 본전은커녕 큰 빚을 지고 돌아서기 쉽다. 누구나 투자를 통해 돈을 벌기를 바란다. 그런 강한 욕구와 욕망으로 가득 찬 시장에서 허투루 혹은 안일한 마음가짐으로 임하면 결과는 불을 보듯 뻔하다. 그래서 우리는 시작부터 준비를 철저히 해야 하고, 일단 시작했으면 자기관리도 빈틈이 없어야 한다. 그런데 모의 투자를 하고 투자 일지를 꾸준하게 작성하는 것이 말처럼 쉽지만은 않다. 나도 이 두 가지를 생활화하려고 늘 노력하지만 마음만큼 따라주지는 않는다. 하지만 분명히 모의 투자와 투자 일지는 주식투자를 시작하는 사람에게 든든한 안전장치(리스크 회피)가 되어줄 뿐만 아니라 고수익으로 이어지는 탁월하고 명확한 훈련이다.

모의 투자를 하는 이유는 자신의 투자 철학(기준과 원칙)이 형성되기 전까지 큰 실수를 막아 주는 역할을 한다. 번갯불에 콩 구워 먹듯 무작정 투자하는 것이 아니라 모의 투자를 통해 자신의 투자 전략을 검증하고 투자의 결과를 미리 가늠해 봐야 한다. 어느 정도 모의 투자를 하면서 자신의 투자 철학과 전략을 검증했다면, 실전에 돌입하게 된다. 이때에도 주의할 점이 있다. 모든 투자금을 한 번에 투입하면 안 된다는 것이다. 일정 시간 소액으로 모의 투자에서 익힌 기술과 감각을 발휘할 필요가 있다. 긴 시간 소액으로 수익이든 손실을 보다 보면, 어느 순간 확고한 자신만의 기준과 원칙이 세워진다.

실전에 들어가기 전에는 모의 투자가 가장 효과적인 훈련이었다면, 실전 돌입한 이후에는 투자 일지 작성이 생각보다 큰 위력을 발휘한다. 주식시장은 그야말로 정보의 과잉이다. 실시간으로 수십, 수백 개의 기사가 쏟아지고 어떤 종목이나 테마에 대해 검증되지 않는 정보들이 난무한다. 정신없이 넘치는 정보 속에서 진주알을 찾기 위해서는 정보를 체계적으로 관리하는 투자자만이 살아남을 수 있다. 정보의 체계적 관리라는 것이 말은 거창하지만, 그리 어려운 일도 아니다. 자신이 왜 그 시점에서 그 종목을 선택해 얼마만큼의 주식을 샀는지 혹은 팔았는지 기록함으로써 자신만의 근거를 만들어가는 과정이다.

투자 일지를 쓸 때는 당시의 시장 상황이나 주식시장의 이슈, 재무제표, 거래량, 패턴 등 자신이 판단할 수 있는 만큼 최대한 기록해두는 것이 좋다. 그렇게 해야 다음에 비슷한 상황이 되었을 때, 투자 일지를 바탕으로 조금이나마 현명한 판단을 내릴 수 있다. 투자 일지는 거창할 필요 없이 엑셀이나 워드를 활용해 종목, 수량과 금액, 투자 기간, 매수/매도 금액, 손실이나 이익, 매수/매도의 근거, 특이 사항 등을 기입하면 된다(메이저 종목의 수급 상태와 차트 패턴도 캡처해서 남겨두면 좋다.). 투자 일지는 작성에만 의미를 두어서는 안 된다. 투자 일지를 바탕으로 자신이 어떻게 투자에 성공했는지, 실패했다면 왜 실패했는지 복기하면서 잘못된 투자 습관을 바로잡아 나가야 한다. 똑같은 실수를 반복하지 않기 위함이다.

하지만 사람마다 성향과 성격이 다르기에 모의 투자나 투자 일지 작성 등 체계적인 검증으로 자신을 변화시키는 것이 쉽지 않다. 나 또한 마찬가지였다. 모의 투자의 경우에는 실제 돈이 아니기에 과감한 베팅도 가능하고, 심적 부담이 적어 오히려 현실을 직시할 수 있는 여유도 있었다. 그래서인지 실전 투자보다 긍정적인 결과를 낸 경우가 더 많았다. 그런데 실전 투자를 시작하면 진짜 내 돈이 들어가기 때문인지 신기하게도 결과는 모의 투자와 판이해지고, 투자 패턴도 달라진다. 이는 결국 심리적인 이유이다. 심리적인 상황이 현실을 해석하는 것에 엄청난 영향을 미친 탓이다. 우리가 인생의 문제 혹은 사업적 문제를 해결할 때도 올바른 현실 인식을 통한 자신의 변화를 이끌어 나가듯 주식투자도 올바른 현실 인식과 그에 맞는 생각의 변화가 필요하다.

생각을 바꾸는 것은 쉽지 않다. 어떤 사람은 1년이 걸릴 수도 있고, 또 어떤 사람은 10년이 지나도 힘들 수 있다. 그래서 현실과 나를 인식하고, 변화를 얻기까지 심리적 부담을 주지 않는 소액으로 투자하라고 권한다. 자기 투자의 그릇(자신이 투자하고 있는 돈에 심리적인 변화를 느끼지 않을 만큼의 금액)에 맞는 투자를 하다 보면, 점차 금액을 늘려도 심리적인 여유를 가질 수 있는 경지에 다다를 수 있다. 그리고 실제 투자자 중에 모의 투자를 하거나 투자 일지를 작성하는 경우는 드물다. 아니, 거의 없다고 보면 된다. 하지만 이 책을 읽고 있는 당신은 반드시 모의 투자와 투자 일지 작성을 생활화하길 바란다. 훈련을 실전처럼 하다 보면, 원하는 바를 반드시 이룰 수 있다. 성공의 길이 바로 여기에 있는데, 굳이 돌아갈 필요가 있겠는가?

생각만으로 판단하지 말고 현실적인 시장을 보자

월스트리트의 전설적인 주식투자자 피터 린치(Peter Lynch)는 워런 버핏, 벤저민 그레이엄(Benjamin Graham), 필립 피셔(Philip Arthur Fisher) 등과 어깨를 나란히 할 정도로 널리 알려진 인물이다. 그는 투자자들에게 자신이 잘 아는 것에 투자하라고 조언한다. 사실 주식투자를 하는 사람들에게 '왜 그 종목을 샀나요?'라고 물으면, 대부분 명확하게 매수 이유를 대지 못한다. 남들이 많이 사니까 따라 산 경우 혹은 막연하게 오를 것이라는 근거 없는 확신으로 투자하는 경우가 대다수다. 투자자의 이런 심리를 잘 알고 있던 피터 린치는 기업에 투자할 때는 해당 기업에 투자해야 하는 이유를 초등학생에게도 설명할 수 있어야 한다고 강조했다.

우리가 평소에 백화점이나 온라인 쇼핑몰에서 물건을 살 때도 이것저것 꼼꼼히 따져 보고 물건을 구매한다. 어떤 기능이 있는지, 나에게 꼭 필요한지, 가격은 적정한지 등 작은 물건 하나를 사더라도 무작정 사는 법이 없다. 하지만 대다수 투자자가 백화점에서 물건을 살 때보다도 꼼꼼히 따져보지 않고 주식을 산다. 보통 물건을 살 때보다 더 큰 금액을 투자하는데도 말이다. 주식으로 돈을 벌고 싶다면 자신이 선택한 종목에 대해 명확하게 설명할 수 있어야 한다. 왜 그 종목을 선택했는지, 어떤 가치가 있는지 등 기본적으로 쇼핑을 할 때보다 몇 배는 더 신중하고 세심하게 판단하고 따져 봐야 한다. 그래야 돈을 잃지 않고 높은 수익을 낼 수 있다.

나는 주식투자를 시작하는 사람들에게 "시장을 현실적으로 판단하고 따져 봐라." 하고 조언한다. 시장이 대세 상승 국면이거나, 3년 이상 장기투자자에게는 이런 조언이 도움이 될 수 있다. 그런데 시장이 방향성을 찾지 못하고 등락이 심한 장세라면, 섹터별로 빠른 등락 장세가 펼쳐진다. 이때는 이슈에 따라 단기적으로 오르내림이 심하기 때문에 장기투자자들은 견디기 힘들다.

시장이 하락하는 추세일 때 역시 대다수 종목의 가격이 하락하고, 호황이었던 오프라인 시장도 급격하게 나빠질 수 있다. 이럴 때 확고한 신념이 없다면 그 상황을 견디기 힘들다. 그럴 때일수록 근거 없는 생각이 아닌, 현재 주변 상황을 올바르게 인지해 그에 맞는 투자 전략을 구사하는 것이 바람직하다. 그런데 아무리 좋은 투자 아이디어를 찾았어도 그 기업을 올바르게 분석할 줄 모르면 투자에 실패할 가능성이 커진다.

좋은 기업이지만 이미 시장에서 크게 부각되어 가격이 꼭지에 있다면 어떻게 해야 할까? 또는 이미 그 종목이 충분히 부각되고 대량 매물이 나오면서 가격이 하락하고 있다면 어떻게 해야 할까? 피터 린치도 가족이나 자신의 주변에서 투자 기업을 발견했지만, 시장 대비 그 기업의 재무 상태와 주가를 분석할 줄 아는 기준이 있었다. 그러니 투자 아이디어를 찾기 전에 올바른 재무 분석, 재무 대비 혹은 시장 대비 주가의 위치 등을 판단할 수 있는 기준이 먼저 마련되어야 한다. 피터 린치는 "자신이 어떤 주식을 왜 보유했는지 납득할 만한 이유를 말할 수 있는가? '이 주식은 반드시 오른다'라는 근거 없는 생각은 중요하지 않다. 모든 주식 뒤에는 기업이 있다. 기업이 무엇을 하는지 파악하라."라고 말했다. 주식투자자에게는 현실을 정확하게 보는 눈만큼 자신이 살 종목을 분석하고 파악하는 능력도 매우 중요하기 때문이다.

주식은 자기와의
심리 싸움이다

▌ 주식투자는 결국
▌ 마음이 좌우한다

　장기나 바둑 등 모든 게임의 승패에는 심리적인 요인이 크게 작용한다. 아무리 게임의 고수라고 해도 자신이 가진 패나 흐름이 좋지 않을 때 상대방에게 그러한 심리가 노출된다면 그 게임은 진 것이나 마찬가지다. 게임 참여자가 심리적으로 흔들리면, 대개 비합리적인 사고와 선택을 하게 된다. 이성보다는 감성에 지배되기 때문이다. 주식투자에서 심리적 불안감에 휩싸여 나타나는 가장 비합리적인 사고는 바로 '본전 심리'다. 본전 심리는 자신이 매수한 종목이 손실을 보고 있을 때 주로 나타나며, 대체로 이 심리로 인해 상황은 더욱 악화된다.

　주식투자자들은 자신이 어떤 종목을 매수한 이후 상황이 나빠지는 것을 보면, 매수하기 전에 예상했던 상황과 다르게 흘러가는 것을 알고는 있지만 매도를 하면 손실이 확정되기에 쉽게 손절매하지 못한다. 손실을 본다는 사실을 인정하기 두려워서 빠르게 매도하지 않고, 매수하기 전에 세웠던 원칙에 어긋난 자기합리화를 시작한다. 나는 이 같은 투자자의 심리를 '자기합리화의 오류'라고 이야기한다. 예상보다 더 큰 폭으로 주가가 하락하는 경우에 투자자의 합리적인 선택은 원칙대로 손절매하는 것이지만, 많은 투자자가 원칙을 깨고 하락하는 종목도 보유하고 있다. 왜 자신의 투자 원칙을 지키지 않는 것일까? 손실을 확정하는 것보다는 생각을 바꾸는 것이 훨씬 쉽기 때문이다. 또 생각을 바꾸는 것이 더 바람직한 선택이라고 스스로 합리화하기 때문이다.

인간은 항상 어떤 일에서든 고통과 두려움, 모호함에 둘러싸여 있다. 예를 들어 어떤 종목을 매수하고 나서 주가가 상승하면서 긍정적인 흐름을 보여도 주가가 언제 다시 급락할지 모른다는 두려움, 또 더 상승할 수 있을까 하는 모호함으로 심리적 갈등을 빚는다. 반대로 매수 이후 주가가 부정적으로 흘러가면 심적 고통을 겪는다. 주식투자자들은 이러한 두려움과 모호함, 고통을 겪기 싫어서 비합리적인 선택을 해 버린다. 상승했을 때는 상황을 지켜보거나 분석하지 않고 쉽게 매도를, 하락했을 때는 일종의 자기합리화를 통한 긍정과 망각으로 보유를 선택하는 것이다. 투자자의 비합리적인 결정은 수익을 더 창출할 수 있음에도 아쉬움을 남긴 결론을 내거나, 반대로는 손실을 더 크게 만들어 버린다.

현명한 투자자는 주가의 흐름이 부정적일 때 본전 심리를 버린다. 투자자들이 흔히 크나큰 착각에 빠지는데, 자신이 A라는 종목을 1주에 1만 원에 매수했을 때 현재 가격이 7,000원이라면 본전은 1만 원이라고 생각한다. 하지만 그렇지 않다. 현재의 가격이 7,000원이라면 내 주식의 평가액은 그 가격이 되며, 본전은 7,000원이라고 생각해야 맞다. 주식시장과 주가의 흐름은 현재 상황에서 판단해야 한다. 현재의 시점에서 앞으로 7,000원보다 더 높은 가격에 매도가 가능한지 아닌지를 분석하고, 그럴 가능성이 없다면 당연히 매도하는 것이 합리적인 선택이다. 반대의 경우도 마찬가지다.

1주당 1만 원으로 매수한 종목이 현재 1만 5,000원에서 움직이고 있다면, 올랐기 때문에 바로 매도하는 것이 아니라 현시점에서 주식시장의 흐름과 전망 등 종합적으로 분석해 보유나 매도를 결정해야 한다.

투자자들은 두려움과 모호함, 고통을 견뎌야 한다. 그래야 성공할 수 있다. 주가가 긍정적인 흐름을 보일 경우, 본전 심리를 최대한 발휘하자. 주가가 부정적인 흐름일 때의 본전 심리는 손실을 키우지만, 주가가 상승할 때의 본전 심리는 수익을 극대화할 수도 있다. 내려봤자 매수한 가격이기 때문이다. 반면, 예상보다 주가 흐름이 부정적이라면 빨리 결정해야 한다. 매우 고통스러운 일이지만, 손절매는 큰 손해를 막을 수 있는 가장 현명한 선택이다. 주식투자의 진정한 승리자는 수많은 선택의 순간, 심리적 압박감을 견뎌내는 사람이다.

'승패병가지상사(勝敗兵家之常事)'라는 말이 있다. 《당서(唐書)》의 〈배도전〉에 나오는 말로, 역사 기록에도 자주 쓰인다. 전쟁에서는 이기기도 하고 지기도 하는 것이 늘 있는 법이라는 뜻으로 이겼다고 기뻐할 것도, 졌다고 낙심할 일도 아니라는 말이다. 당연히 있는 일이기에 태연하게 생각하고 앞으로의 대책에 더 큰 힘을 쏟아야 한다.

우리는 인생을 살아가며 크고 작은 실수와 실패를 거듭한다. 그 쓰라림 속에서 성장하고 발전한다. 여기서 중요한 것은 실수와 실패를 했다면 다시는 그러한 일이 반복되지 않도록 반성하고 돌아볼 줄 알아야 한다는 점이다. 그런데 대다수 사람은 자신의 실수와 실패를 돌아보지 못하고, 운이 없었다거나 타이밍이 맞지 않았다거나 하는 말로 자신의 잘못을 합리화한다. 실수를 돌아보지 않고 자신만의 방식으로 밀고 나가는 것은 독단과 자기 과신이다. 독단은 근본적인 연구나 상황에 대한 인식이 없이 주관적인 편견으로 판단하는 것을 말하고, 자기 과신은 자신의 판단 능력을 과신한 결과 잘못된 미래 예측에 빠지는 것으로 특히 전문가들에게 두드러지게 나타나는 현상이다. 주식투자를 시작하고 어느 정도 투자에 대한 체계가 갖추어질 무렵, 많은 투자자가 독단과 자기 과신의 함정에 빠져 유연한 사고와 판단을 전혀 하지 못하는 상태가 된다. 이들은 주식을 사고팔 때 항상 독단과 자기 과신에 노출되어 있다. 그 아집의 틀을 벗어나지 못하고 계속해서 지는 게임을 이어간다.

자신이 매수하기 전에 판단했던 흐름과 다른 손실 흐름이 나오는 데에도 손절매를 하지 않고 '잠시 조정이 온 것이다'라고 여기며 계속 버티고 있다면, 독단과 자기 과신의 함정에 빠진 상태다. 이런 투자자들은 객관적 지표나 자료들이 상승보다는 하락을 예견하고 있지만, 자신만의 그럴듯한 논리로 상승할 것이라는 확신을 불어 넣고 있을지도 모른다. 주가의 상승과 하락 시점은 정확하게 예측할 수 없음에도 한 번에 많은 수익을 내려는 욕심이 이성적인 판단을 가로막는다.

그 어떤 투자 고수도 정확한 주가의 흐름을 예측할 수 없다. 주식투자를 하는 우리는 극단적인 리스크를 고려한 적절한 대응만 잘하면 된다. 가능한 한 최대한의 리스크를 고려해야 하고, 그런 리스크가 발생했을 때 해결 방법이 없다면 손절매를 선택하는 것이고, 해결 방법이 있다면 리스크를 고려해 분할 매수나 장기투자를 진행하면 된다. 늘 강조하는 말이지만, 돈을 지키는 전략을 펼치면 수익은 따라오게 되어 있다.

주식시장에서 독단과 자기 과신은 -1%로 끝날 손실을 -100%의 손실로 만들어 버린다. 투자자는 항상 어떤 상황에서건 자신에게 질문을 던져야 하고, 그 질문의 답은 현실을 정확히 인지한 상식적인 판단 안에서 이루어져야 한다. 너무 자신을 과대평가하지 말자. 우리는 인간이고 누구나 실수를 한다. 실수할 수 있다는 점을 인정하고, 실수했다면 그것을 반복하지 않도록 하자. 독단과 자기 과신을 버리면 성공적인 투자에 더 가까워질 수 있다.

주가의 정확한 예측은 불가능하다

자동차 운전을 하다 보면 운전자들은 간혹 예상치 못한 상황에 직면한다. 도로에 사람이나 동물이 갑자기 뛰어들 수도 있고, 옆 차선에 있던 차가 방향지시등도 켜지 않은 채 불쑥 내 차 앞으로 파고들 수도 있다. 예상치 못한 상황은 운전자를 크게 당황하게 하고 자칫 잘못하면 사고로 이어진다. 하지만 이런 예상치 못한 상황은 그리 자주 일어나는 것은 아니다. 대체로 도로 위의 차들은 자신이 달리고 있는 주행선을 지키고, 방향을 바꿀 때는 방향지시등으로 뒤에서 오는 차들에게 나의 변화를 알린다. 또 보행자들은 무단횡단이 아닌 이상, 횡단보도에서 신호를 지키고 운전자들은 그 규칙과 규율을 믿기 때문에 보행자가 있어도 안전하게 도로를 달릴 수 있다. 이렇게 일상적인 도로에서는 대부분 상황에 대해서 어느 정도 예상과 예측이 가능하다.

그런데 만약 내 앞의 차에 만취한 사람이 운전대를 잡고 있다고 생각해 보자. 그 운전자의 행동이 통제가 가능하고 예측과 예상이 가능할까? 전혀 그렇지 않다. 앞의 차가 언제 무슨 행동을 할지 아무도 예측할 수 없고, 그런 예측 불가능한 상황에서의 돌발 변수는 큰 사고로 이어질 수 있다. 주식시장에서 주가의 흐름은 마치 음주 운전자의 차와 같이 움직인다. 정확하게 예측할 수 없다는 말이다. 프랑스의 수학자 루이 바슐리에(Louis Bachelier)는 어지럽게 마구 흔들리는 주가의 흐름을 보고, 마치 술 취한 사람의 걸음처럼 '무작위 행보'를 한다고 할 정도였다. 만약 주가의 흐름을 정확히 예측할 수 있는 사람이 있다면, 그 사람은 세상의 모든 돈을 다 벌어들일 수 있을 것이다.

우리가 주식투자를 할 때 시장의 흐름과 종목들을 분석하는 이유는 주가의 흐름을 예상 혹은 예측하기 위함이다. 그런데 주가의 흐름은 예측이 불가능할 것처럼 말해 놓고, 분석을 통해 예상이나 예측을 한다는 것이 참 아이러니하다. 물론 정확한 예측은 불가능하다. 하지만 여러 신뢰할 만한 데이터와 시장 상황을 바탕으로 심도 있는 분석을 통해 예상 확률을 높일 수 있다는 의미다. 다양한 데이터를 통해 주가의 흐름이 긍정적인지 부정적인지 판단하려고 하지만 장기적으로 보면 50% 이상의 확률로 예측도의 정확성을 끌어올리기도 쉽지 않은 일이다. 많은 주식 전문가가 80~99% 확률인 특정 기법을 만들었다고 자랑하지만, 실제로 그런 결과가 나올 수는 없다. 만약 그런 기법이 있다면 대형 증권사에서 이미 로직화해서 큰돈을 주고 사 갔을 것이다. 시스템 프로그래밍 매매에서 월 3%의 평균 수익률만 나와도 엄청나게 대우받는다. 그러니 주가의 흐름을 정확하게 예측, 예상하는 데에 쓸데없이 집착하지 말자.

▮ 손절매를 망설이면 더 큰 손해를 입는다

인생은 선택의 연속이다. 결정적인 선택의 순간, 이것저것 재면서 망설이다 보면 진정 자신이 바라는 것을 얻지 못할 수도 있다. 사랑할 때도 선택의 순간들이 찾아온다. 마음이 있는 사람에게 고백해야 하는데 '이 사람이 나를 받아 줄까?', '만나게 되면 정말 행복할 수 있을까?' 하는 고민으로 시간을 끌다 보면, 고백도 하지 못한 채 상대가 떠나 버릴 수 있다. 떠난 버스는 다시 돌아오지 않는다.

주식투자는 매 순간 선택의 연속이다. 게다가 선택의 순간에 망설이면, 큰돈을 잃거나 좋은 기회를 놓쳐 버린다. 자금이 충분히 많은 사람도 돈을 잃으면 속이 쓰리기 마련인데, 마음먹고 큰돈을 투자했는데 선택의 순간을 놓쳐 실패를 한다면 그 아픔은

말로 표현할 수 없을 것이다. 주식투자에서는 수많은 선택의 순간 중 손절매 타이밍을 놓치는 게 가장 뼈아픈 순간이다. 매수를 할 때 예측한 상황과 흐름이 바뀌었는데도 자기합리화를 통해 부정적 흐름을 계속 버티는 투자자들이 상당히 많다. 기존의 원칙이나 기준에서 벗어난 잘못된 흐름을 새로운 기준으로 합리화하면서 버티면 그 시간에 다른 투자를 할 수 있는 기회도 놓치고, 충분한 시간이 지나도 자신이 생각했던 흐름이 오지 않을 수도 있다. 근거가 빈약한 희망과 바람은 악마의 유혹과도 같다.

매몰 비용이라는 말이 있다. 기회비용은 어떤 선택으로 인해 포기하게 되는 선택이나 그 선택의 금전적·비금전적 가치를 말하는 것인데 반해, 매몰 비용은 이미 선택을 했지만 선택을 번복해도 회수할 수 없는 비용을 말한다. 즉 매몰 비용은 엎질러진 물과 같아서 다시 주워 담을 수 없다. 합리적인 경제 주체라면 옳은 선택을 위해서 매몰 비용을 고려해서는 안 된다. 하지만 주식투자를 하는 대다수 투자자는 매몰 비용 앞에서 언제나 망설인다. 손절매는 주식투자자에게 매몰 비용과 같다. 매수한 비용은 투자자에게 있어 이미 지불한 비용이고, 현재 시점에서 과거의 비용을 통제할 수 없다. 그렇기 때문에 합리적인 투자를 위해서는 과거의 비용이 미래의 결정에 영향을 미치게 해서는 안 된다. 매몰 비용은 빨리 잊는 것이 바람직하다. 그러지 못하면 어떤 결정도 제대로 내릴 수 없다. 우리는 좋지 않은 기억을 잊으면서 새로운 삶의 동력을 얻는다. 안 좋은 과거에 생각이 얽매이면 오랜 기간 허우적대며 정상적인 삶을 살아가기가 힘들다. 주식투자를 할 때 망각은 손절과 같다. 빠른 손절을 통해 우리는 새로운 기회를 잡을 수 있다. 우리에게 주어진 돈(자원)은 한정되어 있기 때문에 최대한 기회비용을 살려야 한다. 손절은 그런 기회비용을 살리는 유일한 길이다.

이미 오랜 기간 좋지 않은 과거에 빠져 있는 사람은 그것을 벗어나더라도 일상의 회복에 상당한 시간이 걸린다. 주식투자도 제때 손절매를 하지 못하고 긴 시간 손실 폭을 키우다가 빠져나오게 되면, 심리적·금전적 회복에 정말 오랜 기간이 걸릴 수 있다. 대개 부정적 흐름보다 긍정적 흐름이 상대적으로 더 많은 시간이 걸리기 때문에 이미 줄어든 투자금으로 긴 회복기를 버티기는 여간 힘든 일이 아니다. 아직도 손절매가 힘들고 '매도' 버튼에 손이 가지 않는다면 기계적으로 매도하는 연습이라도 해 보자. 매도의 순간이 더 큰 수익을 가져다줄 기회가 될지도 모른다.

흔들리는 마음을 잡자

중국 성현 맹자(孟子)는 인간이 자신의 타고난 본성을 그대로 실현시키기 위해서는 부동심(不動心), 즉 '흔들리지 않는 마음'이 필요함을 강조했다. 맹자는 부동심을 내면화된 용기(勇氣)라고 했는데, 외부의 자극에 흔들리지 않으려면 용기가 필요하기에 그렇게 말한 것이다. 마음이 흔들리지 않으려면 대단한 학습과 수양이 필요하다. 어떤 것이든 어설프게 알거나 체득하지 못했다면 다른 사람의 말에 쉽게 마음이 흔들리기 마련이다. 이런 사람들은 부동심의 경지에 올랐다고 할 수 없다. 주식투자를 이야기하는데, 철학적인 단어를 언급하는 이유는 '부동심'이 바로 주식투자에 꼭 필요한 덕목이기 때문이다. 주식투자자들은 매일 넘쳐나는 출처를 분명히 알 수 없는 정보들에 노출되고, 주변 사람들의 근거 없는 추천 종목도 헤아릴 수 없이 많다. 이런 환경에서는 아무리 소신껏 투자하는 사람이라도 마음이 흔들릴 수밖에 없다.

투자 상담을 하다 보면, 마음을 다스리지 못해 어려움을 호소하는 투자자들을 쉽게 만날 수 있다. 이들은 친구의 말을 들었다가 큰돈을 잃기도 하고, 주식투자 전문가라고 말하는 사람들이 방송에 출연해서 추천한 종목에 '몰방'을 했다가 낭패를 보기도 한다.

나는 마음이 쉽게 흔들리는 투자자들에게 일단 투자에 앞서 자신의 원칙과 기준을 세우라고 조언한다. 기준과 원칙을 세우면 귀는 팔랑거릴지 모르지만, 마음이 흔들리기 전에 자신의 원칙과 비교하며 사전 검증을 해볼 수 있기 때문이다. 그리고 주변에 훌륭한 투자 선배들이 많으면 많을수록 좋다. 그러나 대다수 투자자 주변에는 자신과 비슷한 경험과 소신이 있는 사람이 대부분이다. 그래서 가장 훌륭한 투자 선배는 책을 통해 간접적으로 만날 수밖에 없다. 물론 훌륭한 주식투자자들이 쓴 책을 본다고 해서 모든 정답을 얻을 수 있는 것은 아니다. 하지만 책 속에는 훌륭한 선배들의 근본적인 투자 철학과 투자의 관점이 배어 있다. 이런 것들을 읽고 학습하다 보면, 어느 순간 자신에게 깨달음 같은 영감을 주는 대목이나 철학이 생길 수도 있다. 그리고 그것을 내 것으로 만드는 오랜 검증 작업을 거쳐야 훌륭한 선배에게 큰 가르침을 얻을 수 있다.

투자에 눈을 뜨기 위해서는 투자 철학이 있어야 하고, 투자 철학을 세우기 위해서는 학습이 있어야 한다. 학습의 가장 빠른 길은 책이고, 책을 통한 깨달음이다. 자신이 팔랑귀라고 생각되는가? 주변의 반응과 상황에 마음이 쉽게 흔들리는가? 그렇다면 잠시 주식 창을 내리고 책을 펼쳐 우선 깨달음을 얻길 바란다. 자신만의 현실 인식의 눈이 떠지는 순간, 부동심의 경지도 멀지 않았다.

알코올 중독보다
더 무서운 주식 중독

중독은 일종의 집착적 강박이다. 어떤 행위를 했을 때 해가 될 것임을 알면서도 반복적으로 하고 싶은 욕구가 생기는 현상이다. 보통 중독에 빠지면 일상생활에 악영향을 미친다. 처음 중독이라 느꼈을 때는 조절하려고 노력하지만, 금세 중독계에 접어들고 쉽사리 끊지 못한다. 어느새 그것 없는 삶은 상상조차 할 수 없는 지경에 이른다.

주식투자도 중독성이 매우 강한 분야이며 그럴 만한 명확한 이유도 있다. 투자를 했을 때, 매번 돈을 잃기만 하거나 수익만 낸다면 중독 현상은 일어나지 않을 것이다. 늘 돈을 잃는다면 주식투자를 아예 하지 않을 테고, 늘 수익만 낸다면 조급한 마음을 먹지 않고 차분히 투자를 할 수 있다. 보통 주식투자를 하면 확률에 집착하게 된다. 5번 매매하여 3번 이상만 이겨도 돈을 벌 수 있다고 생각하지만, 5번 매매 중 3번 수익청산을 해도 계좌의 금액은 쉽게 불어나지 않는다. 이것에 대한 내용은 고수와 하수의 차이를 설명한 부분에서 자세하게 설명하겠지만, 모두 연승에 집착하여 매 순간 시세를 바라보고 패턴을 분석하는 상황을 만들기 때문이다.

간혹 어떤 사람은 평소에도 주식 창만을 뚫어져라 쳐다보고 있으며, 주식과 관련된 내용이 아니면 대화가 되지 않는다. 그런 사람은 이미 주식투자에 중독되어 버려 일상생활이 어렵다. 그들에게 빨간색 상승 캔들은 흥분 지수를 높이고, 호가창이 빠르게 움직일수록 가슴도 따라 요동친다.

사람들이 특정한 것을 계속 바라보고자 하는 것은 그것으로 인해 특정한 쾌감이나 욕구를 충족시키기 때문이다. 하지만 무엇을 얻으려는 과한 욕심은 결국 내가 가진 것을 잃게 만든다. 중독이 되면 마음에 바람, 희망, 욕망이 생기며 주가의 부정적 흐름을 긍정으로 바꾸어 보는 자기합리화가 힘을 얻는다. 이로 인해 그들은 현실을 있는 그대로 인식하지 못하고 적절한 대응도 하지 못한다. 그래서 주식 중독자는 필연적으로 실패할 수밖에 없다. 주식 중독자가 좋은 결과를 내지 못하는 이유가 잦은 매매와 빠른 대응 때문이라고 생각할 수 있지만, 근본적으로 들여다보면 주식 중독자들은 강한 욕망에 휩싸여 모든 것을 자기합리화하는 비이성적 사고를 하고, 현실을 올바르게 인식하지 못하기에 실패하는 경우가 대다수다. 알코올 중독은 자기 몸을 상하게 하지만 주식 중독은 한 가정을 파탄에 이르게 할 수도 있다. 주식투자를 하는 이유를 다시금 생각해 보자. 주식투자는 돈을 벌기 위해서 한다. 잃는 것이 돈만으로 끝나지 않는 주식 중독자의 길은 무조건 피해야 한다.

국채금리 역전 현상을 경기 침체로 봐야 하나?

장단기 금리 역전은 장기채권 수익률이 단기채권보다 낮은 보기 드문 현상이다. 보통은 경기침체의 전조로 해석한다. 지난 2019년 8월 29일, 12년 만에 2년물과 10년물의 국채 수익률이 역전되는 현상이 발생하였다. 그 후 코로나19 팬데믹 상황이 터지면서 증시는 2020년 3월 코스피 기준 1439선까지 밀리는 흐름이 나왔다. 하지만 전 세계 정부와 중앙은행이 합심해 대규모 부양책을 실시했고, 미국 기준으로 보면 2020년 3월 2조 2,000억 달러를 시작으로 2021년 3월까지 총 6번의 경기 부양책이 통과되었다.

이후 글로벌 증시뿐만 아니라 국내 증시도 2020년 3월부터 16개월 동안 상승력이 나왔으나 2021년 6월을 고점으로 약세 국면을 면치 못하고 있다. 또 지난 29일 2년물과 10년물의 장중 역전 현상이 잠시 발생하며 시장의 불안 요소를 키웠지만, 시장은 크게 반응하지 않는 모습이다. 오히려 우크라이나와 러시아의 5차 평화 협상 진전 소식이 들려오면서 미 증시는 상승으로 마무리되었다.

장단기 국채 수익률 역전 현상은 보통 경기가 침체되는 상황에서 상대적으로 단기 국채에서 자금이 빠져나가 단기 국채 수익률은 상승이 되고, 장기 국채에 자금이 몰리면서 장기 국채 수익률이 감소하거나 유지되면서 나오는 현상이다. 보통 5~10년 주기로 이러한 상황이 발생하며 1~2년 안에 주식시장에 부정적인 영향을 미치지만, 이번에는 2019년 이후 2년 정도밖에 지나지 않은 시점에 다시금 역전 현상이 발생하면서 논란이 가속화되고 있다.

〈미국 다우존스 지수 흐름〉

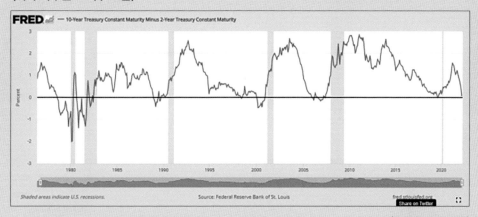

　　과거에 이처럼 재역전 현상이 발생한 시점은 1980년 오일쇼크로 인한 인플레이션 시기와 1998년 신흥국 외환 위기, 2000년 닷컴 버블 시기를 들 수 있다. 이 시기 미국 다우존스 지수 흐름을 살펴보자.

　　1970년부터 1980년까지는 오일쇼크로 인한 고 인플레이션 시기로 다우존스 지수가 크게 나아가지 못하고 지그재그 박스권 흐름을 보이던 시기였다. 또 오일쇼크로 인해 여러번 장단기 국채 수익률 역전 현상이 발생했지만, 시장에는 1981년 4월~1982년 7월 정도까지만 기존에 보였던 박스권 형식의 부진한 흐름을 잠시 보였을 뿐 크게 영향을 미치지 않고 결국에는 1982년 8월부터 대 상승 시기를 만들어냈다. 1998년 신흥국 외환위기 시절에도 6~8월에 역전 현상이 발생했지만, 8월 한 달 단기적 하락 이후 재차 상승이 나왔고, 2000년 1월 고점 이후 2003년 3월까지 약세 국면을 만들었지만 그 이후 결국 다시 대 상승력을

〈다우존스 1979~1985년 월봉 차트〉

〈다우존스 1997~2007년 월봉 차트〉

만들어내는 모습을 보였다. 약세 기간은 길었지만 약세 폭은 크지 않았다. 기존에 흘러왔던 폭 내지는 상승 폭 대비 소폭으로 마무리되는 모습으로 결국은 재차 상승국면을 더욱 크게 만들었다.

　과거에도 인플레이션 시기나 침체기에 단기적 역전 현상이 반복되었고, 일정 변동 폭 내에서 조금 길어지는 시장의 부진은 겪었다. 그러니 침체기가 조금 길어질 수는 있어도 역사적으로 기록될 만큼 큰 금융위기나 대 폭락으로 이어지기에는 조금 무리가 있다고 본다. 코스피를 PBR(주가순자산비율) 기준으로 보면, 2022년 시기 2600선은 과거 2011년 1670선과 비슷한 PBR 한 배 수준을 기록하고 있다. 즉 과거 금융위기 시절 또는 증시 조정 시기 저점마다 PBR 기준으로 1~0.6배 정도가 저점으로 형성되었다. 지금은 인플레이션 시기이기는 하지만 금융위기는 아니므로 1배 이하면 충분히 시장의 저점으로 인식할 수 있기 때문에 시장 리스크에 크게 연연하지 말고, 2600선 밑으로는 장기적 포지션을 구축한 분할 매수 기간으로 접근한다면 시간이 흘러 큰 수익을 내는 기회가 될 수 있다.

매매 원칙은 객관적이고 단순한 법칙이어야 하고, 반복적으로 활용할 수 있어야 한다. 기준과 원칙

이 상황에 따라 변동하고 매우 복잡해서 적절한 타이밍에 적용하기 어렵다면, 주식투자를 하기 앞

서 책을 읽고 강연을 들으며 자신만의 투자 철학을 찾는 일부터 시작하자.

2장

주식투자

롱런을 위한

투자의 기준과 원칙

과거와 현재를 통해
미래를 보는 눈을 키워라

보이지 않는
기업의 가치를 찾아라

주식투자자 중에 가치투자의 중요성을 모르는 사람은 없다. 각종 서적이나 TV에 출연하는 전문가들이 저평가주를 찾아서 가치투자를 하는 게 바람직하다고 말하지만, 실제 주식투자자들은 단기간에 높은 수익을 거두려는 욕심에 인고의 시간을 견디지 못한다. 또 가치투자에 앞서 PER, PBR, BPS, EPS, ROE, EBITDA 등 주식투자자라면 당연히 알고 있어야 하는 기초적 개념도 망각한 채 말로만 가치투자를 외치거나 장기 보유하는 것을 가치투자로 착각하는 사람들도 있다.

가치투자를 위한 객관적 자료나 지표를 알고 있는 사람이 얼마나 될까? 설령 알고 있다고 해도 그 지표를 기반으로 실제 투자를 하는 사람은 많지 않다. 수많은 사람을 대상으로 상담을 해왔지만, 이론에 기반해 가치투자를 하는 사람은 주식시장에서 10년 넘게 활동하면서도 몇 명 보지를 못했다.

가치투자는 기업의 가치에 신뢰를 둔 투자 전략을 말한다. 기업의 가치는 순자산 가치, 성장가치, 수익가치, 무형의 가치 등 여러 요소로 구성된다. 이러한 요소 중 어떤 요소에 중점을 두고 투자하는지에 따라 가치투자자도 다양하게 나뉜다. 벤저민 그레이엄(Benjamin Graham)은 가치투자의 창시자로 유명하다. 그는 처음으로 주가는 기업의 가치와 관계가 있다는 것을 알아냈고, 기업 가치는 그 기업이 벌어들이는 돈과 기업이 가지고 있는 순자산가치에 의해 결정된다고 보았다. 벤저민 그레이엄 이전의 주식은 하루하루 그저 시세 변동 폭이 큰 투기의 대상일 뿐이었다. 하지만 그의 투자 전략이 널리 퍼지기 시작하면서 수많은 가치투자자가 탄생했으며, 이 투자 전략이 주식시장의 주류로 자리 잡게 된다. 가치투자는 기업의 가치와 주가의 괴리에서 비롯된 정보의 불일치나 오해에서 벌어진 가격 차를 이용해 수익을 내는 투자 방법이다.

벤저민 그레이엄의 가치투자에서 가장 중요한 개념은 '안전마진'이다. 안전마진은 기업의 주가와 실제 기업 가치의 괴리를 뜻하는데, 괴리율이 높을수록 안전마진이 커지고 이는 가치투자자들에게는 중요한 투자 기회가 된다. 예를 들어 1만 원에 살 수 있는 고급 볼펜을 5,000원에 산다면 싸게 잘 샀다는 생각이 든다.(그런데 이상하게도 1만 원의 가치가 있는 기업의 주가가 9,000원에 거래되면 대부분 투자하려고 하지 않는다.) 1만 원에 거래되는 고급 볼펜을 5,000원에 구매했으니 5,000원의 안전마진이 확보되었다고 말할 수 있다. 안전마진의 확보는 더 이상의 추가 하락은 없을 거라는 예측을 가능하게 한다. 주식시장에서는 주가가 하루에도 10% 이상 급등락할 때가 많다. 하지만 막상 투자를 해 보면 안전마진을 충분히 확보했음에도 시장 상황에 따라 그 가격보다 50% 이상 하락하는 상황이 비일비재하다. 저평가에 대한 확고한 기준과 신념이 존재하지 않으면 일반 투자자들은 쉽게 버틸 수 없다. 반면 확고한 기준과 신념이 있고 최대한 추가적인 리스크를 고려해 분할 매수를 한다면 평단을 크게 떨어트릴 수 있다. 또 추가적인 자금

여력이 있어 심리적으로 버틸 힘이 생긴다. 즉 타이밍의 실수가 있어도 시간이 해결해 준다. 다시 말해 가치투자에서 안전마진을 확보했다는 의미는 싸게 매수했다는 뜻이 고, 너무 높은 가격에 매수하지 않는 것이 바로 가치투자의 핵심이다.

그런데 가치투자는 상당한 인내심이 필요하다. 기업의 내재가치를 계산해 현재의 주가가 그보다 싸다면 매수를 해야 하는데, 투자자들에게는 내재가치를 비교·분석하는 기준과 원칙이 있어야 한다. 그리고 시장에서 그 기업의 가치를 알아줄 때까지, 즉 시장 이 반응할 때까지 인내해야만 한다. 기업의 주가가 내재가치와 가까워진다면 가치투자 자들은 수익을 낸다. 하지만 일반 주식투자자들은 상당한 내공을 쌓지 않으면 가치투자 에서 쉽게 성공할 수 없다. 기업의 내재가치와 안전마진이 확보된 주가와 적절한 때를 만나면 가치투자는 성공하기 마련이다. 가치투자의 삼박자를 찾기 위해서는 말로만 저 평가주라고 떠들 것이 아니라, 실제로 기업의 가치를 분석하는 지표를 익히고 활용하는 것이 무엇보다 중요하다.

객관적인 지표를 활용하자

가치투자에 대한 기본적인 개념을 이해했다면, 이제부터 가치투자를 위한 객관적 인 지표를 바탕으로 기업의 가치를 탐색해 보자. 먼저 가치투자를 위한 저평가된 주식 을 찾는 기본적인 지표를 몇 가지 소개하겠다.

PER

투자자들은 높은 순이익을 내는 기업의 주식을 싼 가격에 사기 위해서 PER라는 지표를 자주 활용한다. PER(Price Earning Ratio)는 '주가수익비율'이라고 하는데, 주가를 EPS(주당순이익)로 나눈 수치로 계산한다. 이것은 주가가 1주당 수익의 몇 배가 되는지를 나타내는 지표다.

$$\text{PER} = \frac{\text{주가}}{\text{1주당 당기 순이익(납세 후)}} = \frac{\text{주가}}{\text{EPS(주당순이익)}}$$

예를 들어 A라는 기업의 주가가 1만 원이고 1주당 수익이 5,000원이라면 PER는 2이다. PER 2의 기업에 투자한다는 것은 이 기업이 같은 수준으로 수익을 낼 경우 2년이면 원금을 회수할 수 있다는 의미다. 그 이후 기업이 벌어들인 돈은 모두 투자 수익이 된다. PER는 주당순이익보다 주가가 몇 배 높은지를 보여주는데, 당연히 배수가 낮을수록 저평가라고 인식한다.

BPS

BPS(Book Value per Share)는 '주당순자산가치'로 1주당 기업의 순자산이 얼마인지를 알려 주는 지표다.

$$\text{BPS} = \frac{\text{순자산(자본총계)}}{\text{발행 주식수}}$$

$$\text{자본총계} = \text{총자산} - \text{총부채}$$

순자산을 알기 위해서는 재무제표상의 자본총계를 이해할 필요가 있다. 자본총계는 총자산에서 총부채를 뺀 순자산을 말한다. 자본총계를 발행 주식수로 나누면 주당순자산가치가 나온다. BPS는 기업의 자산 가치를 반영한 지표이니 아무래도 BPS가 클수록, 현재 가격과의 격차는 작을수록 투자 가치가 높다고 본다.

다음으로 BPS를 보고 알아낼 수 있는 비율이 PBR(Price Book-value Ratio)로 '주가순자산비율'이다. PBR은 주가가 순자산에 비해 어느 정도의 비율인지를 나타내는 것으로 현재가를 BPS로 나누면 구할 수 있다.

PBR

PBR은 쉽게 말해 시가총액이 자본총계보다 낮은지 높은지를 평가하는 지표다. 그런데 BPS와 PBR을 따로 계산할 것 없이 그냥 자본총계 대비 시가총액이 얼마나 낮은지 높은지를 따져 보면 보다 쉽게 평가할 수 있다.

$$PBR = \frac{현재가}{주당순자산가치(BPS)}$$

우리나라에는 자본총계 대비 시가총액이 낮은 기업들이 아주 많다. 하지만 조금이라도 빨리 수익을 내기 위해서는 성장 모멘텀이 있는 것이 좋다. 그래서 투자자들이 가장 기본적으로 알아야 할 지표가 PER이다. PER는 1주당 순이익이 몇 배가 되는지와 함께 시가총액이 당기순이익의 몇 배인지를 나타낸다. 순자산가치 대비 시가총액이 낮은 기업을 골라내고, 당기순이익 대비 시가총액이 크게 높지 않은 기업을 선택한다면, 상대적으로 주가 상승 모멘텀과 이슈를 빨리 만들어낼 수 있다.

ROE, EBITDA

그 밖에도 ROE(Return On Equity, 자기자본이익률)와 EBITDA(Earnings Before Interest, Taxes, Depreciation and Amortization)도 알고 있으면 도움이 된다. ROE는 자신이 투자한 돈으로 기업이 얼마만큼의 돈을 벌고 있는지를 나타내는 지표로 다음과 같이 계산한다.

$$ROE = \frac{당기순이익}{자기자본 \times 100}$$

만약 ROE는 꾸준히 높은데 큰 변화가 없는 기업과 ROE는 상대적으로 낮지만 꾸준히 증가하는 기업이 있다면 후자를 선택하는 것이 현명하다. ROE는 낮지만 지속해서 증가한다는 것은 그 기업이 성장하고 있다는 의미이기 때문이다. EBITDA는 기업이 영업 활동을 통해 벌어들인 현금 창출 능력을 나타내는 수익성 지표다. 이 지표는 기업이 자본을 활용하여 어느 정도의 현금 흐름을 창출하는지를 나타내는 지표로, 비율이 높을수록 고평가(벌어들이는 이익보다 기업의 총가치가 높게 평가)된 것이다. 존 네프(John Neff)의 저평가주 선별 방법을 살펴보자.

1. 유력 종목보다 PER는 절반 수준이어야 한다.
2. 매년 7% 이상 성장해야 하고, 수익성장률을 판단하는 기간은 5년이 적절하다.
3. 높은 배당수익률과 배당 성장성을 가진 기업이어야 한다. 다만 배당이 없다고 해서 성장 가능성이 높은 종목까지 제외하는 것은 곤란하다.
4. 총수익률은 PER로 나눈 수치가 입종 평균보다 2배 이상이어야 한다.
5. 수익의 턴어라운드보다 6~9개월 이전에 매수하여 투자자들이 몰릴 때 매도해야 한다.

존 네프가 제시한 조건을 맞추려면 시장이 크게 하락한 상황이 아니면 딱 들어맞는 저평가주를 쉽게 찾을 수 없다. 이미 재무제표에 분기 실적이 반영될 가능성이 예측되는 순간부터 시장에서 해당 종목이 충분히 부각되고 있기 때문이다. 이제는 내가 PER를 활용해 저평가주를 탐색하는 방법을 살펴보자.

1. 동일 사업군을 구성하는 종목 중 비슷한 재무구조를 지닌 상황에서 상대적으로 낮은 PER 종목을 선택한다.
2. 실적이 부진하지만 턴어라운드 가능성이 보이는 종목을 선택한다.
3. 매출과 영업이익은 부진하더라도 자본 총계를 매년 조금이라도 증가시키는 기업을 선택한다.
4. 언제일지는 모르지만 때가 되면 이슈가 생길 수 있는 기업을 선택한다.

내 기준으로 보면, 아직 주가가 움직이지 못하고 바닥에서 횡보하거나 살짝 하락 추세를 보이는 종목일 가능성이 높다. 하지만 실적은 조금 부진해도 자산을 조금이라도 증가시키거나 유지하는 기업은 어려운 상황에서도 지속적인 투자나 개선을 위해 노력할 가능성이 높다. 이런 종목을 탐색하고 지켜보다 보면 거래량이 붙으면서 시세가 오르는 시기가 오기 마련이다. 기회가 될 수 있는 시점이다.

사람들이 관심을 보이지 않고 주가가 많이 내려가 있을 때가 매수 타이밍이다. 대개 주식투자자들은 차트가 좋아 보이고 사람들이 좋다고 하는 주식을 선택하는데, 이런 종목들은 가격이 이미 고점일 때가 많다. 이런 종목을 선택해서 수익을 낼 수도 있겠지만, 오랜 기간 꾸준한 수익을 내려면 시장의 흐름과 무관하게 지속적인 수익을 내는 것이 더 좋다. 시장에 영향을 받더라도 장기간 투자하면서 긍정적인 결과로 이끌려면, 그

나마 자산가치 대비 저평가되고 성장 가능성이 있는 종목을 선택하는 것이 바람직하다.

10년 보유 못할 주식은
10분도 보유하지 마라

'주식을 장기로 보유하고 있으면 무조건 가격이 오른다!'

초심자가 흔히 하는 착각 중 하나다. 물론 오랜 기간 주식을 보유하고 있으면 오를 가능성이 높다. 하지만 그 주식을 발행하는 기업이 어떤 사업을 하는 회사인지, 성장 가능성이 있는지, 재무적으로 탄탄한지 등을 면밀히 따져 보지 않은 채 그저 보유만 하고 있다가는 상장폐지라는 날벼락을 맞을 수도 있는 일이다.

"10년 보유하지 못할 주식이라면 단 10분도 보유하지 마라"라고 강조한 워런 버핏의 말을 실천하려면 매년 꾸준히 자산가치가 증가하는 기업을 탐색하는 것이 가장 바람직하다. 자산가치가 증가하는 기업을 찾으려면 우선 꾸준히 수익을 창출하는 기업을 선정해야 한다. 수익이 창출되어야 기업은 연구·개발 및 시설 투자를 하며 자산가치를 증가시키는 투자를 할 수 있다. 다음으로 기업이 연구·개발 및 시설 투자에 매년 꾸준히 투자하고 있는지 재무제표 CAPEX(자본적 지출) 및 포괄손익계산서의 연구개발비 집행 비용을 확인하는 것이 좋다. 마지막으로 자산가치 대비 시장에서 이미 크게 부각되었는지 아닌지를 판단해서 투자를 결정해야 한다. 이미 관심받고 있는 종목이라면, 시장리스크로 인한 가격 하락이 올 수 있기 때문에 안정적인 평단을 만들기가 힘들다.

이러한 것들을 종합석으로 판단해 자산가치가 증가하는 기업 중 시장에서 크게 두각을 드러내지 않는 종목을 물색해야 한다. 투자를 할 때도 한번에 '몰빵'하는 것이 아니라 시일을 두고 분할하며 안정적인 평단을 만들어간다면 시장 상황에 큰 영향을 받지 않으면서 장기투자할 수 있는 여유가 생길 것이다.

하루에도 수많은 기업이 설립되고 사라지는 세상이다. 오래 생존하고 내재가치가 충만한 기업을 찾을 수 있는 눈을 키워 보자. 10년 보유할 주식을 찾는 방법이 쉽지만은 않겠지만, 그런 기업을 찾아서 투자한다면 수익을 거두며 웃는 날이 올 것이다.

거래량은 매매의 중요한 판단 기준이다

대부분 투자자는 기업의 재무제표나 시장 상황보다는 주식 차트를 기반으로 투자를 한다. 차트는 주가가 변하는 모든 정보를 담고 있어서 외국인이나 기관에 비해 정보력이 낮은 개인 투자자들이 가장 많이 참고하는 투자를 위한 도구다. 차트의 여러 구성 요소 중 초보 투자자들에게 가장 유의미한 정보를 주는 것은 거래량이다. 거래량은 주식시장에서 매매가 성립된 수량을 나타내는 것으로, 일반적으로 거래량은 주가에 선행한다고 알려져 있다. 그래서 거래량을 통한 흐름 분석은 주가를 예측하기 위한 뛰어난 수단이기도 하다.

거래량은 주가의 나침반과도 같은 역할을 하면서 투자자들에게 주가 흐름의 방향을 가늠하게 하는 잣대를 제공한다. 가격이 상승하든 하락하든 방향성의 지속 기준은 거래량으로 판단할 수 있다. 기본적으로 거래량이 증가하지 않거나 혹은 감소하면서 나오는 주가의 흐름은 큰 의미가 없다. 예를 들어, 거래량이 감소하면서 주가가 상승한다면 오르는 기간이 짧을 수밖에 없다. 팔려는 사람과 사려는 사람이 많아야 시장에서 거래가 활성화되는데 거래하는 사람들의 절대적인 수가 적다면 거래는 이루어질 수 있지만 그 시장이 활성화되었다고는 아무도 생각하지 않는다.

반면에 거래량이 증가하면서 주가가 상승한다면, 주가를 상승시키려는 매매자가 많다는 뜻으로 보아 대시세의 시작일 수 있다. 반대로 주가가 하락하면서 거래량이 강하게 증가한다면 가격을 하락시키려는 매매자가 많다는 것을 의미한다. 만약 거래량이 폭발하며 장대양봉 캔들이 나왔는데, 하락으로 방향을 바꾼다면 어떻게 해석해야 할까? 하락 캔들이 장대양봉 캔들과 비슷한 거래량이 되거나 그 이상의 거래량이 동반되어야 방향이 바뀌었다고 판단할 수 있다. 그 반대의 경우도 마찬가지다.

이런 점을 응용하면 거래량이 강하게 증가한 장대양봉이나 장대음봉을 기준봉으로 삼고 매매를 진행할 수 있다. 거래량이 강하게 실린 장대 기준봉의 시가, 중간가, 종가를 기준으로 매수매도의 포인트를 잡고 그 방향성대로 접근한다면 조금 더 효율적인 매매가 가능할 것이다. 하지만 거래량이 매매의 중요한 판단 기준이라고 해도, 주식투자를 할 때 거래량만을 기준으로 삼고 매매하는 것은 정확한 포인트를 잡기 어려울 수 있고, 주가를 만들어가는 세력의 장난에 휘말릴 수도 있다. 거래량은 다른 보조지표에 비해 신뢰도가 높고 비교적 정확한 분석도 가능하지만, 투자자는 어떤 한 가지 척도를 맹신하면 낭패를 볼 수도 있다. '저가에서 거래량이 늘면 매수하고, 고가에서 거래량이 늘면 매도하라'는 말도 있지만, 이것이 무조건 정답이 되지는 않는다.

거래량을 비롯한 차트를 통해서 보는 모든 보조 지표는 주식투자의 효율적인 도구로 활용하는 것이 바람직하다. 자신의 기준과 원칙이 세워진 투자자라면 기술적 지표를 통해 수익을 창출할 여지가 크지만, 특히 주식 초보자라면 단순히 한두 가지 척도를 맹신하지 말고 주식투자에 대한 기본적인 학습이 먼저다.

분산 투자를 통해
최소한의 안전판을 만들자

'계란을 한 바구니에 모두 담지 마라'라는 주식 계의 유명한 격언이 있다. 분산 투자의 중요성을 드러내는 말이다. 많은 계란을 한 바구니에 담았다가 바구니에 큰 충격이 가해지면 모든 계란이 깨진다. 하지만 계란을 적절히 분배해 여러 개의 바구니에 담으면, 어느 한 바구니에 충격이 가해져도 다른 바구니 속 계란은 지킬 수 있다. 바람직한 주식투자의 원리도 이와 같다. 더욱이 주가는 정확한 예측이 불가능하기에 위험에 대비하기 위해서는 적절하게 분산 투자하는 것이 좋다.

나 역시 수많은 투자법으로 오랜 기간 주식투자를 해왔지만, 매달 꾸준한 수익을 만들어내는 데에는 분산 투자가 매우 효과적이었다. 한 달이라는 기간 동안 주식투자를 했다고 가정해 보자. 자신의 예측대로 상승력이 나오는 종목과 그렇지 않은 종목이 있을 것이다. 시장이 지속해서 상승력을 보이면 대다수 종목이 예상한 대로 상승력을 보일 테지만, 시장이 들쭉날쭉한 하락 국면이라면 생각처럼 주가가 움직이지 않는다. 하지만 자신의 기준과 원칙대로 종목을 선택했다면 분명 한 달이라는 기간 안에 상승력을 보이는 종목들도 있을 것이다. 그런 종목을 대상으로 차익 실현을 하면 매달 꾸준한 결과를 만들어낼 수 있다. 그렇다고 감당할 수 없을 정도로 너무 많은 종목에 분산 투자하는 것은 금물이다. 좋은 종목이 보일 때마다 지속해서 종목을 매수하여 포트에 편입하고 있다면 최악의 매매를 하고 있는 것이다. 자신이 신경 쓸 수 있는 수준에서 분산 투자를 하는 것이 바람직하다. 너무 많은 종목을 보유하다 보면 정말 좋은 소수의 기업에 집중할 기회를 놓칠 수도 있다.

효과적인 분산 투자의 방법을 사례를 통해 알아보자. 펀드투자자들은 지속해서 자금 유입이 가능하기에 다수의 종목을 보유하더라도 추가 매수로 평단을 낮출 수 있다. 또 수익성이 없는 종목을 청산하고 신규 종목에 편입하여 종목 개수도 유지할 수 있다. 하지만 개인 투자자들은 주식투자를 할 때 보통 한정된 자금으로 투자를 한다. 그래서 한 번에 너무나 많은 종목을 보유하면 리스크 관리 능력이 떨어지기 때문에 이런 분산 투자는 매우 비효율적이다. 개인 투자자의 분산 투자의 핵심은 '자금 몰아가기'다.

종목	종목1	종목2	종목3	종목4	종목5	종목6	종목7	종목8	종목9	종목10
비중	10%	10%	10%	10%	10%	10%	10%	10%	10%	10%
운용	수청산	10%	본청산	본청산	수청산	손청산	수청산	10%	손청산	수청산

예를 들어 10개의 종목을 똑같이 10%의 비율로 분산 투자했다고 가정해 보자. 여기에는 먼저 목표치에 도달했거나 수익권에 있는 종목들도 있을 것이고, 생각했던 것과는 다르게 하락 폭이 커지는 종목도 있을 것이다. 핵심은 목표치를 달성한 종목을 청산했을 때, 그 자금을 신규 종목에 투자하는 게 아니라 기존 10개 종목 가운데 하나로 자금을 몰아가야 한다는 점이다.

1. 종목1은 목표치를 달성해서 청산했지만, 종목2가 재무적 리스크 없이 크게 하락했다. 그러니 종목2에 종목1을 청산한 자금을 투자하여 평단을 낮춘다.
2. 종목3, 종목4가 생각과 같이 잘 움직이지 않아 약손실과 약수익 처리해 원금을 챙겼다.
3. 종목5는 목표치를 달성해 청산했다. 종목6은 재무적 리스크로 손절매하였다.
4. 종목7은 목표치를 달성해 청산했다. 종목8은 추가적 상승이 기대되어 추가 매수하였다.
5. 종목9는 돌발 악재로 청산했고, 종목10은 목표치를 달성해 청산했다.

여기까지는 수익 청산 4가지 종목, 손실 청산 2가지 종목, 본전 수준 청산 2가지 종목으로 진행되었다. 종목2는 손실권에서 추가 매수해 20% 비중으로 보유하고 있고, 종목8은 수익권에서 추가 매수해 20% 비중으로 보유하고 있다. 현재 현금은 60%로 종목2가 추가적인 하락 흐름을 보여도 여유 있게 지켜보면서 평단을 크게 낮출 수 있는 여지도 있다.

상승장에서는 10개의 종목이 대부분 시간이 지나면 다 상승하고, 자금까지 몰아가면 고수익을 볼 수도 있다. 하지만 이런 경우는 1년 이상 지속해서 이어지는 대 상승장일 때나 가능하고, 대체로 방향성이 나오지 않는 지그재그 장세이거나 약세 국면에서는 예시와 같이 운용이 가능하다. 방향성이 나오지 않거나 약세 국면일 경우에는 잘 움직이고 있는 종목8은 그대로 유지하며 목표치를 달성하고, 나머지 현금은 잘 움직이지 않고 있는 종목2를 최악의 경우를 고려해 평단가 형성에 반영해야 한다. 추가 매수 가격 폭을 넓게 잡으면 충분히 평단가를 크게 낮출 수 있고, 조금이라도 시장의 반등이 있다면 기술적 반등력으로도 평단가에 자금을 회수할 수 있는 여력이 생긴다. 이 같은 분산 투자는 안정적인 자금 운용을 위한 사례이니, 참고하면서 자신만의 분산 투자 전략을 세우자.

실제 투자를 할 때는 시장 상황을 고려한 분산 투자 전략을 세워야 한다. 불안한 시장 상황에서는 새로운 기회를 잡고 기존 보유 종목의 리스크를 관리하기 위해서는 일정 부분 현금을 가지고 있어야 한다. 나는 일반적인 장세에서는 30% 정도 현금성 자산을 유지하려고 한다. 만약 시장이 좋지 않다면 50%까지 현금성 자산을 늘린다.

자산이 많은 투자자라면 주식뿐만 아니라, 부동산이나 예금성(현금성) 자산을 함께 보유하는 것이 심리적으로도 효과적인 결과를 만들어낼 수 있다. 주식은 가격이 빠르게 변동하는 것을 바로 확인할 수 있다. 올바른 투자 철학이 정립되기 전에는 가격의 부정적 흐름이 있으면 심리적으로 위축되거나 자극이 되어 현실을 올바르게 인지하지 못한 비합리적인 판단을 할 수도 있기 때문에 가진 돈을 주식에 '몰빵' 하는 것은 올바른 방법이 아니다.

분산 투자는 실제로 해 보지 않으면 자신이 어느 정도의 종목을 관리할 수 있는지 그리고 종목별로 얼마만큼의 비중을 두어야 할 것인지 감을 잡을 수 없다. 안정적이고 효율적인 분산 투자를 위해서 자신이 얼마나 효과적으로 자금을 운용할 수 있는지 모의 투자나 소액 투자를 통해 연습해보고 실전 투자를 시작하자.

이동평균선에
주목하라

이동평균선(moving average)은 보통 캔들의 종가를 기준으로 합산 평균한 가격을 지속해서 이어가는 선을 의미한다.

이동평균선 = 이평선 = MA = Moving Average

이동평균선은 위와 같은 표현으로 자주 쓰이니 참고하자. 이동평균선은 거래액, 매매 대금, 주가 등 다양한 분야에 접목해 활용한다. 과거의 평균적 수치에서 현상을 파악하여 현재의 매매와 미래의 예측에 접목할 수 있도록 돕는 것이 목적이다. 이동평균선을 구하는 방법은 다음과 같다.

$$종가\ 단순이동평균(SMA)(5일선)\ =\ \frac{N일\ 종가 + N일\ 종가 + N일\ 종가 + N일\ 종가 + N일\ 종가}{5}$$

5일 이동평균선은 5일간의 가격평균, 10일 이동평균선은 10일간의 가격평균을 연결한 선으로 단기 이동평균선이라고 한다. 20일 이동평균선은 20일간의 가격평균, 60일 이동평균선은 60일간의 가격평균을 연결한 선으로 중기 이동평균선이다. 120일 이동평균선은 120일간의 가격평균, 240일 이동평균선은 240일간의 가격평균을 연결한 선으로 장기 이동평균선으로 불린다.

이동평균선은 얼마 동안의 기간을 평균했는지에 따라 의미하는 바가 다르다. 가령 20일 이동평균선은 세력선, 60일 이동평균선은 수급선, 120일 이동평균선은 경기선, 240일 이동평균선은 급등하던 종목이 하락할 경우 240일선에서 멈춘다고 해서 '급등주의 고향'이라고 부른다. 또한 상폐선이라고도 불리는데 상장 폐지되는 종목의 상당수가 240일선을 하회한 종목에서 나타나기 때문이다. 그런데 투자 초기에는 이동평균선을 단기, 중기, 장기 등 다양하게 구분하며 의미를 부여한다. 사실 책이나 다양한 해설서에서 의미를 부여해 놓았기 때문에 그렇게 따라 하려고 한다. 하지만 이동평균선은 일정 기간의 평균 가격 나열이고, 그 나열된 가격들을 기준으로 주가의 지지, 저항, 돌파, 이탈, 되돌림 등을 활용할 뿐이라서 의미를 부여하는 것은 무의미하다. 이 내용은 3장의 '중요가격론, 주가 흐름의 핵심' 편에서 자세히 이야기한다.

이동평균선의 등장 배경에는 '랜덤 워크 가설(Random Walk Hypothesis)'이라는 것이 있다. 즉 주가는 '예측할 수 없으며 제멋대로 움직인다'라는 것이다. 그러나 무질서한 움직임이라도 평균을 산정해낸다면 '방향성을 찾을 수 있지 않을까?' 하는 가정으로 이동평균선이 등장하게 되었다. 이동평균선의 기본적인 개념을 살펴보자. 그 밖의 자세한 활용법은 3장에서 알아보자.

1. 이동평균은 시간의 흐름에 따라 가장 오래된 변수를 빼고, 새로운 변수를 추가하여 구한 평균이다.

2. 전체 변수의 숫자가 변하지 않으므로 분모는 일정하고 분자는 계속 최근 숫자로 교체되기 때문에 변수들의 움직임을 시계열로 나타낸다.

3. 이동평균은 변수들의 움직임을 부드럽게 만들어 추세를 알기 쉬운 지표로 전환시켜 준다.

4. 이동평균은 대상 변수의 움직임보다 완만하게 움직인다.

5. 이동평균 기간이 길수록 변동성은 작아진다.

6. 이동평균은 구하는 방법에 따라 단순, 가중, 기하, 지수 이동평균으로 나뉜다.

매매에는 자신만의 원칙이 있어야 한다

매매 타이밍을 잡는 기준은 있다

"쌀 때 사서 비쌀 때 팔아라!"

주식투자가 말처럼 쉬우면 얼마나 좋을까? 정확한 매수 매도 타이밍을 잡는 것은 모든 주식투자자의 바람일 것이다. 하지만 현실은 불가능에 가깝다. 주식투자는 제로섬 게임이기 때문에 누군가 이익을 얻으면 잃는 사람이 반드시 생긴다. 그렇더라도 자신의 기준과 원칙을 세운 투자자라면 수익을 봐야 자신의 목적을 달성한 것이 아니겠는가?

'주식투자의 9할은 매수와 매도 타이밍'이라는 말이 있다. 정확한 타이밍은 누구도 알 수 없지만, 투자자에게 긍정적인 결과를 만들어 줄 몇 가지 참고할 만한 매수 매도 타이밍이 있다. 우선 자금을 운용하는 관점에 따라 매매 타이밍을 잡을 수 있다.

첫째, 1~5년 내에 수익을 보고 싶은 투자자라면, 기업의 재무제표를 면밀히 살펴 영업이익 측면에서 큰 문제가 없는 자본총계 대비 시가총액이 극단적으로 낮은 종목들만 천천히 모아간다. 그러면 시장에 큰 리스크가 오지 않는 이상, 대개 3년 안에 수익을 볼 수 있다.

둘째, 매달 꾸준한 수익을 만들고 싶다면, 수급이 붙고 어느 정도 변동성이 보이는 종목을 공략하는 것이 좋다. 하지만 이러한 종목은 손실권으로 들어가는 것을 방치하면 안 된다. 상대적으로 단기적 수익을 만들고자 하는 투자자가 변동성이 큰 종목에 투자할 때 손실권을 방치하면 정해진 기간 안에 수익을 만들기가 어려워지니 주의해야 한다.

그런데 이 두 가지 방법에서 공통으로 고려해야 할 점은 예상치 못한 극단적이고 부정적인 흐름이 있을 때는 반드시 대응법을 강구해야 한다는 것이다. 그러한 대응법이 없다면 조금이라도 예상되는 경로에서 벗어날 때 바로 매도하는 것이 좋다. 만약 나름의 대응법이 있다면 투자 기간의 조정, 가격 분할 접근 등 다양한 전략을 구사할 수 있다.

주식 매매 타이밍과 관련해 투자자들에게 잘 알려진 의미 있는 격언이 있다. 바로 '천장권의 호재는 팔고, 바닥권의 악재는 사라'라는 말이다. 주가는 상승력이 떨어지면 하락하기 마련이고, 반면 장기간 바닥을 다지고 점차 상승하는 주식은 강한 상승력을 보인다. 그래서 천장권에서 호재가 계속 나오고 너도나도 주식을 사려고 한다면 매도해야 하고, 바닥권에서 악재가 나와 주가가 폭락한다면 매수로 대응해야 한다. 하지만 어디가 천장권이고 바닥권인지 명확하게 말할 수 있는 사람은 없다. 차트상으로 주가가 바닥권이었고 악재가 나와 주가가 내렸을 때 매수했는데, 바닥이 보이지 않을 정도로 떨어진다면 어떻게 할 것인가? 반대로 고점으로 판단해 호재성 이슈가 나왔을 때 매도했는데, 주가가 지속해서 고공 행진하면 얼마나 아쉬울 것인가?

그러니 널리 알려진 방식으로 투자 전략을 세우기에 앞서 고려해야 할 것은 재무제표이다. 재무적 자산 가치를 기준으로 주가의 위치를 파악해 투자 전략을 만들 수 있기 때문이다. 재무제표로 분석했을 때 자본총계 대비 시가총액이 50% 아래에 있고 실적이 턴어라운드 되는 초기 상황에서 나온 악재는 큰 악재가 될 수 있을까? 또 자본총계 대비 시가총액이 100%를 넘어서지 못하고 실적도 큰 폭으로 증가하는 상황에서 호재성 이슈가 나왔다면 투자자는 주식을 매도할 수 있을까?

그래서 주가가 천장권인지 바닥권인지 분간하려면 재무제표를 기반으로 분석할 수 있는 자신만의 원칙과 기준이 있어야 한다.

직관의 눈을 키우고 논리적 자료를 활용하라

'통계의 함정'이라는 말이 있다. 사람들은 대개 객관적인 수치라며 통계 자료를 들이밀면 곧이곧대로 믿어 버리는 경향이 있다. 다른 나라로 여행을 가려는 사람이 있다고 하자. 이 사람은 여행지의 여름철 평균 기온이 25℃라는 통계를 보고 반바지와 반소매를 입고 여행을 떠났다. 그런데 막상 여행지에 도착해보니 최저 기온이 10℃ 이하로 떨어지는 바람에 비싼 돈을 주고 겉옷을 구매할 수밖에 없었다. 이는 평균만으로 전체를 파악했기 때문에 벌어진 실수다. 평균이 전체의 자료를 대표할 수 없는 경우도 있다.

주식투자에서도 통계가 많이 쓰인다. HTS를 켜면 보이는 차트상에서 이동평균선, 캔들의 모양, 거래량 등을 분석해서 투자하는 것 또한 통계를 활용한 투자 방법이다. 하지만 통계에도 함정이 있듯이 통계에만 기준을 두고 투자하는 것은 위험한 일이다. 통계를 투자의 도구로 적극적으로 활용하는 것은 바람직하지만, 모든 투자의 기준이 통계가 되어서는 안 된다.

　주식투자자들이 매매를 할 때 통계 외에도 직관에 의존하는 경우도 많다. 그런데 직관은 짧은 순간 사태를 전체적으로 파악할 수는 있지만, 분석처럼 명확할 수는 없다. 또 직관하는 사람이 어떤 상황을 명확하게 인식했다고 해도 그것을 다른 사람에게 전달하기는 어렵다. 그렇더라도 투자에서 통계나 개인적인 경험에 무조건 의존하지 않고 사실을 파악하는 본질적 직관을 활용하는 것은 어느 정도 도움이 된다. 본질적 직관은 현실을 직시하는 눈으로 작용하기 때문이다. 또 투자를 하거나 어떤 결정을 내릴 때 사람들은 자신이 그간 쌓아온 지식이나 경험에 의존하기 마련이다. 이런 의존성은 나이를 먹을수록 더 강해져 자신의 지식과 경험을 모든 판단의 기준으로 삼는다. 자연스럽게 아집과 고집이 늘 수밖에 없다. 그런데 아집과 고집으로는 현실을 올바르게 직시하는 것이 힘들고, 판단에 오류가 생길 수 있다. 이런 오류를 범하지 않기 위해서는 논리적인 자료를 통한 기준을 마련하는 것이 무엇보다 중요하다.

　오랜 기간 투자하며 주변의 많은 투자자를 봤지만, 저평가를 보는 잣대는 저마다 달랐다. 나 역시 나름의 논리적 잣대로 기준을 정했는데, 그 기준을 정하기 위해 과거 IMF, 서브프라임모기지 사태 등 금융위기 시절의 주가가 본연의 재무적 자산가치 대비 얼마나 하락했는지를 분석했다. 재무적 자산가치의 기준은 자본총계로 놓고 보았다. 자본총계는 총자산에서 총부채를 뺀 순수한 자산이다.

> **자본총계 = 총자산 - 총부채**
>
> **시가총액 = 주가 × 총 주식수**

나는 이렇게 자본총계 대비 시가총액이 어느 정도까지 내려갔는지를 따져보며 저평가 유무를 판별한다. 객관적 자료는 재무제표를 보면 확인할 수 있고, 그 객관적 자료를 기반으로 논리적 기준을 만드는 것은 자신의 투자 철학에서 비롯된다. 그래도 기본적으로 투자자들이 염두에 둬야 할 것은 매매를 할 때는 논리적 자료와 직관, 통계 등 자신이 활용할 수 있는 모든 것을 종합적으로 고려해야 한다는 점이다. 주가의 흐름을 판단할 때 통계 자료와 더불어 기업의 내재가치와 성장가치를 고려하게 된다. 기업의 내재가치는 재무제표와 각종 객관적인 자료를 통해 어느 정도 파악할 수 있지만, 성장가치는 미래 가치이기 때문에 투자자의 직관이 중요한 요소로 작용한다.

이처럼 매매의 기준은 하나의 요소로 결정할 수 없으며, 통계를 분석하는 능력과 현실을 올바르게 직시하는 직관, 논리적 자료를 기반으로 한 판단의 잣대 등 종합적인 기준을 마련해야 실패하지 않는다.

원칙을 세웠으면 밀고 나가라

1~2년 정도 주식투자를 한 사람은 대다수 자신들은 원칙이 있다고 생각한다. 하지만 원칙이 있다고 해서 그 원칙을 지키는 사람은 매우 드물다. 또한, 주변 사람들에 의해 혹은 출처를 알 수 없는 정보에 따라 매번 매매 방법이 바뀐다면 진정한 기준과 원칙을 세웠다고 할 수 없다.

주식투자자들이 자신이 목표한 수익률이 나왔거나 또는 원칙대로라면 팔아야 하는 시점임에도 매도를 망설이는 이유는 이후에도 주가가 계속 상승할 것이라는 탐욕 때문이고, 계속해서 폭락하는 주식을 매수하기 어려운 것은 추가 하락에 대한 두려움과 공포 때문이다. 이런 심리를 극복하기 위한 가장 최선의 방법은 자신만의 기준과 원칙을 세우고 그에 따르는 일이다.

주식을 한창 배울 때는 이런저런 다양한 투자법을 고려하고 학습한다. 그런 투자법이 하나둘 쌓여 많은 지식을 알게 되면, 사람들은 자신만의 기준과 원칙이 확립되었다고 착각하곤 한다. 하지만 이것은 기준과 원칙이 아니다. 기준과 원칙은 수많은 성공과 실패 속에서 뼈아픈 고통이 따르며 자연스레 생겨나는 진리와 같은 것이다. 매매 원칙은 보다 객관적이어야 하고, 복잡하지 않은 단순한 법칙이어야 하고, 반복적으로 활용할 수 있어야 한다. 기준과 원칙이 상황에 따라 변하고, 매우 복잡해서 자신도 적절한 타이밍에 적용하기 어렵고, 한두 번으로 끝나는 것이라면, 지금 주식 창을 들여다보고 있을 때가 아니다. 지금부터라도 책을 읽고 강연을 들으며 자신만의 투자 철학을 찾는 일부터 시작해야 한다. 복잡한 것을 단순화해서 명료하게 접근할 수 있는 길, 주변의 상황에 흔들리지 않는 심리적 상태, 정확하게 현실을 인식할 수 있는 능력 등은 자신의 투자 철학에서 비롯된 기준과 원칙에서 나온다는 것을 잊지 말자.

매매 기준과 원칙이 세워지기까지는 많은 시간이 걸리기 마련이다. 나도 단순한 매매 원칙을 세우는 데까지 10년이라는 세월이 걸렸다. 물론 현실을 있는 그대로 보고 그것에 맞게 자신을 빠르게 변화시킬 수 있는 사람이라면 2~3년 안에도 자신만의 기준과 원칙을 만들 수 있다. 하지만 보통 사람들은 자신만의 생각, 지식, 경험에서 쉽사리 빠져나오지 못하고, 현실을 제대로 인식하기가 쉽지 않다.

나는 주식투자를 시작한 이후 초기 10년간은 수백 권의 책을 읽고 다양한 차트와 수급 분석을 통해 나만의 진리를 찾으려 노력했다. 주식투자를 다룬 책에서는 수많은 격언과 사례, 교훈을 얻을 수 있었으며, 그중에서 간혹 영감을 받기도 했다. 하지만 언젠가 주식투자 10년을 돌아볼 겸 그간 나의 발자취가 담긴 계좌를 분석했는데, 결과는 정말 참담했다. 나에게 남은 것이 없었다. 분명 나름대로 모든 것을 공부했다고 생각했고, 모든 것을 알고 있다고 생각했는데 원하는 결과는 얻지 못했던 것이다. 도대체 무엇이 잘못된 것일까? 엄청난 정신적 고통에 휩싸였다. 그러던 중 이진우 교수의 '신이 죽은 시대를 말하다'라는 니체 철학 강의를 접하게 되었다. 이 강의는 암흑과 불안에 갇혀 있던 나에게 내 자신을 돌아보게 했으며, 그동안 내가 등한시했던 것을 인식하게 했다. 바로 재무제표였다.

10년의 세월 동안 내가 오로지 추구했던 것은 주가의 바닥이었다. 이미 주가가 상승하고 있는 것에는 매수의 필요성을 크게 느끼지 못했다. 오로지 바닥에서 매수하고 싶은 욕망이 강했을 뿐이다. 그렇게 재무제표를 살펴보던 중 총자산, 총부채, 자본총계라는 것이 눈에 들어왔다. 회계법인에서 보면 자본총계는 순수자산으로 보는 것이고, 부동산에서 보면 감정평가와 크게 다를 바가 없었다. 부동산에서의 실매매가가 주식에서는 시가총액이었다. 나는 자본총계를 기준으로 주가의 높고 낮음을 판단하면 되겠다고 생각했다. 그래서 금융위기 시절 지수의 저점마다 자본총계 대비 시가총액이 얼마만큼 낮게 형성되었는지를 살펴보게 되었다. 그 결과 실적이 좋은 것들은 자본총계 수준, 실적이 일반적인 것들은 50% 수준, 실적이 적자인 것들은 20% 정도 수준까지 내려가는 것을 확인할 수 있었다. 그때부터 이러한 단순한 구조를 뼈대로 저평가주를 찾아 투자하기 시작했다. 놀라운 일이 벌어졌다. 매년 많게는 300%에서 적게는 50% 이상 계좌 수익이 나기 시작한 것이었다.

주식투자에서 매매의 원칙은 자신만의 길을 찾아 나서는 과정이다. 길 찾기에 내비게이션이 있다면 좋겠지만, 철학을 찾는 과정은 부단한 학습과 노력이 필요한 법이다. 그런 가운데 시행착오도 겪고 뼈아픈 고통도 찾아오기 마련이다. 이런 과정을 거치지 않으면 진실한 기준과 원칙을 세우기는 어렵다. 두려워하지 말자. 빠른 길에 당도하는 내비게이션은 없을지언정 성공적인 투자로 향하는 길은 분명히 존재한다. 지금도 온종일 주식 창만 들여다보고 남의 말에만 휘둘리고 있다면, 자신의 투자 철학을 찾아 기준과 원칙을 마련하는 일부터 시작하자.

┃ 시중에 나도는 정보는
┃ 이미 과거다

세상에는 노력 없이 얻을 수 있는 것이 거의 없다. 제과점에서 빵 하나를 사더라도 돈이 필요하고, 돈을 벌기 위해서는 당연히 노력을 해야 한다. 주식투자도 돈을 벌기 위한 일이며, 당연히 노력이 필요하다. 하지만 사람들은 주식투자를 할 때 이상하게도 이런 단순하고 명료한 삶의 이치를 잊어버린다. 특히 투자 정보를 얻을 때 더욱 아무런 노력을 하지 않는다. '오늘 뜨는 실시간 뉴스가 중요하다', '이 정보는 나만 알고 있는 것이다', '내일 그 종목은 상한가에 갈 것이다' 등 주식시장에 돌아다니는 출처가 불분명한 수많은 정보들을 무턱대고 믿으려고 한다. 투자의 기준과 원칙이 없는 투자자는 이런 정보에 휘둘리고, 그 정보가 자신의 돈을 빨아들이기 위한 '작업'이라는 덫임을 모른 채 무언가에 홀린 상태로 투자에 나선다.

일반적으로 우리가 듣는 정보는 이미 다른 투자자들도 알고 있을 확률이 높으며, 주가에도 이미 반영된 경우가 다반사다. 간혹 속보로 뉴스가 나온 후, 빠르게는 2~5분, 느리면 2~3시간 사이에 급등력이 나오기는 한다. 하지만 그런 소식을 빠르게 알려면 5~10분마다 속보 기사를 업데이트하며 매 순간 기사를 확인해야 한다. 노력 없이는 아무것도 얻을 수 없다. 또는 몇몇 인지도 있는 언론사에서 고가의 구독료를 매월 지불하면 하루 정도 빠른 기사나 정보를 제공해 주는데, 그중에 괜찮은 정보들을 분별하여 습득할 수 있다면 도움이 된다. 그런데 정보나 이슈는 관련된 기업이나 주가를 움직이는 특정 세력이 의도적으로 만들어 뿌리는 것이 대다수다. 즉 내가 정보를 알게 되었을 때는 이미 특정 주체의 주식 매집이 끝난 상태일 가능성이 매우 높다.

기본적으로 확인해야 할 재무제표와 거래량, 가격 흐름을 무시하고 이슈나 정보만으로 투자한다면, 타이밍이 절묘해 약간의 수익은 얻을 수 있을지 몰라도 이러한 투자 행태로는 결코 주식투자에 성공할 수 없다. 대부분 손절매를 통해 빠져나오기 마련이고, 운이 없으면 고점에 오랜 시간 물린다. 내가 알고 있는 정보는 주가에 이미 반영되어 있다는 점을 반드시 염두에 두자. 그리고 이 정보를 나 혼자만 알고 있다는 착각에 빠지지 말자. 정보의 홍수 속에서 살아남는 법은 늘 강조하듯이 현실을 올바르게 바라보고 판단하는 능력이다. 만약 믿을만한 정보를 접했으면 '매수' 버튼에 손이 가기보단 재무제표를 먼저 들여다보고 차트를 꼼꼼히 확인하는 습관부터 길러보자.

주식투자자들에게 닮고 싶은 투자자를 말해 보라고 하면 워런 버핏을 가장 많이 꼽는다. 주식투자만으로 세계 최대 부자 반열에 오른 워런 버핏은 투자자로서만 유명한 것이 아니라 투자자들에게 합리적인 투자 원칙을 쉽고 재미있게 풀어 설명하는 말솜씨로도 잘 알려져 있다. 특히 그의 어록은 인터넷 검색만 해 봐도 바로 확인할 수 있고, 수많은 주식 관련 서적에도 자주 인용되고 있다. 워런 버핏의 눈여겨 볼만한 수많은 어록 중 이번 주제와 관련된 어록 하나를 소개한다.

"나는 비관론이 있을 때 투자를 더 많이 한다. 비관론을 좋아해서가 아니라 비관론 덕분에 주가가 싸지기 때문이다."

비관적인 상황에 이르렀다는 것은 이미 주가가 충분히 하락한 상태이고 많은 투자자가 공포에 휩싸였다는 말이다. 비관론적인 분위기라는 것은 이미 시장 상황에 충분히 영향을 받는 저평가된 주식들이 상당히 많다는 것을 의미하기도 한다. 그런데 대개 투자자들은 비관적인 분위기일 때 주가가 더 하락할 수 있다는 공포에 휩싸여 쉽게 투자를 하지 못한다. 또 언제 반등할 것인지 모르는 불확실한 상황이 투자자를 더 망설이게 만든다.

나도 지난 2020년 3월 국내 주식 하락장에서 저점 매수를 하지 못했다. 대규모 부양책을 통한 유동성 자금에도 코로나19로 인한 경제 악화가 계속될 것이라 생각했기 때문이다. 하지만 증시는 어떻게 되었는가? 2020년 3월 19일 이후 줄기차게 반등이 나왔다. 빨리 상승장에 타지는 않았지만, 그래도 늦지 않게 5월 후반부터 나도 포지션을 바꿔 주식을 매수하기 시작했다. 극단적인 공포를 느끼는 상황이 가장 저렴한 주가를 만들지만, 과연 이 상황에서 얼마나 많은 사람이 공포를 기회로 만들 수 있겠는가? 접근하기가 쉽지만은 않을 것이다. 접근하기가 만만치 않더라도 그저 손 놓고 있을 수만은 없다. 우리가 워런 버핏처럼 투자의 대가가 아닌 이상, 조금은 안정적인 전략으로라도 시장에 접근해야 한다.

시간과 자금에 크게 구애받지 않는다면 분할 매수로 접근하는 것이 가장 현명하다. 걱정은 되겠지만, 공포의 상황이 10년, 20년 지속될 것은 아니다. 누구나 비관적인 상황을 인식하고 있다면, 보다 안정적으로 접근하는 것이 더 큰 수익을 얻을 기회가 된다.

가치 있지만, 소외된 종목을 찾는
바겐헌터라 되어라

'바겐헌터(Bargain Hunter)족'이라는 말이 있다. 폭탄 세일만을 기다렸다가 반값 이하의 가격에 구매하는 소비 성향의 사람들을 지칭하는 말이다. 바겐헌터는 애초 불황을 틈타 부동산과 증권시장에서 저평가된 자산을 사들이는 사람들을 말하는데, 세계적인 경기 침체와 불황의 시기가 되면 바겐헌터족이 소비 영역 전 분야로 확산된다. 주식계에서 가장 유명한 바겐헌터는 존 템플턴(John Templeton)으로 알려져 있다. 그는 모두가 비관했던 1960년대 일본에 투자해서 큰돈을 벌었다. 그는 최소 비용으로 투자하려면 소외주에 주목하라며, 시장에서 잘못된 평가를 받고 있거나 투자자가 잘 모르는 주식을 찾는 데에 힘쓰라고 한다. 즉 상식에 반하는 '역발상 투자 전략'이 가장 높은 수익률을 줄 수 있다는 것이다.

주식투자에서 진정한 바겐헌터가 되려면 성장주에 투자하는 것이 좋다. 성장주는 말 그대로 현재보다 앞으로 성장할 가능성이 큰 종목을 말한다. 현재는 기대 이하이지만, 기업의 수익구조도 지속해서 향상되고 있어 시간이 지나면 주가가 큰 폭으로 오를 여지가 있는 주식이다.

성장주 투자는 현재의 주가보다는 기업을 보고 판단해야 한다는 점에서 가치투자와 비슷한 면도 있지만, 둘의 성격은 확연히 차이가 난다. 가치투자는 회사의 매출과 수익구조, 자기자본이익률, 부채, 배당 등 재무제표를 통해 전반적인 기업의 내재적 가치를 따지지만, 성장주 투자는 재무제표의 숫자와 더불어 기업의 잠재된 역량을 파악하여 투자하는 것을 말한다. 즉 가치투자는 '쌀 때 사서 비쌀 때 팔라'라는 말이 통하고, 성장주 투자는 '비싸게 사서 더 비싼 가격에 팔아라'라는 말이 통한다. 그런데 보통 급등주는 성장주에서 많이 나오는데, 이미 상당히 큰 상승력이 나오고 있는 종목이라면 투자를 피하는 것이 좋다. 저평가된 자산을 사들이는 현실의 바겐헌터는 가치주와 성장주의 성향을 동시에 가지고 있는 기업의 주식을 선점하는 것이 바람직하다.

우리나라에서 대표적인 성장주는 제약·바이오 섹터였고, 이후 이차전지, 인터넷 IT, 게임 섹터 등이 순차적으로 성장주로 부각을 받았다. 하지만 성장성으로 인한 급등 섹터 중 실적이 다음에 따라오는 종목은 매우 드물었다. 대표적인 바이오시밀러 제약회사 셀트리온도 결국에는 분식회계 논란으로 주가가 하향 곡선을 이어갔다. 성장주가 지속해서 프리미엄 주가를 유지하고 더 나아가려면 급격한 매출 및 자산의 성장이 필요하다. 성장이 멈추는 순간, 프리미엄이 붙은 주가는 하향 곡선을 그린다.

바겐헌터로서 현실적인 대응 방법은 실적이 긍정적으로 나오고 자산 대비 저평가된 성장주를 느긋하게 매수하여 장기투자하는 것이다. 기다림의 미덕을 지키지 못하는 투자자는 바겐헌터로서 자질이 없다. 꾸준히 수익을 내는 바겐헌터가 되기 위해서는 소외된 저평가주를 찾는 안목과 기다릴 줄 아는 느긋한 마음가짐이 필요하다.

"소외주를 매수하는 것은 낚시를 하는 것과 아주 비슷하다. 때때로 당신은 물고기가 어디에 있는지 어떤 미끼를 사용해야 하는지 잘 알고 있지만, 앉아서 고기가 입질할 때까지 기다려야 한다."

– 존 템플턴《가치 투자 전략》중에서

공매도와 증권거래세 폐지는 왜 항상 논란일까?

개미들의 분노, '공매도' 폐지가 답일까?

주식시장에서 가장 오래된 논의 중 하나가 '공매도 폐지'에 대한 이슈다. 공매도는 특정 종목의 주가가 하락할 것으로 예상되면 해당 주식을 보유하고 있지 않은 상태에서 주식을 빌려 매도 주문을 내는 투자 전략 중 하나다. 주로 초단기 매매 차익을 노리는 데에 활용되는 투자 기법인데 공매도는 특정 종목의 주가가 단기적으로 과도하게 상승했을 때 매도 주문을 증가시켜 주가를 정상 수준으로 되돌리는 등 주식시장의 유동성을 높이는 긍정적인 역할도 있다.

하지만 공매도는 개인 투자자들을 불신의 늪에 빠지게 하는 치명적인 단점도 있다. 바로 시장 질서를 교란하고 불공정거래 수단으로 악용된다는 점에서다. 가령 주식을 공매도한 후에 주가를 하락시키기 위해 부정적인 소문을 내거나 부정적인 기업보고서를 유포하는 경우다. 또 우리나라 주식시장은 개인 투자자들과는 달리 외국인과 기관투자에 상환 기한도 없고, 담보 비율도 낮아 기울어진 운동장이라는 비판도 받아왔다.

사실 정보력, 담보율, 차입 기간, 차입 수수료율 등 외국인과 기관투자자가 개인 투자자에 비해 유리한 점이 많아 공매도에 있어서는 절대 우위에 있다. 외국인과 기관투자자는 이런 이점을 활용해 공매도를 통해 주가를 움직이고, 개인 투자자들 사이에서는 공매도가 주가 하락의 근본적인 원인이라며 공매도 폐지를 강력하게 요구하고 있다.

금융당국은 난감한 입장이다. 2020년 공매도 중지 이후 2021년 5월 일부 재개했고,

2022년에는 전면 재개를 앞두고 있다. 개인 투자자들의 반발은 여전히 높은 상황이지만, 공매도의 이점과 MSCI 등 선진국 지수 편입을 위해서는 공매도 전면 재개가 불가피하다는 입장이다.

공매도 전면 폐지는 현실적으로는 불가능하지만 제도적 개선이 필요한 것은 분명해 보인다. 지금의 제도로는 공매도가 개인 투자자들에게 불리할 수밖에 없다. 개인과 외국인·기관 사이의 형평성 차이를 좁혀나가는 제도 개선을 위해서는 개인 투자자들이 목소리에 귀를 기울여야 한다.

증권 거래는 이중과세가 맞을까

주식 거래에는 각종 세금이 부과된다. 투자금이 적을 때는 세금이 크게 신경 쓰이지 않지만, 투입되는 자금이 많아지면 투자를 할 때 세금을 생각하지 않을 수 없다. 특히 매도를 할 때마다 발생하는 증권거래세는 주식투자자들 사이에 불만의 원흉으로 꼽힌다. 증권거래세는 주식을 매도하는 순간 부과되는 세금으로 손익과 관계없이 매도 대금 전체에 세율이 부과된다. 증권거래세율은 거래 대금의 0.23%로 수익을 얻었든 손실이 발생했든 상관없이 매도 대금 전체에 세율이 적용되고, 별도의 세금 신고 없이 자동으로 원천징수가 된다.

2021년 정부는 증권거래세로 9조 원에 가까운 세금을 거뒀다고 한다. 코로나 팬데믹 이후 주식투자 열풍이 불면서 세금도 그만큼 많이 발생한 것이다. 그런데 증권거래세는 투자자들 사이에 이중과세라는 지적이 끊이지 않았다. 주식을 매도할 경우에 증권거래세뿐만 아니라 양도소득세도 함께 부과되기 때문이다.

양도소득세율은 매매 차익이 3억 원 이하이면 20%, 3억 원 이상이면 25%다. 증권거래세와 비교도 안 될 만큼 높은 세율이다. 하지만 양도소득세는 대주주에게만 적용되는 세금이라 소액 투자자들과는 관계가 없다. 그렇더라도 개인 투자자들은 손실을 본 경우에도 증권거래세가 부과되는 점은 개선해야 한다고 주장하고 있다. 실제 많은 전문가가 현재의 증권거래세는 폐지하거나 소득세 형태로 바뀌어야 한다고 목소리를 내고 있다. 폐지를 하면 초단타 매매가 늘어 주식 시장의 변동성이 커질 것이란 우려도 있다. 폐지까지는 아니더라도 '소득이 있는 곳에 과세한다'라는 기본 원칙에 따라 거래 자체에 세금을 부과하는 것보다는 소득이 발생한 부분에 대해 세금을 부과하는 것이 바람직하다는 의견도 많다.

그리고 당장은 아니지만 2023년부터 금융투자소득세라는 것이 도입된다. 기존에 대주주에게만 적용되던 양도세가 소액 주주에게도 적용되는 것이다. 양도 차익 3억 원 이하면 20%, 3억 원 이상이면 25%의 세율이다. 비과세 한도는 5,000만 원이고, 이를 초과하면 금융투자소득세 부과 대상이 된다. 만약 장기투자를 해서 2022년 말에 5,000만 원 이상 수익이 났다면 수익 종목을 정리한 후 2023년에 다시 매수하는 방법을 활용해 세금을 절약할 수 있다. 물론 수수료와 증권거래세는 발생하겠지만, 20% 이상 세금보다는 절세할 수 있다.

일반적으로 가장 많이 활용하는 변수, 즉 중요가격은 숨겨져 있는 가격이 아니라 우리가 항상 인식

하면서 매매 포인트로 활용하는 것에 있다. 나는 중요가격으로 이동평균선, 일목균형표, 캔들의 중

간값, 피보나치 비율을 자주 활용한다.

3장

수익을 부르는

기술적 분석

투자 전략

시장을 읽는 눈을 키우자

투자 주체 당일종합창으로 시장의 힘을 파악하라

주식을 매매하면서 시세를 만드는 투자 주체, 즉 수급 주체는 개인과 외국인 그리고 기관으로 나눌 수 있다. 이 세 주체가 주식을 끊임없이 사고팔면서 주가는 등락을 거듭한다. 우리나라 주식시장에는 1,000만 명이 넘는 투자자가 있다고 하는데, 투자자 대부분이 개인 투자자, 일명 개미 투자자라고 불리는 사람들이다. 기관 투자자는 투자신탁, 증권회사, 은행, 보험회사, 금융투자, 연기금 등 법인으로 구성되어 있고, 외국인

〈투자 주체〉

개인	개인이 개인자금으로 투자하는 경우
외국인	대부분 외국인 기관 투자(IB: Investment Bank)
기관	금융회사 등 법인인 경우. 금융투자, 연기금, 투자신탁, 사모펀드, 은행, 보험 등

투자자는 대부분 외국의 투자은행, 증권회사, 보험사, 헤지펀드 등이다.

　주식은 가격만 보고 매매하기보다는 다양한 항목을 체크해야 하는데, 가장 먼저 파악해야 할 것이 바로 수급 동향이다. 주식투자를 하다 보면 '수급이 들어온다'라는 표현을 자주 듣는다. 이때 특정 종목의 주가나 각종 지수가 오르기 시작하는데, 어떤 주체가 대량 매수하고 있음을 의미한다.

　투자자들은 매매 주문을 하는 개인과 외국인, 기관 중 어떤 주체가 얼마나 매수와 매도를 하고 있는지, 또 어떤 주체가 주도적으로 사고팔고 있는지 알 수 있는 '투자 주체 당일종합창'을 확인하며 시장 동향을 분석해야 한다. 당일종합창은 투자자가 HTS에서 개인과 외국인, 기관의 시장별 수급 동향을 한눈에 파악할 수 있는 창이다. 투자 주체 당일종합창을 활용해 어떻게 수급을 분석하고 시장 동향을 파악할 수 있는지, 특정일의 당일종합창을 보면서 이해해보자.

〈투자 주체 당일종합창〉

(1200)투자주체-당일종합

		개인	외국인계	기관계	금융투자	투신	은행	기타금융	보험	연기금 등	외국인	외국인기타	기타법인	사모펀드
거래소	매도	75,521	15,822	14,936	3,690	961	25	63	536	9,086	15,636	186	1,078	575
	매수	70,668	14,197	21,565	9,128	1,022	30	18	560	9,928	14,000	197	927	880
거래대금	순매수	-4,853	-1,625	6,630	5,438	61	4	-46	24	842	-1,636	11	-151	305
코스닥	매도	62,206	6,344	1,900	860	338	13	55	59	148	6,162	182	454	427
	매수	63,622	5,821	1,128	454	187	8	8	52	228	5,642	179	333	192
거래대금	순매수	1,416	-523	-772	-406	-151	-5	-47	-7	79	-520	-3	-121	-236
선물	매도	50,013	158,386	16,838	12,282	2,826	85	120	101	1,424	158,386	0	1,607	0
	매수	49,373	164,052	11,757	7,656	2,828	40	120	40	1,073	164,052	0	1,662	0
거래량	순매수	-640	5,666	-5,081	-4,626	2	-45	0	-61	-351	5,666	0	55	0
콜옵션	매도	221,479	670,970	75,709	73,920	796	603	330	0	60	670,970	0	4,583	0
	매수	224,992	679,125	63,499	61,833	967	332	330	0	37	679,125	0	5,125	0
거래량	순매수	3,513	8,155	-12,210	-12,087	171	-271	0	0	-23	8,155	0	542	0
풋옵션	매도	217,664	457,860	64,159	55,619	8,044	101	330	0	65	457,860	0	19,647	0
	매수	213,417	466,004	53,535	48,178	4,855	131	330	0	41	466,004	0	26,374	0
거래량	순매수	-4,247	8,144	-10,624	-7,441	-3,189	30	0	0	-24	8,144	0	6,727	0
CME	매도													
	매수													
거래량	순매수													
주식선물	매도	797,087	2,088,824	1,105,737	406,039	31,520	947	0	0	667,231	2,088,824	0	13,879	0
	매수	753,977	1,998,869	1,237,608	515,014	69,644	1,021	0	483	651,446	1,998,869	0	15,073	0
거래량	순매수	-43,110	-89,955	131,871	108,975	38,124	74	0	483	-15,785	-89,955	0	1,194	0
ETF	매도	98,140	128,676	93,880	89,998	241	2,263	200	378	512	128,676	111	14,755	288
	매수	165,053	130,673	24,168	20,387	1,546	1,183	0	293	297	130,673	235	15,433	462
거래량	순매수	66,913	1,997	-69,712	-69,611	1,305	-1,080	-200	-85	-215	1,997	124	678	174

(출처: 신한금융투자 신한아이HTS)

2020년 6월 1일 오후 1시 21분 당일종합창을 보면 기관의 거래소 순매수력이 6,630억 원 들어오고 있고, 외국인계에서 KOSPI200 선물을 5,666계약 순매수하고 있음을 알 수 있다. 당일 같은 시점 코스피는 3218.07포인트로 전일 종가 대비 0.44% 상승력을 만들어주고 있다.

〈코스피 종합주가지수 차트〉

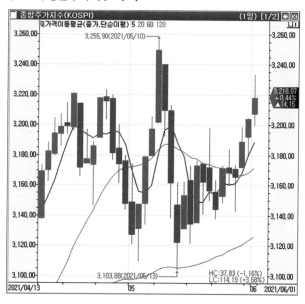

(출처: 신한금융투자 신한아이HTS)

당일종합창과 코스피 지수를 분석했을 때, 현재 상승력을 이끄는 주체는 현물(주식)을 매수해 주는 기관과 선물을 매수해 주는 외국인계라는 점을 인식할 수 있다. 최근 들어서 외국인과 기관이 번갈아 가면서 현물이나 선물을 매수해 주며 시장 상승력을 만들어내고 있다. 과거와 같이 외국인과 기관이 지속해서 현물이나 선물을 매수하면서 추세 흐름을 만들지 않는다. 개인의 자금이 대량 투입되면서 매수력이 강해 시장의 큰 리스크 요인이 발생하지 않는 한, 외국인과 기관이 동반 매도를 해야 그나마 지수가 밀리는 포지션이 나올 정도다.

특정 시기마다 수급 포지션은 조금씩 바뀐다. 당일종합창과 투자자별 매매 동향 등으로 그 포지션을 빠르게 인식해야 시장의 방향성을 어느 정도 예상해 볼 수 있다. 2020년 6월 1일에는 외국인과 기관은 현물 매수를 통한 장기 포지션보다는 파생 포지션을 통한 단기 방향성의 의지가 많이 보인다. 그래서 선물과 현물에 대한 외국인과 기관의 동시 매도가 아닌 이상, 현시점에서 시장 리스크는 크지 않다고 본다. 매일 거르지 말고 당일종합창과 시장 흐름을 체크하며 자료를 모아 보자. 꾸준히 분석하다 보면 미묘한 수급 변화와 시장 흐름의 수급 동향을 한눈에 파악할 수 있다.

지금까지 당일종합창을 바탕으로 투자 주체 수급에 따른 시장 상황을 분석했다. 이제는 일반적으로 수급에 따라 시장이 어떻게 움직일 수 있는지 살펴보자. 시장이 좋지 않을 때는 시장을 움직이는 주체에 따라 양상이 각기 다르게 바뀌기도 한다. 만약 시장을 움직이는 주체가 외국인이라면 거래소, 코스닥, 선물의 매도 우위 포지션과 풋옵션 매수 우위 포지션이 나올 수 있다. 반면 시장이 상승하는 상황이라면 거래소, 코스닥, 선물의 매수 우위 포지션과 콜옵션 매수 우위 포지션을 보이게 된다. 코스피200 선물이 '상승한다'에 베팅하는 것은 콜옵션이고, '하락한다'에 베팅하는 것은 풋옵션이다. 선물과 콜옵션, 풋옵션은 수급 분석을 할 때 수량으로 본다. 그 이유는 증거금을 통한 계약 거래이기 때문이다. 반면 거래소와 코스닥에 상장되어 있는 현물(주식종목)을 수급 분석할 때는 실제 가격에 대한 금전 거래이기 때문에 거래 금액으로 보는 것이 명확하게 분석하는 데에 도움이 된다.

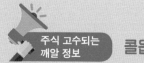

콜옵션과 풀옵션

옵션은 주식 또는 종합지수 등을 기초 자산으로 파생상품인 선물의 상승이나 하락에 따라 차익을 얻는 금융 상품을 말한다. 투자자는 주가의 상승이나 하락을 예측해 그 둘 중 하나에 투자를 하며 옵션을 매수한 날을 기준으로 옵션 만기일에 주가의 위치에 따라 차익을 얻을 수도 있고, 매매에 따라 호가 차익을 얻을 수도 있다.

옵션에는 콜옵션과 풋옵션이 있는데, 콜옵션은 옵션 만기일에 특정 상품을 정해진 가격대로 구매할 수 있는 권리를 말한다. 예를 들어 현재 가격 1,000원에 거래되는 A라는 상품이 있다고 하자. 6개월 뒤에 A의 가격은 1,300원이 될 수도 있고 700원이 될 수도 있다. 콜옵션 매수자는 6개월 뒤 가격이 오르든 내리든 간에 A를 1,000원에 매수하고자 한다. A를 1,000원의 가격에 콜옵션 매수하기 위해서는 1,000원에 A를 팔 콜옵션 매도자가 있어야 한다. 콜옵션 매수자는 콜옵션 매도자에게 A의 가격에 프리미엄 100원으로 주고 사겠다고 제안을 하고, 이 제안이 성사가 되었다. 이로써 콜옵션 매수자는 6개월 뒤 A 가격이 얼마가 되든 이를 1,000원에 매수할 수 있는 권리를 100원의 프리미엄을 주고 구매했다. 그리고 6개월 뒤 A의 가격이 1,300원이 되었다고 한다면, 콜옵션 매수자는 이를 1,000원에 살 수 있는 권리가 있기 때문에 남들보다 300원 싼 가격에 A를 구매할 수 있다. 결국 콜옵션 매수자는 300원의 차익을 얻고 프리미엄으로 지불한 100원을 뺀 총 200원의 수익을 얻었다. 만약 가격이 700원으로 하락했다면 콜옵션 매수자는 굳이 1,000원을 주고 A를 살 필요가 없다. 이때 콜옵션 매수자는 처음에 지불한 프리미엄 100원만 포기하면 된다.

반대로 풋옵션은 옵션 만기일에 특정 상품을 정해진 가격대로 판매할 수 있는 권리를 말한다. 현재 1,000원에 거래되는 A를 풋옵션 매수자는 6개월 뒤에도 무조건 1,000원에 팔고 싶어 한다. 풋옵션 매수자는 풋옵션 매도자에게 100원의 프리미엄을 주고 A를 팔 권리를 구매했다. 6개월 뒤 A 가격이 1,300원이 되었다면, 풋옵션 매수자는 A를 1,000원에 팔 권리를 가지고 있기 때문에 굳이 그보다 높은 가격에 팔 필요가 없다. 그래서 처음에 지불한 100원의 프리미엄은 손해를 보고 팔 수 있는 권리를 포기한다. 반대로 A의 가격이 700원으로 하락했다면, 풋옵션 매수자는 A를 1,000원에 팔 권리를 가지고 있기에 700원 하는 A를 1,000원에 팔고 300원의 차익을 얻을 수 있다. 프리미엄 가격을 빼고 나면 총 200원의 수익을 얻는 것이다.

정리를 하면, 콜옵션 매수자는 가격이 상승할 때는 수익이 무제한이며 하락할 때는 처음 지불하는 프리미엄 값만 손실을 본다. 콜옵션 매도자는 가격이 하락하면 수익은 프리미엄 값으로 제한적이지만 가격이 상승하면 손실이 무제한이다. 풋옵션 매수자는 가격이 상승하면 프리미엄 값의 손실만 보고, 하락하면 수익이 무제한이다. 풋옵션 매도자는 가격이 상승하면 프리미엄 값만 챙길 수 있고, 가격이 하락하면 손실이 무제한이 된다. 쉽게 말해 '콜'은 매수에 베팅, '풋'은 매도에 베팅하는 것이다. 다만 가격 상승이나 하락에 따른 수익과 손실이 달라지므로 '콜'과 '풋'에서 매수 포지션을 잡을지 매도 포지션을 잡을지를 결정해야 한다.

당일종합창으로 투자 주체에 따른 시장의 힘을 분석하는 방법을 살펴봤다. 매수 시기를 잡지 못하는 투자자들은 외국인이나 기관의 매수세를 따라가라는 말도 있다. 외국인이나 기관이 대량 매수하는 종목은 보통 가격이 상승할 가능성이 있거나 투자할 만한 가치가 있는 종목일 확률이 높기에 이런 말이 생겨났을 것이다. 일리 있는 말이지만, 주식시장은 워낙 변수가 많기 때문에 아무 검증 없이 무조건 따라가는 것은 지양해야 한다. 수급 동향에 주목하면서 다양한 요소를 종합적으로 판단할 수 있어야 한다.

장전 시간 외 물량으로 장초 시장의 흐름을 예상하자

장초 시장의 흐름을 빠르게 파악할 방법을 알아보자. 시장을 이끌 수 있는 주요 업종별 종목들을 추려서 다중 호가창에 띄워 놓는다. 장전 시간 외 물량을 확인하면 그날 초반 장세가 어떻게 시작할지 가늠할 수 있다.

오전 8시 30분이 되면 장전 시간 외 물량이 보이면서 대략적인 흐름을 가늠할 수 있는데, 다음 페이지의 호가창에서 보는 바와 같이 삼성전자 및 주요 종목들에 장전 시간 외 물량이 적은 매수 포지션이 쌓이면서 금일 시초 시장은 전일 종가 대비 강보합 수준으로 시작함을 예상할 수 있다. 시장의 시기와 주기에 따라 호가 물량에 따른 시초 흐름은 달라질 수 있다. 매일 장 시작 전에 다중 호가창을 보면서 주요 종목들을 체크하다 보면, 그때그때 상황에 맞게 상황을 분석할 수 있는 능력이 키워진다.

〈오전 8시 30분 호가창〉

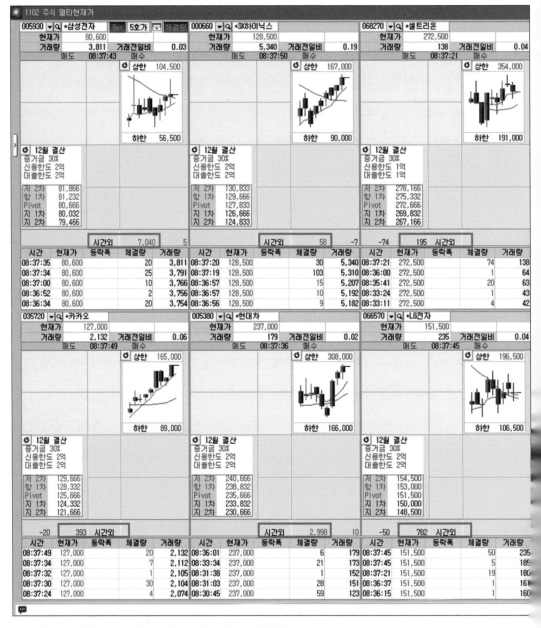

* 실제로는 24개 이상의 멀티 호가창에 업종별 주요 종목들을 넣어 폭넓게 확인한다.
  공간상의 이유로 이 책에서는 일부 축소해서 표현했다.

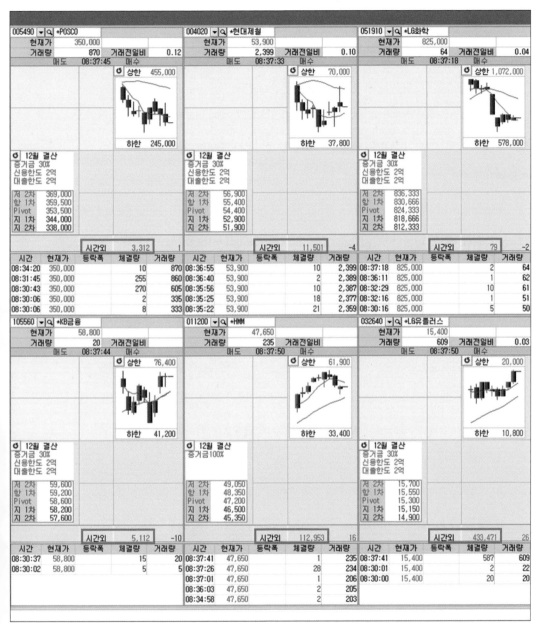

005490 ▼ Q +POSCO			
현재가	350,000		
거래량	870	거래전일비	0.12
	매도	08:37:45	매수

상한 455,000
하한 245,000

12월 결산
증거금 30%
신용한도 2억
대출한도 2억

저 2차	369,000
항 1차	359,500
Pivot	353,500
지 1차	344,000
지 2차	338,000

시간외	3,312		1

시간	현재가	등락폭	체결량	거래량
08:34:20	350,000		10	870
08:31:45	350,000		255	860
08:30:43	350,000		270	605
08:30:06	350,000		2	335
08:30:06	350,000		8	333

004020 ▼ Q +현대제철			
현재가	53,900		
거래량	2,399	거래전일비	0.10
	매도	08:37:33	매수

상한 70,000
하한 37,800

12월 결산
증거금 30%
신용한도 2억
대출한도 2억

저 2차	56,900
항 1차	55,400
Pivot	54,400
지 1차	52,900
지 2차	51,900

시간외	11,501		-4

시간	현재가	등락폭	체결량	거래량
08:36:55	53,900		10	2,399
08:36:40	53,900		2	2,389
08:35:56	53,900		10	2,387
08:35:25	53,900		18	2,377
08:35:22	53,900		21	2,359

051910 ▼ Q +LG화학			
현재가	825,000		
거래량	64	거래전일비	0.04
	매도	08:37:18	매수

상한 1,072,000
하한 578,000

12월 결산
증거금 30%
신용한도 2억
대출한도 2억

저 2차	836,333
항 1차	830,666
Pivot	824,333
지 1차	818,666
지 2차	812,333

시간외	79		-2

시간	현재가	등락폭	체결량	거래량
08:37:18	825,000		2	64
08:36:11	825,000		1	62
08:32:29	825,000		10	61
08:32:16	825,000		1	51
08:30:16	825,000		5	50

105560 ▼ Q +KB금융			
현재가	58,800		
거래량	20	거래전일비	
	매도	08:37:44	매수

상한 76,400
하한 41,200

12월 결산
증거금 30%
신용한도 2억
대출한도 2억

저 2차	59,600
항 1차	59,200
Pivot	58,600
지 1차	58,200
지 2차	57,600

시간외	5,112		-10

시간	현재가	등락폭	체결량	거래량
08:30:37	58,800		15	20
08:30:02	58,800		5	5

011200 ▼ Q +HMM			
현재가	47,650		
거래량	235	거래전일비	
	매도	08:37:50	매수

상한 61,900
하한 33,400

12월 결산
증거금 100%

저 2차	49,050
항 1차	48,350
Pivot	47,200
지 1차	46,500
지 2차	45,350

시간외	112,953		16

시간	현재가	등락폭	체결량	거래량
08:37:41	47,650		1	235
08:37:26	47,650		28	234
08:37:01	47,650		1	206
08:36:03	47,650		2	205
08:34:58	47,650		2	203

032640 ▼ Q +LG유플러스			
현재가	15,400		
거래량	609	거래전일비	0.03
	매도	08:37:50	매수

상한 20,000
하한 10,800

12월 결산
증거금 30%
신용한도 2억
대출한도 2억

저 2차	15,700
항 1차	15,550
Pivot	15,300
지 1차	15,150
지 2차	14,900

시간외	433,471		26

시간	현재가	등락폭	체결량	거래량
08:37:41	15,400		587	609
08:30:01	15,400		2	22
08:30:00	15,400		20	20

(출처: NH투자증권 QV HTS)

장전 장후 시간 외 거래와 시간 외 단일가 매매

시간 외 거래는 장전/장후 시간 외 거래, 시간 외 단일가 매매 이렇게 크게 3가지로 구분된다. 이를 살펴보기 전에 '동시호가'라는 개념을 알아보자. 동시호가는 증권시장에서 유가증권 매매 시에 동시에 접수된 호가 또는 시간의 선후가 분명하지 않은 호가를 말한다. 정규장(09:00~15:20) 앞 30분간(08:30~09:00)을 장 시작 동시호가라고 하는데, 이때는 실제 매매가 일어나는 게 아닌 09:00 시초가를 찾기 위한 시간대다. 그 시간대의 매수와 매도 주문을 모두 모아서 시초가가 형성되는 것이다. 정규장에서는 일반적으로 먼저 매매 주문한 사람 순으로 거래가 이뤄지지만, 동시호가는 시간적 개념을 없애고 모두 동일하게 주문을 넣은 것(가격 우선, 수량 우선, 위탁 우선의 원칙 순)으로 간주한다. 그런데 시초가를 높이기 위해 동시호가 가격을 높였다가 장 시작 전에 취소하는 경우도 나타나니, 투자자들은 바로 편승하기보다는 전반적인 흐름을 보는 것이 좋다. 장 마감 동시호가 시간인 15:20~15:30에도 실시간 거래가 이뤄지지 않는다. 10분 동안 매수와 매도 주문을 모두 모아서 가격 형성 원칙에 따라 15:30에 종가가 결정된다.

시간 외 거래는 보통 '블록딜'과 같은 특정 종목을 대량으로 매매하기 위한 수단으로 활용되는데, 정규 시간에 매매하기 힘든 투자자들도 장전/장후 시간을 활용해 거래할 수 있다. 특히 블록딜과 같은 대량 매매는 주가에 큰 영향을 미치기 때문에 장중에 발생하면 혼란이 올 수 있어 시간 외 거래를 활용한다. 장전 시간 외 거래는 전일 종가 기준으로 08:30부터 08:40까지 10분간 진행된다. 장후 시간 외 거래는 당일 종가 기준으로 15:40부터 16:00까지 20분간 진행된다. 장전/장후 시간 외 거래는 매수/매도자가 있을 경우 거래가 실시간으로 체결될 수 있다.

시간 외 단일가 매매라는 것도 있는데, 이것은 16:00부터 18:00까지 2시간 동안 진행되는데, 장 마감 동시호가처럼 매수/매도 주문을 모아 10분 간격으로 매매가 이뤄진다. 시간 외 단일가 매매는 ±10%의 상/하한가가 정해져 있다. 만약 시간 외 단일가 매매에서 10%의 등락이 있다고 해도 종가에는 영향을 미치지 않는다.

오전 8시 40분이 되면 예상 시작 호가 물량이 보이기 시작한다. 이때부터는 어느 종목에 시초 수급이 강하게 몰려 있는지 더욱 뚜렷하게 볼 수 있다.

시기에 따라 바뀌지만 요즘에는 삼성전자에 장초 시간 외 물량이 40,000만 주 정도 들어오면 매수 매도에 따라 (±)0.3% 정도 시초 상승 및 하락이 시작된다. 여기서 나머지 중요 종목들의 시초 수급이 좋은지 나쁜지에 따라 변동 폭의 크고 작음을 예측해 볼 수 있다. 하지만 앞서 이야기한 대로 꾸준한 체크를 통해 시기적인 변화를 수정 반영해야 어느 정도 정확한 시초 예측이 가능하다. 이 시점에 'Market Map' 창을 활용하면 시초에 강하게 상승할 종목이나 섹터를 더욱 효과적으로 확인할 수 있다.

〈오전 8시 40분 호가창〉

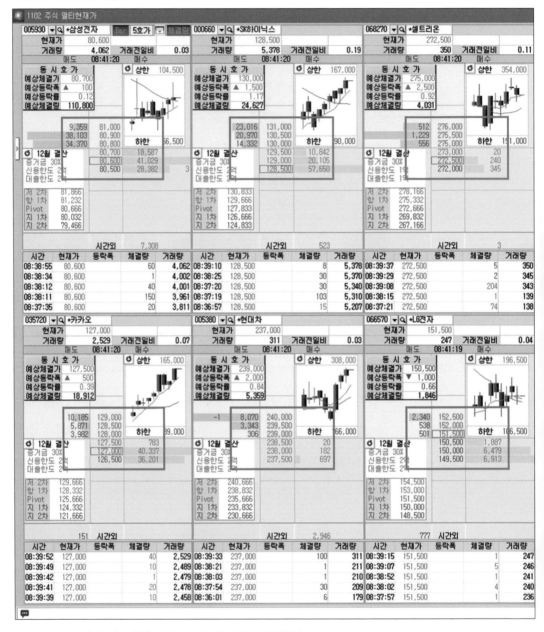

* 실제로는 24개 이상의 멀티 호가창에 업종별 주요 종목들을 넣어 폭넓게 확인한다.
  공간상의 이유로 이 책에서는 일부 축소해서 표현했다.

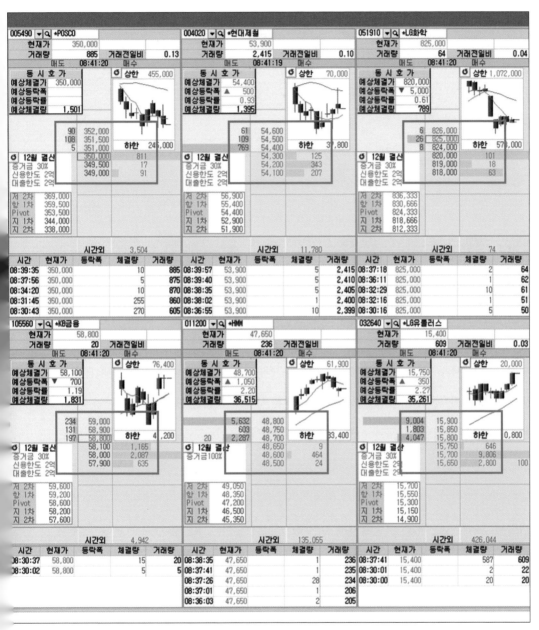

005490	▼	Q	＊POSCO		
현재가		350,000			
거래량		885	거래전일비	0.13	

매도	08:41:20	매수

동시호가		
예상체결가		350,000
예상등락폭		
예상등락률		
예상체결량		1,501

↻ 상한	455,000

	90	352,000		
	108	351,500		
	5	351,000	하한	245,000

↻ 12월 결산		
증거금 30%	350,000	811
신용한도 2억	349,500	17
대출한도 2억	349,000	91

저 2차	369,000
항 1차	359,500
Pivot	353,500
지 1차	344,000
지 2차	338,000

시간외	3,504

시간	현재가	등락폭	체결량	거래량
08:39:35	350,000		10	885
08:37:56	350,000		5	875
08:34:20	350,000		10	870
08:31:45	350,000		255	860
08:30:43	350,000		270	605

004020	▼	Q	＊현대제철		
현재가		53,900			
거래량		2,415	거래전일비	0.10	

매도	08:41:19	매수

동시호가		
예상체결가		54,400
예상등락폭	▲	500
예상등락률		0.93
예상체결량		1,395

↻ 상한	70,000

	61	54,600		
	109	54,500		
	769	54,400	하한	37,800

↻ 12월 결산		
증거금 30%	54,300	125
신용한도 2억	54,200	343
대출한도 2억	54,100	207

저 2차	56,900
항 1차	55,400
Pivot	54,400
지 1차	52,900
지 2차	51,900

시간외	11,780

시간	현재가	등락폭	체결량	거래량
08:39:57	53,900		5	2,415
08:39:40	53,900		5	2,410
08:38:35	53,900		5	2,405
08:38:02	53,900		1	2,400
08:36:55	53,900		10	2,399

051910	▼	Q	＊LG화학		
현재가		825,000			
거래량		64	거래전일비	0.04	

매도	08:41:20	매수

동시호가		
예상체결가		820,000
예상등락폭	▼	5,000
예상등락률		0.61
예상체결량		789

↻ 상한	1,072,000

	6	826,000		
	26	825,000		
	8	824,000	하한	578,000

↻ 12월 결산		
증거금 30%	820,000	101
신용한도 2억	819,000	18
대출한도 2억	818,000	63

저 2차	836,333
항 1차	830,666
Pivot	824,333
지 1차	818,666
지 2차	812,333

시간외	74

시간	현재가	등락폭	체결량	거래량
08:37:18	825,000		2	64
08:36:11	825,000		1	62
08:32:29	825,000		10	61
08:32:16	825,000		1	51
08:30:16	825,000		5	50

105560	▼	Q	＊KB금융	
현재가		58,800		
거래량		20	거래전일비	

매도	08:41:20	매수

동시호가		
예상체결가		58,100
예상등락폭	▼	700
예상등락률		1.19
예상체결량		1,831

↻ 상한	76,400

	234	59,000		
	131	58,900		
	197	58,800	하한	41,200

↻ 12월 결산		
증거금 30%	58,100	1,165
신용한도 2억	58,000	2,087
대출한도 2억	57,900	635

저 2차	59,600
항 1차	59,200
Pivot	58,600
지 1차	58,200
지 2차	57,600

시간외	4,942

시간	현재가	등락폭	체결량	거래량
08:30:37	58,800		15	20
08:30:02	58,800		5	5

011200	▼	Q	＊HMM	
현재가		47,650		
거래량		236	거래전일비	

매도	08:41:20	매수

동시호가		
예상체결가		48,700
예상등락폭	▲	1,050
예상등락률		2.20
예상체결량		36,515

↻ 상한	61,900

	5,632	48,800		
	603	48,750		
	20	48,700	하한	33,400

↻ 12월 결산		
증거금 100%	48,650	9
	48,600	464
	48,500	24

저 2차	49,050
항 1차	48,350
Pivot	47,200
지 1차	46,500
지 2차	45,350

시간외	135,055

시간	현재가	등락폭	체결량	거래량
08:38:35	47,650		1	236
08:37:41	47,650		1	235
08:37:26	47,650		28	234
08:37:01	47,650		1	206
08:36:03	47,650		2	205

032640	▼	Q	＊LG유플러스		
현재가		15,400			
거래량		609	거래전일비	0.03	

매도	08:41:20	매수

동시호가		
예상체결가		15,750
예상등락폭	▲	350
예상등락률		2.27
예상체결량		35,261

↻ 상한	20,000

	9,004	15,900		
	1,803	15,850		
	4,047	15,800	하한	10,800

↻ 12월 결산		
증거금 30%	15,750	646
신용한도 2억	15,700	9,806
대출한도 2억	15,650	2,800	100

저 2차	15,700
항 1차	15,550
Pivot	15,300
지 1차	15,150
지 2차	14,900

시간외	426,044

시간	현재가	등락폭	체결량	거래량
08:37:41	15,400		587	609
08:37:01	15,400		2	22
08:30:00	15,400		20	20

(출처: NH투자증권 QV HTS)

〈Market Map〉

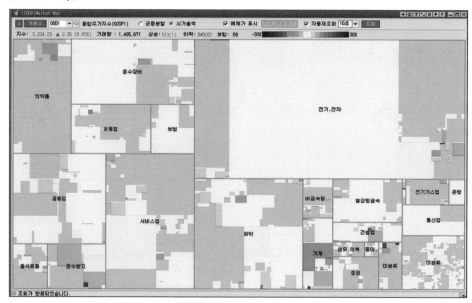

(출처: 신한금융투자 신한아이HTS)

　'Market Map' 창을 통해 옅은 노란색, 노란색, 주황색, 진한 주황색, 빨간색 순으로 시초 호가가 높게 형성되는 것을 알 수 있다. 사례로 제시한 맵을 보면 건설업, 기계, 운수·창고 등 몇몇 종목에 시초 수급이 강하게 몰려 있는 것을 확인할 수 있다.

　이처럼 'Market Map' 창은 시장이 열리기 전 시초에 어떤 섹터 또는 종목이 부각될지 한눈에 확인할 수 있다. 그런데 주황색 또는 빨간색으로 호가가 높게 형성되어 있더라도, 장전 시간 외 물량이 들어와 있지 않다면 거짓 시초 호가 흐름일 가능성이 높다. 그런 종목은 시초가를 높게 형성하려고 누군가 임의로 움직이는 흐름이니 크게 신경 쓰지 않아도 된다. 장전 시간 외 물량이 강하게 들어와 있고 매수 호가도 높게 걸려 있다면, 시초에 강한 상승이 나올 가능성이 매우 높다는 것만 명심하면 된다.

〈KOSPI200 구성종목 시세〉

(2502)KOSPI200 구성종목 시세

| 기초자산 지수 | 기초자산 지수추이 | 기초자산 지수 구성종목시세 |

KOSPI200 ▼ | 현재가변화 기준시간 지정 | (시가총액단위 : 억원) 연속조회 인쇄

종목명	현재가	등락	등락률	현재가변화	거래량	매도호가	매수호가	비중	시가총액
삼성전자	73,300 ▲	2,000	2.81%	0	21,051,150	73,400	73,300	25.61	4,375,851
SK하이닉스	120,500 ▲	7,000	6.17%	0	4,714,259	120,500	120,000	5.13	877,243
NAVER	310,000 ▲	7,000	2.31%	0	970,190	310,500	310,000	2.98	508,552
삼성바이오로직스	739,000 ▲	27,000	3.79%	0	169,716	740,000	739,000	2.86	488,959
LG화학	639,000 ▲	29,000	4.75%	0	515,989	640,000	639,000	2.64	451,085
현대차	189,500 ▲	3,000	1.61%	0	1,409,376	190,000	189,500	2.37	404,901
삼성SDI	584,000 ▼	10,000	-1.68%	0	871,256	585,000	584,000	2.35	401,585
카카오	85,000 ▲	2,400	2.91%	0	2,943,023	85,000	84,900	2.22	379,020
기아	82,000 ▲	2,900	3.67%	0	1,892,292	82,000	81,900	1.95	332,398
KB금융	59,500 ▲	1,500	2.59%	0	1,506,614	59,500	59,400	1.45	247,406
POSCO	265,000 ▲	7,500	2.91%	0	329,676	265,500	265,000	1.35	231,045
현대모비스	232,000 ▲	5,000	2.20%	0	317,401	232,000	231,500	1.28	219,410
LG전자	127,500 ▲	3,500	2.82%	0	1,039,738	127,500	127,000	1.22	208,651
셀트리온	151,000 ▲	3,500	2.37%	0	785,248	151,500	151,000	1.22	208,300
삼성물산	107,000 ▲	5,500	5.42%	0	393,211	107,500	107,000	1.17	199,969
SK이노베이션	216,000 ▲	500	0.23%	0	1,501,853	216,500	216,000	1.17	199,726
신한지주	38,150 ▲	50	0.13%	0	1,387,087	38,200	38,150	1.15	197,083
카카오뱅크	41,000 ▲	1,350	3.40%	0	2,092,868	41,000	40,950	1.14	194,815
카카오페이	126,000 ▼	2,000	-1.56%	0	415,185	126,500	126,000	0.97	166,173
SK	218,500 ▲	8,500	4.05%	0	268,361	219,000	218,500	0.95	162,016
LG생활건강	975,000 ▲	27,000	2.85%	0	112,059	976,000	975,000	0.89	152,277

조회가 완료되었습니다.

(출처: 신한금융투자 신한아이HTS)

보통 KOSPI200 선물과 KOSPI 지수는 비슷한 흐름으로 형성된다. 산업별로 시가 총액이 높고 우량한 기업이라면 KOSPI200 지수 구성종목에 편입되어 있기 때문이다. KOSPI200 구성종목을 확인하여 섹터별로 멀티 현재가 창에 구성해 놓으면 장전 시간 외 수급을 통해 시장이 열리기 전에 시초 흐름을 대략 예측해 볼 수 있다.

위의 창을 보면 삼성전자가 KOSPI200 지수에서 차지하는 비중이 25.61%로 가장 높게 영향을 주고 있음을 알 수 있다. 삼성전자의 장전 시간 외 수급에서 큰 힌트를 얻을 수 있다.

실시간 외국계 매매 종목과
주가등락률 상하위를 확인하라

〈실시간 외국계 매매 종목〉

회원사	종목명	순매수금액	현재가	등락률	종목명	순매도금액	현재가	등락률
0 외국계회원사계	삼성전자	827,976	80,800	0.25%	LG화학	-404,471	807,000	-2.18%
1 CIMB	대한항공	334,529	33,650	6.15%	HMM	-346,813	47,250	-0.84%
2 CLSA증권	기아	220,476	86,300	0.70%	삼성전자우	-301,863	72,800	-0.41%
3 CS증권	삼성생명	207,698	85,900	2.26%	LG생활건강	-194,116	1,528,000	-0.71%
4 HSBC증권	POSCO	193,106	353,000	0.86%	현대모비스	-128,479	280,000	-0.18%
5 JP모건증권	현대차	170,730	238,000	0.42%	셀트리온	-125,791	266,500	-2.20%
6 RBS증권	SK텔레콤	169,833	330,000	0.61%	더존비즈온	-99,694	80,400	-2.31%
7 SG증권	SK하이닉스	157,138	126,000	-1.95%	에이치엘비	-90,454	33,850	-5.58%
8 UBS	하나금융지주	146,803	47,100	1.40%	LX홀딩스	-88,434	10,700	-2.73%
9 골드만삭스	삼성엔지니어	146,430	19,900	5.29%	GS건설	-84,960	45,400	1.23%
10 노무라	LG유플러스	142,484	15,650	1.62%	KT	-82,965	33,650	-1.32%
11 뉴엣지	SK이노베이션	118,364	267,000	1.14%	LG	-78,228	100,500	-0.50%
12 다이와증권	LG전자	104,269	151,500	0.00%	한국가스공사	-75,757	33,400	-0.74%
13 도이치증권	효성티앤씨	93,553	721,000	3.15%	현대미포조선	-73,067	89,700	0.45%
14 맥쿼리증권	OCI	88,723	133,500	5.95%	씨젠	-72,182	64,500	-5.56%
15 메릴린치증권	셀트리온헬스	80,627	117,200	-2.17%	아모레G	-71,340	79,600	1.79%
16 모건스탠리증권	두산인프라코	76,620	14,500	9.02%	오리온	-62,442	118,500	-2.07%
17 바클레이즈	두산중공업	74,396	22,050	11.65%	GS홈쇼핑	-55,742	155,700	-1.21%
18 비엔피	SK아이이테크	62,777	149,500	-0.33%	이마트	-54,212	158,500	-1.55%
19 스탠차증	한국조선해양	60,431	149,500	0.34%	GS리테일	-51,312	39,000	-0.51%
20 씨티그룹글로벌	하이브	60,394	263,500	0.96%	포스코케미칼	-50,306	143,500	-1.37%
21 아이엔지	오스템임플란	53,287	91,000	2.13%	현대해상	-48,861	24,350	-0.61%
	세방전지	52,213	100,500	5.90%	대한유화	-45,574	260,000	-3.17%
	한진칼	51,913	70,100	6.86%	롯데케미칼	-44,966	279,000	-0.18%
	세세	317	1.44%					
	합계	6,466,840			합계	-4,985,287		

★당일 회원사분석은 상위매수 5개 회원사를 통한 추정집계 입니다.　　　　　(단위:1주,십만원)

○ 조회가 완료되었습니다.

(출처: 신한금융투자 신한아이HTS)

실시간 외국계 매매 종목을 보면 어느 업종에 수급이 들어오고, 어느 업종과 종목의 수급이 빠져나가는지를 한눈에 확인할 수 있다. 그리고 그 종목의 시가총액에 따른 시장 영향력으로 시장의 방향성도 어느 정도 가늠할 수 있다. 실시간 외국계 매매 종목을 확인하는 것은 시장을 한눈에 파악하면서 투자의 방향성도 잡을 수 있어 매우 효과적이다.

2021년 6월 2일 자료를 바탕으로 당시 시장의 흐름을 분석해 보자. 외국계 순매수 력을 보면 삼성전자, 기아, 삼성생명, POSCO, 현대차, SK하이닉스 등 시가총액이 높고 상대적으로 실적이 좋은 종목들 위주로 순매수를 하고 있다. 반면 그동안 부각되었던 성장주 섹터인 LG화학, HMM, 셀트리온 등은 매도하는 것이 보인다. 전반적으로 수급 선순환 흐름이 나타나고 섹터의 변환 가능성도 엿보인다. 또한 삼성전자와 SK하이닉스 등 시가총액이 높은 종목들을 순매수하는 것으로 보아 지수의 약 상승력도 잘 이끌고 있다고 판단된다.

〈주가등락률 상하위〉

순위	코드	종목명	현재가		등락	등락률	거래량	매도호가	매수호가	시가총액	종목등급
1	043910	자연과환경	2,190	↑	505	29.97%	46,772,033	0	2,190	1,232	D
2	196700	웹스	3,540	↑	815	29.91%	6,223,999	0	3,540	485	E,e
3	000500	가온전선	39,350	↑	9,050	29.87%	847,418	0	39,350	1,637	D
4	136510	쎄미시스코	15,500	↑	3,550	29.71%	2,283,130	0	15,500	874	Z
5	145210	세화아이엠씨	963	▲	184	23.62%	108,554,051	963	962	1,518	Z
6	011090	에넥스	3,240	▲	610	23.19%	105,215,175	3,240	3,235	1,944	D
7	091810	티웨이항공	4,015	▲	705	21.30%	34,855,291	4,015	4,010	4,430	Z
8	035200	프럼파스트	8,470	▲	1,400	19.80%	7,702,454	8,470	8,460	824	D
9	003580	넥스트사이언스	14,200	▲	2,300	19.33%	8,258,822	14,250	14,200	5,090	Z
10	013360	일성건설	3,000	▲	480	19.05%	38,336,657	3,000	2,995	1,621	D
11	048550	SM C&C	3,255	▲	475	17.09%	63,839,181	3,260	3,255	3,080	D
12	032540	TJ미디어	5,080	▲	720	16.51%	6,510,621	5,090	5,080	708	D
13	105840	우진	6,630	▲	930	16.32%	15,029,488	6,640	6,630	1,341	D
14	103590	일진전기	5,250	▲	705	15.51%	15,179,058	5,250	5,240	1,947	C,c
15	222040	코스맥스엔비티	12,100	▲	1,600	15.24%	2,449,068	12,100	12,050	2,496	E,e
16	049830	승일	27,800	▲	3,450	14.17%	3,779,604	27,850	27,800	1,705	D
17	215090	이디티	1,210	▲	150	14.15%	22,978,038	1,210	1,205	824	Z
18	037440	희림	10,600	▲	1,260	13.49%	11,102,719	10,650	10,600	1,476	D
19	014190	원익큐브	6,570	▲	760	13.08%	31,460,922	6,580	6,570	2,326	D
20	192250	케이사인	3,300	▲	380	13.01%	26,526,175	3,305	3,300	2,332	D
21	086060	진바이오텍	7,450	▲	820	12.37%	6,870,347	7,450	7,440	641	D
22	214420	토니모리	10,300	▲	1,130	12.32%	2,030,209	10,300	10,250	1,817	Z
23	069140	누리플랜	7,520	▲	820	12.24%	1,121,988	7,530	7,520	534	E,e
24	204210	모두투어리츠	4,870	▲	530	12.21%	499,299	4,870	4,865	381	Z
25	034020	두산중공업	22,050	▲	2,300	11.65%	65,301,163	22,050	22,000	93,157	D
26	053260	금강철강	8,150	▲	830	11.34%	4,590,778	8,150	8,140	1,526	D
27	001840	이화공영	8,920	▲	890	11.08%	20,754,559	8,930	8,920	1,767	D
28	171120	라이온켐텍	11,600	▲	1,150	11.00%	596,010	11,650	11,600	2,192	C,c

(출처: 신한금융투자 신한아이HTS)

실시간 외국계 매매 종목과 함께 주가등락률 상하위 창도 계속 확인하는 것이 좋다. 실시간으로 어떤 종목들이 급등하는지 파악하면 같은 테마군에서 상승이 있을 만한 종목을 신속하게 공략하는 데 도움이 된다. 나는 주가등락률 상하위 창에서 처음에 가온전선이 급등하는 것을 보고 신속하게 같은 전선 계열인 일진전기를 공략했다. 일진전기도 이내 수급이 들어오면서 장중 20% 넘게 상승해 큰 수익을 낼 수 있었다.

또한 원전 관련주인 우진과 두산중공업도 마찬가지로 우진이 가장 먼저 시세가 나오면서 원전 관련주들에 수급이 들어오는 것을 알렸고, 두산중공업이 뒤따라 상승력을 키우기 시작했다. 그런데 여기서 주의할 점이 있다. 급등 종목을 확인하고 같은 테마군을 공략할 때 관련주들이 이미 5%를 넘어서는 상승력이 나왔다면 매수에 신중할 필요가 있다. 단기 급등력 뒤로 그대로 시세가 밀릴 가능성이 있기 때문이다.

주식 고수되는 깨알 정보 **외국인과 기관의 투자 성향**

외국인과 기관 투자자는 주식시장의 큰손들이다. 외국인과 기관은 자본 규모가 개인보다 훨씬 커서 주가에 큰 영향을 주기 때문에 개인 투자자들은 이들의 움직임을 항상 주시할 필요가 있다.

외국인과 기관 투자자는 100% 들어맞는 것은 아니지만, 투자 주체별로 각기 다른 투자 성향을 보인다. 기관 투자자 중 금융투자는 대규모 자금을 운용하지만, 장기투자보다는 단기투자를 하는 경향이 높고, 자산운용사인 투신은 단기 모멘텀 플레이 위주로 진행한다. 특히 중소형주 중심의 종목 장세가 펼쳐질 때는 투신권에 주목하는 것이 좋다. 그리고 기관

투자자 중 가장 중요한 곳 중 하나는 국민연금이다. 국민연금은 대표적인 가치투자자로 주가가 기업의 가치보다 낮다고 판단되는 종목에 집중 투자한다. 중대형주들의 주가가 바닥권에 있을 때 연기금(연금을 지급하는 원천이 되는 기금)이 집중적으로 매수하는 종목이 있다면 이 종목에 주목할 필요가 있다.

외국인이 우리나라 증권시장에서 대규모 매수에 나서면 상승장으로 이어지는 동력이 마련된다. 보통 외국인은 시총 상위 종목이나 업종 대표주를 집중적으로 매수하면서 상승장을 이끄는데, 대세 상승장에서는 대형주 위주의 전략을 세우는 것이 좋다. 반대로 외국인 매물이 대량으로 쏟아질 때는 중소형주 위주의 전략을 짜는 게 좋다.

S&P500, NASDAQ100, 홍콩 항생 지수 선물을 주시하라

세계화가 급격히 진행되고 외국계 자본이 대부분 제한 없이 유입되면서 우리 주식시장은 단독으로 움직일 수 없는 시장이 되었다. 2007년 이전 서브프라임모기지 사태 전까지만 해도 한국 주식시장은 일본 니케이 지수의 영향을 많이 받았기에 항상 일본 증시를 확인하면서 투자했었다. 그런데 2010년 이후 중국 경제가 급격히 성장하면서 홍콩의 금융허브 지위도 덩달아 급성장했다. 그때부터 우리 증시는 미국 증시 및 홍콩 항생 지수 움직임에 따라 장중 등락을 거듭하곤 한다.

〈S&P500, NASDAQ100, 홍콩 항셍 지수〉

(출처: 교보증권 PROVEST K Global HTS)

〈코스피200, 코스닥 지수〉

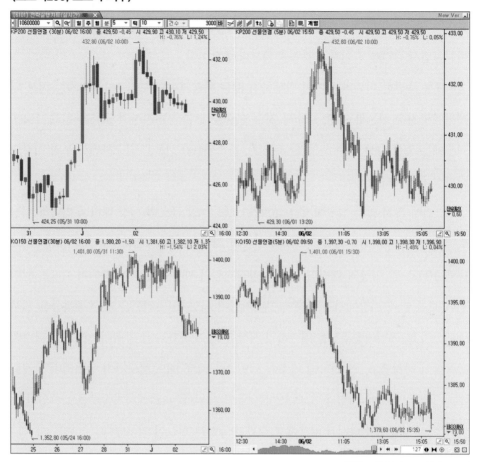

해외 시장과 우리 시장의 관계를 예를 통해 알아보자. 차트를 보면 미 선물은 등락 파동이 크지 않았지만, 홍콩 항셍 지수 선물은 오전 10시 55분경부터 급격하게 꺾이기 시작했다. 우리 시장도 코스닥은 이미 오전 10시부터 지수가 꺾이기 시작했지만, 코스피는 일정 부분 상승력을 유지하고 있었다. 그런데 코스피의 상승력은 그리 오래가지 못한다. 홍콩 항셍 지수가 꺾이기 시작하자 우리 코스피200 선물도 오전 10시 55분부터 급격히 하락하는 모습을 볼 수 있다. 이렇듯 글로벌 지수 선물 흐름을 체크하면 전반적인 시장의 방향을 가늠할 수 있다. 흐름을 보는 안목은 매일 해외와 우리의 시장을 비교하면서 감각을 키워가는 것이 무엇보다 중요하다.

보통 특별한 이슈나 상황이 발생하지 않는 이상, 09:00부터 10:20까지는 일본 니케이225 지수 선물과 S&P, 나스닥 지수 선물을 참고하며 시장의 흐름을 읽고, 10:20 이후에는 홍콩 항셍 지수 선물과 S&P500, 나스닥100 선물을 참고하면서 우리 시장의 방향성을 가늠하면 된다.

그런데 흔치 않은 상황이지만, 2022년 1월 27일 글로벌 시장 대비 우리나라 시장의 지수만 급격하게 하락하는 상황이 연출된 적이 있다. LG에너지솔루션이라는 시가총액 100조 원 이상의 배터리 기업이 상장되었기 때문이다. 시가총액이 100조 원이 넘다 보니 전체 시장에서 시가총액 2위 기업이 되었고, 기관들은 기존 종목들을 일부 매도하며 LG에너지솔루션을 매수하기 시작했다. 그러자 수급 공백이 생기면서 다수의 종목들이 하락했고, 그 하락에 맞추어 외인 프로그램 매도 물량까지 동반되며 급격한 투매 양상을 만들어 버렸다. 그리고 다음 날인 28일에는 LG에너지솔루션으로 인한 수급 공백이 사라지자 다시금 빠르게 지수가 반등하는 현상이 일어났다.

이런 이례적인 상황에는 동조화 현상이 크게 나타나지 않지만, 그 밖의 여러 거래일 측면에서 보면 결국 여러 나라에 동조화 현상이 일어나기 때문에 유의하는 것이 좋다. 그리고 과거에는 우리나라가 미국 및 유럽 시장의 흐름을 따라가는 위치였다면, 현재는 우리나라의 시장 규모가 점차 커지면서 유럽이나 미국 시장 흐름보다 먼저 반응해서 움직이는 경향도 있으니 참고하자.

〈2022년 1월 27일 해외 및 한국 증시 비교〉

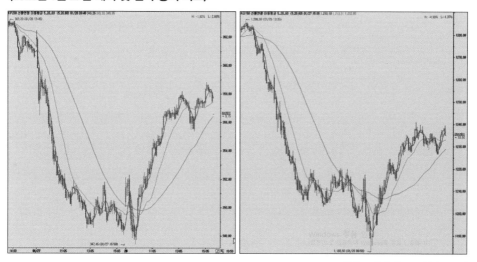

(출처: NH투자증권 NH트레이더4.0 HTS)

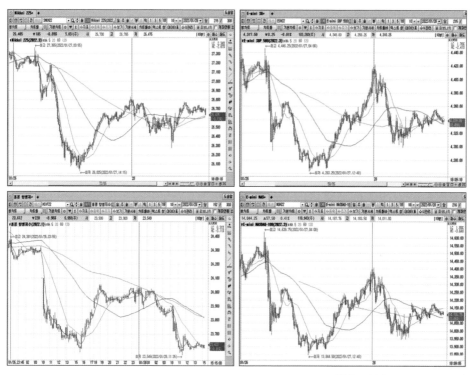

(출처: 교보증권 PROVEST K Global HTS)

동조화와 탈(脫)동조화 현상

동조화(커플링) 현상은 한 국가의 경제 상황이 다른 국가의 경제에 영향을 미치며 세계의 경제가 비슷한 흐름을 보이는 현상을 말한다. 예를 들면, 고소득 국가의 불황이 저소득 국가로 전이된다거나, 미국 금리가 상승하면 한국 금리 상승으로 이어지는 현상 등이다. 증권시장에서도 동조화 현상이 두드러지는데, 금융시장이 개방되면서 각국의 증시가 같은 방향으로 움직이는 경향이 짙어졌다. 미 증시에서 다우존스 지수가 오르면 우리의 종합주가 지수도 힘을 받는다. 반대로 다우존스가 하락하면 종합주가 지수도 떨어진다.

반면, 탈동조화(디커플링) 현상은 한 국가의 경제가 인접 국가나 보편적인 세계 경제 흐름과는 달리 독자적인 흐름을 보이는 현상을 말한다. 예를 들어 미 증시는 오르는데 한국의 종합주가 지수는 떨어진다거나, 주가가 하락하는데 환율이 상승하지 않고 제자리에 머무는 현상 등을 탈동조화 현상으로 볼 수 있다. 특히 코로나19 이후 '실물과 자산 시장의 탈동조화 현상'은 세계적인 이슈로 떠올랐다. 이는 코로나19 위기 극복을 위해 공급한 유동성(재정 지출 및 통화 공급 확대)이 자산 시장으로 흘러 들어가며 나타난 현상으로, 자산 시장의 버블을 형성하는 주요한 원인으로 작용했다.

지수 흐름 대비
종목 흐름 민감도를 보는 베타 계수

베타 계수는 증권 시장 전체 변동에 대한 개별 자산의 수익률 민감도를 나타내는 계수이다. 즉, 증권 시장 전체에서 수익률 변동이 발생했을 때 이에 대한 개별 기업 주가 수익률이 얼마나 민감하게 반응하는가를 측정하는 계수이다.

$$\text{베타 계수(beta coefficient, } \beta \text{)} = \frac{\text{개별 종목의 수익률 변동폭}}{\text{시장의 주가 수익률 변동폭}}$$

기업 현황 정보에 나오는 '52주베타'는 1년 동안 매일 종목 등락율의 공분산 값과 같은 기간 매일 지수의 등락율 공분산 값을 나누어 계산한 값을 말한다. 지수 대비 주가의 변동률이 얼마나 일어나는지 판단하는 것이다. 위의 삼성전자가 52주베타 가격이 0.90이라는 것은 지수가 1% 움직였을 때 삼성전자는 0.9% 움직였다는 의미이다. 데이터 값의 기간을 어떻게 설정하느냐에 따라 측정값이 달라지기 때문에 보통 52주 즉 1년의 데이터 값으로 베타 계수를 구한다.

$$52주베타 = \frac{개별\ 종목의\ 수익률\ 공분산}{시장의\ 주가\ 수익률\ 공분산}$$

그러니 시장이 상승장이라면 시장 등락율보다 더 많이 움직이는 52주베타 값이 1 이상인 종목을 선정하는 것이 좋고, 하락장이라면 시장 등락률보다 덜 움직이는 52주 베타 값이 1 이하인 종목을 선정하는 것이 유리하다.

베타 β	구분	내용
β = 1	시장 포트폴리오	시장과 수익률 변동 폭이 같은 주식
0 < β < 1	방어적인 주식	시장보다 수익률 변동 폭이 작은 주식
β > 1	공격적인 주식	시장보다 수익률 변동 폭이 큰 주식
β = 0	무위험 자산	시장 변동과 관련 없이 일정한 수익이 보장되는 자산

중요가격론,
주가 흐름의 핵심

중요가격 이해를 위한
파동의 원리

차트의 주요 기능에 대해 알기 전에 일단 가격 파동의 원리를 이해하고 들어가는 것이 좋다. 대부분 투자자가 파동의 근본적인 원리를 이해하지 못하고 차트를 접한다. 주가의 흐름은 사람들이 흔히 인식하고 사용하는 가격에서 돌파와 이탈에 따른 되돌림이 나오고 지지와 저항도 나온다. 즉, 중요가격은 우리가 인식할 수 있는 일정 시간 고정된 가격을 말한다. 이러한 중요가격에서 가격의 흐름은 지지와 저항이 나오고 돌파, 이탈에 따른 되돌림이 나오는 것이다. 우리는 이런 근본적인 파동의 흐름을 이용해 매수나 매도의 포인트로 활용하면 된다.

기준선 가격에서 매수나 매도를 한다는 가정하에 예를 한번 들어 보자. 여기에서 기준선은 상당히 중요한 역할을 하는데, 많은 프로그램 로직이 일목균형표의 기준선(26봉 고점과 저점의 중간값)을 활용한다. 이와 관련한 내용은 앞으로 길게 다룰 것이니 여

〈중요가격론 일목균형표 기준선 예시〉

기에서는 포인트 다섯 군데만 살펴보자.

①번의 캔들을 보면 캔들의 종가가 기준을 넘어서서 마감한 것을 볼 수 있다.(돌파 완성)

②번 캔들을 보면 꼬리로 기준선까지 되돌림을 준다.(되돌림, 기준선 가격 매수)

③번 캔들을 보면 종가가 기준선 아래에서 마무리되었으나, 다음 캔들 시가가 기준선 위에서 시작하며 상승이 나왔다.(지지, 다음 날 시가가 기준선 위에 떠서 시작하면 매수)

④번 캔들을 보면 종가가 기준선 아래에서 마무리되었다.(이탈 완성)

⑤번 캔들을 보면 꼬리가 기준선 이상 올라섰다.(되돌림, 기준선 가격 매도)

처음 접하는 독자들은 쉽게 이해하기 힘들 수도 있다. 중요가격론은 지지와 저항을 명확하게 판단하고, 돌파나 이탈 완성에 따른 되돌림 파동에 의해 매매를 진행하는 방법이기에 이를 이용한 매매 대응 방법을 예시로 들었다. 물론 중요가격에서 미리 매수를 진행해도 되지만, 종가나 시가로 이탈 시에는 되돌림을 주면 매도로 본전 수준에서 빠져나와야 한다. 이와 마찬가지로 저항 구간에서도 종가 또는 시가로 돌파 완성 후 되돌림이 중요가격을 종가 또는 시가로 이탈하지 않을 때는 보유 신호로 볼 수 있다. 자세한 돌파 완성 개념과 되돌림 대응 예시는 '중요가격 대응의 핵심은 캔들(115p)'에서 자세히 다루었다.

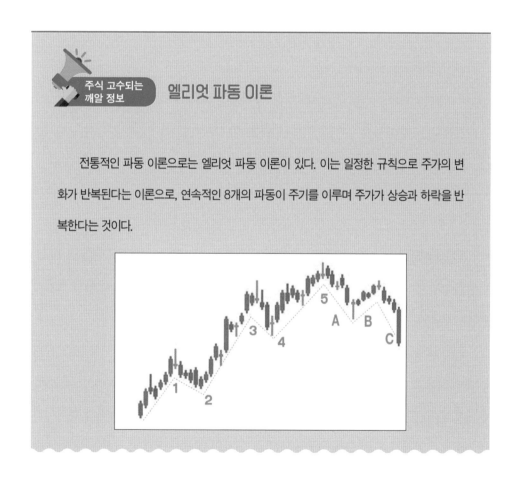

엘리엇 파동 이론

주식 고수되는
깨알 정보

전통적인 파동 이론으로는 엘리엇 파동 이론이 있다. 이는 일정한 규칙으로 주가의 변화가 반복된다는 이론으로, 연속적인 8개의 파동이 주기를 이루며 주가가 상승과 하락을 반복한다는 것이다.

엘리엇 파동 이론에 따르면 주가는 5개의 상승 파동과 3개의 하락 파동이 하나의 주기를 완성하고, 또다시 새로운 파동이 시작된다. 이때 5개의 상승 파동은 1, 3, 5번의 충격 파동과 2, 4번의 조정 파동으로 구성되며, 하락 3개 파동도 A와 C의 충격 파동과 B의 조정 파동으로 구분할 수 있다.

이 이론은 몇 가지 원칙이 있는데, 우선 2파의 저점이 1파의 저점 밑으로 내려가면 안 된다. 이는 하락 추세로 전환하는 현상으로 상승장에서는 나타나지 않는다. 또 3파는 거래량이 가장 활발하고 상승 폭도 가장 크며 1, 3, 5파동 중 가장 짧은 파동이 될 수 없다. 마지막으로 4파의 저점은 1파의 고점과 겹칠 수 없다. 이러한 원칙에서 벗어난 차트는 엘리엇 파동으로 간주하지 않는다.

엘리엇 파동 이론은 파동의 시작과 끝 그리고 1주기 파동에 걸리는 시간 등이 명확하지 않다는 단점이 있지만, 지금도 주가의 등락을 예측하는 기초적인 기술적 분석 기법으로 활용되고 있다.

초심자들에게 중요가격에 대해 아무리 설명해도 잘 이해하지 못하는 경우가 많다. 도대체 중요가격이 무엇이냐고 묻는 경우가 대다수다. 중요가격은 우리가 항상 차트를 보면서 인식하고 있지만, 제대로 활용하지 못할 뿐이다.

중요가격은 투자자들이 차트에서 기본적으로 사용하는 이동평균선이나 중간 가격들의 균형을 알아보는 일목균형표의 선행스팬 기준선과 전환선 외에 다양한 평균값, 중간값, 표준편차값이다. 더 나아가 고가, 저가, 시가, 종가 등 많은 투자자가 인식하고 프로그램 또는 수식의 변수로 사용하는 가격이나 일정 부분 고정된 가격들은 전부 중요가격으로 활용할 수 있다. 일반적으로 가장 많이 활용하는 변수, 즉 중요가격은 숨겨져 있는 가격이 아니라 우리가 항상 인식하면서 매매 포인트로 활용하는 것에 있다. 참고로 나는 중요가격으로 이동평균선, 일목균형표, 캔들의 중간값, 피보나치 비율을 자주 활용한다.

피보나치 되돌림

피보나치 되돌림은 차트의 움직임을 분석하는 기법으로, 피보나치수열 수치의 비율에서 고안된 차트 분석 도구다. 피보나치수열은 이탈리아 수학자 피보나치가 발견한 수학적 비율로 자연에서 일어나는 조합은 일정한 비율로 이루어진다고 밝힌 수열이다. 이 비율은 소위 '황금비'라고도 알려졌는데, 주식 시세 차트도 이 비율대로 0%, 23.6%, 38.2%, 61.8%, 76.4% 선에서 되돌리는 모습을 보인다는 주장이 피보나치 되돌림이다.

[주가 상승기와 하락기의 피보나치 되돌림]
차트상에서 가격 상승기와 하락기에 피보나치 비율에서 저항이나 지지로 부딪혀 되돌아가는 모습을 볼 수 있다. 그런데 여기서 중요한 점은 단순히 지지와 저항의 역할뿐만 아니라 돌파와 이탈 이후 돌파와 이탈을 시킨 비율 라인까지 되돌림을 준다는 것이다. 이러한 파동 원리를 이용해서 우리는 비율 라인을 통해 명확한 매도와 매수를 진행할 수 있다.

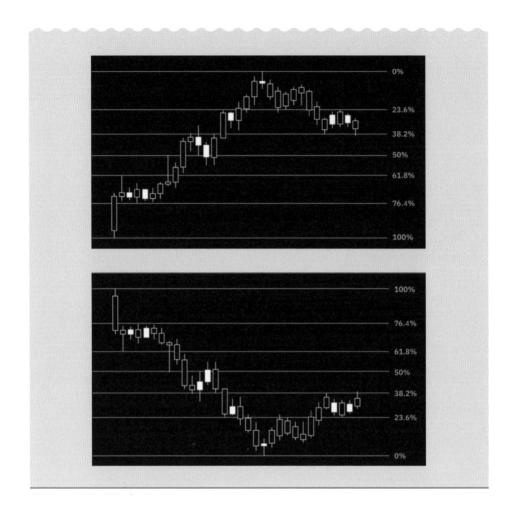

중요가격 대응의
핵심은 캔들

　중요가격에서 대응의 핵심은 캔들이다. 캔들은 가격의 방향성 의지를 그림으로 표현한 것이며, 캔들에서도 중요가격은 존재한다. 다음 그림을 보자.

　고가, 저가, 종가, 시가는 누구나 아는 개념이다. 하지만 '고가와 저가의 중간가', 양봉에서는 '시가와 저가의 중간가'와 '고가와 종가의 중간가', 음봉에서는 '고가와 시가의 중간가'와 '종가와 저가의 중간가'를 활용하는 투자자는 별로 없다.

　다음으로 우리가 기본적으로 활용하는 이동평균선으로 보는 가격도 중요가격이다. 이동평균선의 저항 또는 지지, 이동평균선의 돌파 또는 이탈 등을 명확히 파악하고 중요가격으로 활용하는 투자자 역시 드물다. 이것을 실전에 제대로 활용하려면 캔들의 속성을 이해해야 한다. 중요가격의 돌파와 이탈은 캔들의 종가와 시가로 구분한다. 즉, 종가와 시가는 방향성의 의지라고도 표현할 수 있다. 이해를 돕기 위해 다음 퀴즈를 풀어보자.

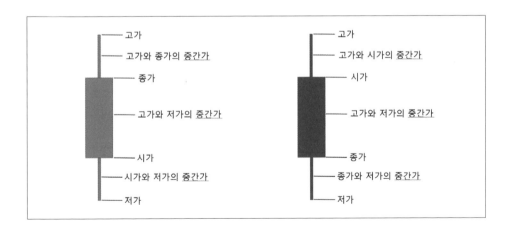

이 그림은 여러 형태의 돌파를 표현하고 있다. 총 4가지 유형이 있는데, 이중 돌파 완성을 한 캔들과 매수 시점의 캔들을 각각 골라보자. 정답을 보기 전에 스스로 풀어보고 정답을 보면 이해하는 데 훨씬 도움이 된다.

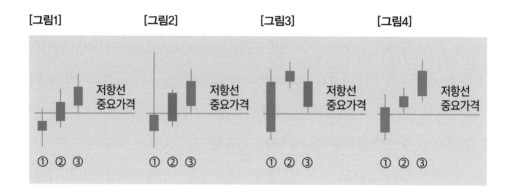

〈정답〉

[그림1]에서 돌파 완성은 ②번 캔들이고, 매수는 ③번 캔들의 저가가 중요가격을 터치했을 때 진행한다.

[그림2]에서 돌파 완성은 ③번 캔들이고, 매수는 ③번 캔들의 저가가 중요가격을 터치했을 때 진행한다.

[그림3]에서 돌파 완성은 ①번 캔들이고, 매수는 ③번 캔들이 중요가격을 터치했을 때 진행한다.

[그림4]에서 돌파 완성은 ①번 캔들이고, 매수는 ②번 캔들이 중요가격을 터치했을 때 진행한다.

[그림2]에서는 ②번 캔들이 시가로 돌파됐지만, 종가 기준으로 재이탈하는 모습을 보여준다. 실전 투자에서는 여기서 많은 심리적 갈등을 겪지만, 마음을 다스리고 캔들을 하나 더 지켜보는 여유를 가질 필요가 있다. 다음 캔들에서 시가가 중요가격 아래에

서 시작한다면 중요가격 부근으로 되돌림 될 때가 매도 포지션이 되겠지만, 그림처럼 시가가 중요가격 위로 다시 떠서 시작한다면 유지 포지션이 된다.

[그림3]에서는 ①번 캔들이 돌파 완성되고 ②번 캔들이 중요가격까지 되돌림을 주지 않고 버티는 경우를 보여준다. 성격이 급한 투자자라면 따라 들어갈 가능성도 있다. 하지만 따라 들어가는 것보다 그다음 캔들에서 되돌림이 들어오는지 확인해야 한다. 만약 되돌림 없이 상승해 버린다면 그냥 보내주는 것이 바람직하다. 투자 포인트를 잡을 가격 흐름은 이것 말고도 많다.

다음은 이탈 흐름과 매도 포지션을 잡는 문제다. 그림을 보고 이탈 완성 캔들과 매도해야 하는 캔들을 골라 보자.

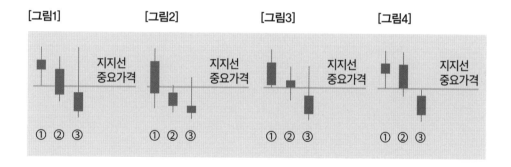

〈정답〉

[그림1]에서 이탈 완성은 ②번 캔들이고, 매도는 ③번 캔들에서 지지선을 터치했을 때 진행한다.

[그림2]에서 이탈 완성은 ①번 캔들이고, 매도는 ②번 캔들에서 지지선을 터치했을 때 진행한다.

[그림3]에서 이탈 완성은 ③번 캔들이고, 매도는 ③번 캔들에서 지지선을 터치했을 때 진행한다.

[그림4]에서 이탈 완성은 ③번 캔들이고, 매도는 ③번 캔들에서 지지선을 터치했을 때 진행한다.

[그림1]과 [그림3]에서는 이탈 완성 이후 시가가 중요가격 아래에서 시작되는 ③번 캔들이 중요가격 위로 강하게 올라왔다가 결국 종가가 중요가격 아래에서 마무리되는 경우를 보여준다. 실전에서는 이럴 때 희망을 품고 버티다가 본전 매도 타이밍을 놓치기 쉽다. 일단 이탈 완성 후 시가가 중요가격 아래에서 마무리되었다면, 중요가격에서 매도한 다음 종가를 지켜보고 종가 위치에 따라 다음 캔들에 다시 대응 포지션을 만드는 것이 훨씬 낫다.

돌파 완성과 이탈 완성의 핵심은 종가나 시가가 중요가격을 돌파 또는 이탈해서 완성되었는지 여부가 핵심이다. 만약 돌파와 이탈을 했다면 그 중요가격 라인까지 대다수 되돌림이 나오고 그 가격 근처에서 매수와 매도 대응을 한다. 그리고 캔들의 완성은 다음 캔들 시가가 시작하는 시점이다. 이 정도만이라도 이해하고 차트를 보기 시작하면, 이전과는 다른 세상이 보이기 시작한다.

100년 역사를 지닌 이동평균선

다양한 분석에 접목되는 이동평균선

이동평균선은 일정 기간의 주가를 합하여 평균한 값을 연결하여 만든 선이다. 이동평균선은 주식시장이나 파생상품 시장에서 시장의 전반적인 주가 흐름을 판단하고 향후 주가 추이를 전망하는 데에 활용하는 기술적 분석에 쓰이는 기본 도구 중 하나이며, 줄여서 흔히들 '이평선'이라고 부른다. 이평선은 주가뿐만 아니라 거래량, 거래대금, 거래액 등 다양한 분야에 접목할 수 있다. 일반적으로 5, 10, 20, 60, 120일선 이동평균선이 많이 쓰인다. 그 외에 30, 200, 240, 250, 350, 360일선 이동평균선도 상황에 맞게 쓰인다. 종가 기준 단순 이동평균선 계산식은 다음과 같다.

$$이동평균선 = \frac{설정\ 기간의\ 종가의\ 합}{설정\ 기간}$$

예를 들어 5일선을 계산하려면, 해당 날짜를 포함한 최근 5일간의 종가를 합산한 뒤 5로 나눈다. 이런 방식으로 도출된 매일의 값을 하나의 선으로 연결해 나타내면 5일 이동평균선이 된다.

이동평균선은 배열된 모습에 따라 정배열과 역배열로 나눌 수 있다. 정배열이란 낮은 기간의 평균선이 상단으로, 긴 기간의 평균선이 하단으로 내림차순으로 정렬된 상태를 의미한다. 예를 들어 '에코프로 일봉 차트'와 같이 5, 20, 60, 120 순으로 차트에 나타난 모습이 정배열이다. 반대로 이동평균선 역배열은 낮은 기간의 평균선이 하단으로, 긴 기간 평균선이 상단으로 정렬된 상태를 말한다. '롯데쇼핑 일봉 차트'처럼 120, 60, 20, 5 순으로 나타난다.

〈에코프로 일봉 차트〉

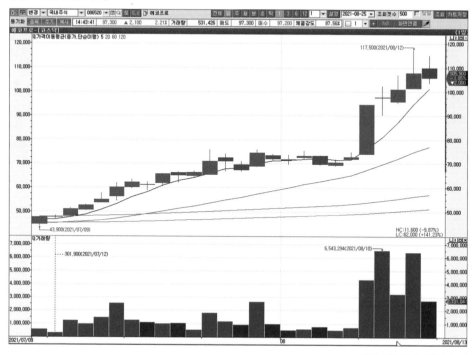

(출처: 신한금융투자 신한아이HTS)

〈롯데쇼핑 일봉 차트〉

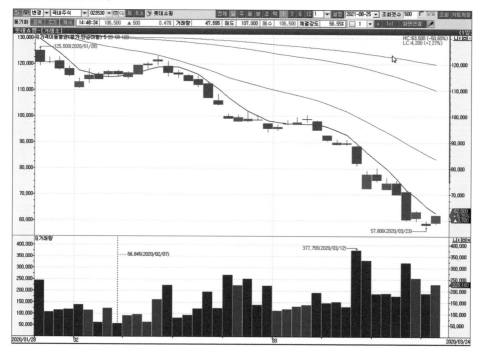

(출처: 신한금융투자 신한아이HTS)

정배열 구간에서 이동평균선은 지지의 역할을 하고 역배열 구간에서 이동평균선은 저항의 역할을 한다. 그래서 보통 주식투자자들은 정배열을 선호하지만 저평가된 바닥주를 선호하는 사람들은 역배열을 선호하기도 한다. 하지만 정배열은 지속적인 상승 구간이기 때문에 수익이 상대적으로 빠르게 날 수 있는 반면 역배열에서는 하락 구간이기 때문에 오랜 기간 투자해야 하는 경우가 생긴다.

정배열과 역배열의 일반적인 의미

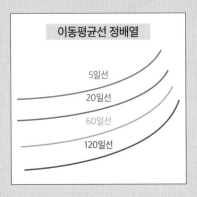

이동평균선 정배열

5일선

20일선

60일선

120일선

정배열은 장기 이평선이 가장 아래에 있고, 단기 이평선이 모두 장기 이평선을 넘어 위에서부터 순서대로 배열된 상태를 말한다. 일반적으로 이평선이 정배열이 되면 우상향하는 차트라고 해석할 수 있다. 하지만 주가는 언제든 오르락내리락할 수 있고, 정배열 하다가도 5일선이 20일선 밑으로 내려오기도 한다.

역배열은 정배열의 반대 개념으로, 일반적으로 하향 추세에 나타난다. 그런데 역배열을 형성하다가도 내외부 요인에 의해 다시 상승 추세로 전환될 수 있으며, 반대로 정배열로 우상향하다가도 추세가 꺾이며 하락세를 타고 역배열로 전환되기도 한다. 그래서 정배열이라고 무조건 매수 신호라고 할 수 없고, 역배열이라고 해서 매도 신호라고 하는 것은 바람직하지 않다. 정배열과 역배열로 추세를 확인하면서, 역배열일 때는 투자에 주의를 기울이고 언제 추세 전환을 할지 흐름을 제대로 살필 필요가 있다. 이를 위해서는 골든크로스와 데드크로스의 개념을 정확히 이해하고 실전에 접목할 수 있어야 한다.

골든/데드크로스와
이동평균선

골든크로스는 단기 이동평균선이 장기 이동평균선을 상향 돌파하는 것을 의미하고, 매수의 의미로 받아들인다. 반대로 데드크로스는 장기 이동평균선이 단기 이동평균선을 하향 돌파하는 것을 의미하고 매도의 의미로 받아들인다.

〈롯데케미칼 일봉 차트〉

(출처: 신한금융투자 신한아이HTS)

하지만 골든크로스와 데드크로스를 활용해 매매 타점을 잡기에는 어려움이 많다. 후행 지표에 해당하기 때문이다. '롯데케미칼 일봉 차트'를 보면 이동평균선이 첫 번째 5일선과 20일선, 20일선과 60일선이 골든크로스 한 시점에 이미 주가는 이평선과 이

123

격을 벌리며 높게 떠 있다. 저 구간에서 매수를 하면 기술적 하락으로 바로 손실권으로 이어질 가능성이 있다.

골든크로스와 데드크로스는 각각 강세와 약세 추세를 예측하는 수단으로 여겨지지만, 골든크로스라고 무조건 상승장이 되는 것도 아니고 데드크로스가 일어났다고 무조건 하락장이 지속되는 것도 아니다. 언제든 변수가 있을 수 있고, 또 단기 이평선이 장기 이평선을 올라타거나 내려가는 일이 수시로 발생한다.

그렇다면 골든크로스와 데드크로스를 이용하여 매수와 매도 포인트는 어떻게 잡아야 하는 것일까? 바로 '이동평균선 가격 되돌림'을 활용해야 한다. 간단하게 이야기하면 앞서 중요가격론에서 언급했듯이 되돌림 파동을 이용하는 것이다. 이동평균선의 가격도 많은 투자자가 인식하는 중요가격이고, 그 가격의 돌파나 이탈에 따라 일정 부분 기술적 되돌림이 온다.

〈GS글로벌 일봉 차트〉

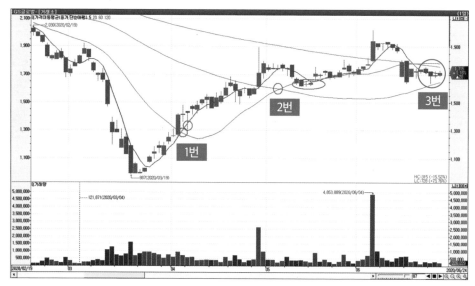

(출처: 신한금융투자 신한아이HTS)

'GS글로벌 일봉 차트'에서 1번을 보면 5일선과 20일선에 골든크로스가 나오고, 두 번째 캔들에서 5일선까지 되돌림이 나오는 모습을 볼 수 있다. 보통 골든크로스를 한 단기 이평선보다 장기 이평선인 20일선 부근까지 되돌림이 들어올 때 매수하는 것이 좋다. 그런데 이와 같은 상황은 20일선 돌파가 장대양봉으로 진행되었고, 그 시세로 인해 5일선이 하향하는 20일선을 돌파한 모습이기 때문에 장대양봉의 중간값도 중요한 역할을 한다.

그래서 중요가격인 장대양봉의 중간값과 골든크로스 한 단기 이평선 5일선 가격이 만나면서 강력한 지지 역할을 하고, 그 이후로 지속적인 상승력을 보였다. 그러니 차트와 같이 장대양봉으로 골든크로스 한 장기 이평선을 돌파한 경우라면 단기 이평선에서 매수 포지션을 잡아볼 수도 있다. 그리고 이후에 2번에서 20일선과 60일선까지도 골든크로스가 나오지만, 이전 5일선과 20일선의 골든크로스 시점의 20일선까지 되돌림이 들어오지 않았기 때문에 20일선과 60일선이 골든크로스 한 이후 20일선까지 가격 되돌림이 온 시점도 매수 타이밍이 될 수 있다. 그렇더라도 만약을 대비해서 60일선 부근까지 분할 매수 포지션을 잡는다면, 추후 흐름이 좋지 않더라도 되돌림에서 본전 수준에 빠져나올 수 있는 평단을 형성할 수 있다. 이후에도 3번을 보면 20일선이 골든크로스 시킨 장기 이평인 60일선까지 되돌림이 들어오는데 여기도 매수 타이밍으로 볼 수 있다.

한화에어로스페이스도 초반인 1번에서는 5일선과 20일선이 역배열 상황에서 골든크로스와 데드크로스를 반복하는 것이 보인다. 하지만 첫 골든크로스 이후 20일선까지 주가가 되돌림이 들어오는 시점의 주가가 20일선 아래에서 시작되는 모습을 볼 수 있다. 이런 모습은 20일선에 바로 지지를 받기보다는 일단 이탈시킨다는 의미가 강하므로 매수하려던 마음을 접을 수도 있다. 그런 이후 다시금 5일선과 20일선을 강력하게 돌파하는 장대양봉이 나오고, 2캔들 안에 5일선과 20일선의 골든크로스가 다시 발

<한화에어로스페이스 일봉 차트>

(출처: 신한금융투자 신한아이HTS)

생했다. 여기에서의 되돌림은 5일선과 20일선 골든크로스와 맞물리는 가격권까지 들어왔고, 바로 그 시점이 매수 타이밍으로 볼 수 있다. 보통은 이렇게 매수 타이밍이 빠르게 나오지는 않지만 단기 수렴형에서는 빠르게 진행될 수도 있다.

또한 앞서 언급했듯이 골든크로스 한 장기 이평선을 장대양봉으로 돌파한 경우에는 그 캔들의 중간값도 중요한 역할을 한다. 즉 한화에어로스페이스는 골든크로스 한 단기 5일선과 장기 20일선, 20일선을 돌파한 장대양봉의 중간값이 중요한 역할을 하면서 강력한 지지 역할을 했다고 본다. 그리고 2번을 보면 5일선이 골드크로스 시킨 20일선 부근까지 조정이 들어오는 듯했으나 5일선과 60일선의 지지를 받으며 재차 상승력이 나오는데, 이 구간에서는 확실히 5일선 위로 올라타는 돌파 양봉이 나오기 전까지는 매매를 자제하는 것이 좋다. 차트처럼 20일선까지 조정이 오지 않고 60일선의 지지를 받다가 5일선을 돌파하는 캔들이 나올 때는 매수에 가담해도 괜찮다.

이후에 2번에서 20일선과 60일선의 골든크로스가 나온 후 주가의 이격이 더 벌어지며 추가 상승이 나온 다음 조정 국면에서 빠져나왔다. 이후 3번을 보면 알 수 있듯이 2번 국면에서 20일선이 골든크로스 시킨 60선까지 되돌림이 들어올 때 다시 매수에 가담할 수 있다.

〈GS글로벌 일봉 차트 2 역배열〉

(출처: 신한금융투자 신한아이HTS)

데드크로스도 마찬가지다. 'GS글로벌 일봉 차트 2'의 흐름 1번을 보면 5일선과 20일선이 데드크로스가 일어난 후, 5일선 또는 20일선 부근까지 가격 되돌림이 나온다. 2번 20일선과 60일선이 데드크로스가 나오고 20일선, 60일선까지 가격 되돌림 시세가 나왔다. 좌측 세 번째 동그라미를 보면 20일선이 60일선을 하향 교차하는 데드크로스가 나왔다. 이때는 이미 주가가 이동평균선과 크게 하향 이격이 발생되었기 때문에 손절하면 손실이 커진다. 그러니 좌측에서 네 번째 동그라미 부분의 데드크로스 된 장기 이평 60일선까지 주가가 되돌림이 들어올 때 손절해야 한다.

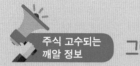

그랜빌의 법칙

　　미국의 주가 분석가인 그랜빌(J. E. Granville)은 주가와 이평선을 활용해 매수와 매도 시점을 파악할 수 있는 8가지 투자 전략을 제시했는데, 이를 '그랜빌의 법칙'이라고 한다. 그랜빌의 법칙은 160일선과 매일의 주가 움직임을 이용했으며, 다른 이평선들에도 적용될 수 있다. 그랜빌의 법칙은 초심자들이 이평선을 공부할 때 가장 쉽게 이해할 수 있는 법칙으로, 전반적인 흐름을 파악하는 데에 유용하다.

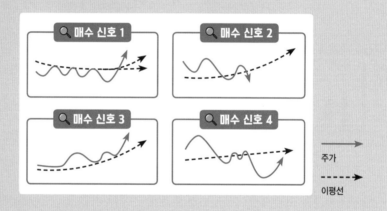

매수 신호 ① : 이평선이 횡보나 하락하다가 상승하는 시점에 주가가 이평선을 상향 돌파할 때

매수 신호 ② : 이평선이 상승하는데 주가가 이평선 아래로 하락할 때

매수 신호 ③ : 주가가 이평선 위에 있고, 이평선을 하향 돌파하지 않고 반등할 때

매수 신호 ④ : 주가가 이평선 아래로 하향 돌파하던 중 이평선 쪽으로 다가갈 때

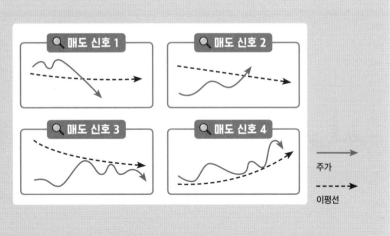

매도 신호 ① : 이평선이 횡보하거나 하락하는 시점에 주가가 이평선을 하향 돌파할 때

매도 신호 ② : 이평선이 지속해서 하락하는 시점에 주가가 이평선을 뚫고 올라갈 때

매도 신호 ③ : 주가가 이평선 위로 상승하지 못하고 지속해서 하락할 때

매도 신호 ④ : 주가는 지속해서 상승하지만, 이평선과 거리가 크게 벌어질 때

이동평균선의 수렴과 대응 포인트

이동평균선이 수렴한다는 것은 주가가 한동안 큰 방향성 없이 흘러왔다는 것을 말한다. 끊임없이 변화하는 것은 지속해서 고요할 수 없는 법이다. 결국은 강한 흐름을 만들 수 있음을 의미한다. 보통 이동평균선이 수렴하면 시세가 크게 상승한다고 생각하지만, 방향성이 정해져 있지 않기 때문에 만들어지는 패턴이다. 상승이든 하락이든 양쪽 방향은 늘 열려 있다. 어느 쪽으로 강하게 흘러갈지는 시장과 세력이 만든다.

〈티에이치엔 일봉 차트〉

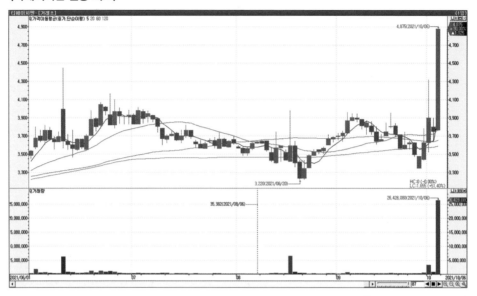

〈유일에너테크 일봉 차트〉

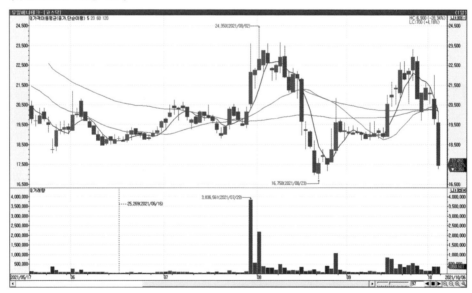

‘티에이치엔 일봉 차트’를 보면 수렴 후 급등했지만, ‘유일에너테크 일봉 차트’의 흐름을 보면 수렴 후 급락했다. 여기서 핵심 대응 포인트는 캔들이다. 티에이치엔 차트에서는 급등 캔들 이틀 전 20일선을 돌파하는 상승 캔들이 나온 후 다음 영업일에 눌리기는 했지만, 도지격 캔들이 20일선을 종가 이탈하지 않았기 때문에 20일선에서 매수나 홀딩 포지션이 된다(차트의 오른쪽 3개의 캔들). 유일에너테크는 급락 하루 전 20일선을 이탈시키는 음봉 캔들이 나오면서 매도 신호를 주었고, 다음 날 위꼬리로 20일선까지 되돌림 시세를 주면서 매도 포인트를 주었다(차트의 오른쪽 2개의 캔들).

즉 캔들의 종가 또는 시가 시세가 20일선 위에 있느냐 없느냐에 따라 강한 방향성이 결정될 수 있다. 그렇기 때문에 수렴형에서는 앞서 공부한 중요가격론을 활용해 종가 기준으로 빠른 되돌림 시세 대응이 반드시 필요하다.

이동평균선의 중요가격론적 캔들 흐름

다음 ‘휴스틸 일봉 차트’의 흐름을 중요가격론의 원리를 통해 다시 파악해 보자. 이해하기 쉽게 투자자들이 자주 활용하는 20일선을 기준으로 설명하겠다.

①번 캔들이 20일선을 돌파 완성하였다.
②번 캔들이 20일선까지 저가로 되돌림이 들어오며 매수 기회를 주었다.
③번 캔들이 20일선을 종가로 이탈시켰다.
④번 캔들이 20일선까지 고가로 되돌림이 들어오며 매도 기회를 주었다.

〈휴스틸 일봉 차트〉

(출처: 신한금융투자 신한아이HTS)

⑤번 캔들이 20일선을 돌파 완성하였다.

⑥번 캔들이 저가로 20일선 부근까지 되돌림이 들어오며 매수 기회를 주었다.

　그 이후 주가는 강한 상승 시세가 나왔다.

⑦번 캔들이 종가로 20일선을 이탈시켰다.

⑧번 캔들이 20일선까지 고가로 되돌림이 들어오며 매도 기회를 주었다.

이렇듯 이동평균선에서도 중요가격에 의한 돌파와 이탈에 따른 되돌림 파동이 확연하게 드러난다. 우리는 이를 가지고 지지와 저항 또는 돌파와 이탈을 파악하여 되돌림에 따른 매매 포지션을 명확하게 잡을 수 있다.

시세 균형 파악으로
예측하는 일목균형표

일목균형표를
주목해야 하는 이유

일목균형표는 주가의 움직임을 5개의 의미 있는 선을 활용해 주가를 예측하는 기법으로, 1935년 일목산인(一目山人)이 미야코 신문사 재직 중 〈증권시황〉 란의 작성을 위해 개발했다. 그 이후 '신동전환선(新東轉煥線)'이라는 이름으로 발표하면서 세상에 모습을 드러냈다

일목균형표는 말 그대로 다양한 일정 기간 고점과 저점의 중간값을 차트에 표현해서 일목요연하게 시세 흐름의 균형을 한눈에 파악하는 차트다.

기본 수치 9, 17, 26, 33, 42, 62, 129, 172, 200~257

절대 수치 9, 26

차트는 전환선, 기준선, 선행스팬1, 선행스팬2, 후행스팬으로 구성된다.

전환선 **9개 캔들의 저가와 고가의 중간값**

기준선 **26개 캔들의 저가와 고가의 중간값**

선행스팬1 **전환선과 기준선의 중간값을 26일 앞에 표시한 것**

선행스팬2 **52캔들의 중간값을 26일 앞에 표시한 것**

후행스팬 **현재 가격(종가)을 26일 전으로 표시한 것**

일목균형표를 활용한 일반적인 매매 시점을 살펴보면, 전환선이 기준선 위에 있을 때, 주가가 기준선 위에 있다면 기준선이 지지선이 된다. 그리고 후행스팬이 26일 전 주가를 상향 돌파하는 시점이 매수 시점이 되는 반면 하향 돌파하면 매도 시점으로 간주한다. 선행스팬1과 선행스팬2 사이를 '구름대'라고 하며, 주가가 구름대를 상향 돌파하면 매수 시점이고 하향 돌파하면 매도 시점이 된다. 또한 구름대는 상승 추세에서는 지지대 역할을 하고 하향 추세에서는 저항대 역할을 한다. 구름대의 두께는 지지나 저항 세력의 강도와 밀접한 관련이 있다.

주식 고수되는
깨알 정보

지지선과 저항선

일반적으로 지지선과 저항선은 차트상에서 표현되기에 차트 분석의 영역이라 생각할 수 있지만, 이 선들은 심리적인 부분이 강한 영역이다. 많은 투자자가 이 심리선을 바탕으로 매매를 결정하기도 한다.

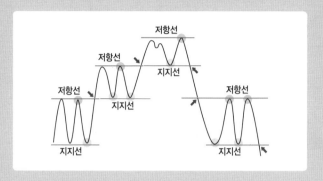

지지선은 역대 저점들을 연장한 선으로 투자자들은 현재 주가가 지지선에서 잘 지지되고 있는지 살펴본다. 만약 지지선을 깨고 주가가 하락하고 있다면, 바닥을 알 수 없는 경우가 많기 때문에 또 다른 지지선을 만들기 전까지는 기존의 지지선이 큰 의미가 없다.

저항선으로는 주가가 상승할 때 저항선을 돌파했는지 여부가 핵심 포인트다. 저항선은 심리적으로 주가의 상승을 막고 있던 추세선인데, 이를 상승 돌파했다는 것은 주가가 상승 추세로 갈 것이라는 심리가 반영된 결과이기도 하다.

'LG디스플레이 일목균형표 일봉 차트'를 보면 많은 선이 복잡하게 얽혀 있다고 느낄 수 있지만 모두 기본 수치와 중간값의 관계라고 파악하면 된다. 무엇보다도 시세가 움직이기 시작하는 순간을 미리 알 수 있다는 데 일목균형표의 핵심이 있다.

〈LG디스플레이 일목균형표 일봉 차트〉

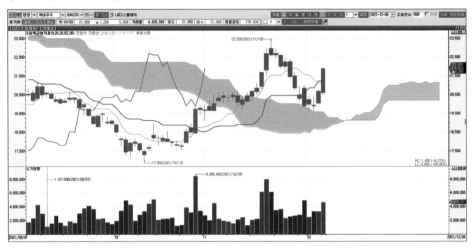

일목균형표의 전환선, 기준선, 선행스팬1, 선행스팬2 등의 지지와 저항, 돌파와 이탈에 따라 매수나 매도 타점을 파악할 수 있고, 일목균형표의 각 선들의 상승과 하락, 교차 즉 골든크로스와 데드크로스에 따라 방향성을 가늠하고 매수나 매도의 기회를 타진할 수 있다.

일목균형표의 두 선, 전환선과 기준선

전환선은 9개 캔들 동안의 고점과 저점의 중간값, 기준선은 26개 캔들 동안의 고점과 저점의 중간값이다. 매수와 매도 판단 또한 전환선 값이 기준선 값 위에 있으면 매수, 아래에 있으면 매도로 판단한다.

〈LG디스플레이 일목균형표 일봉 차트〉

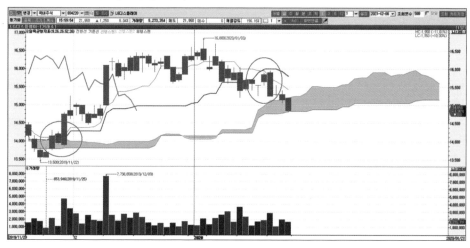

(출처: 신한금융투자 신한아이HTS)

그런데 위의 'LG디스플레이 일목균형표 일봉 차트'에서 보면, 이미 교차 시점은 이동평균선의 골든크로스와 데드크로스 시점처럼 주가와 이격이 상당히 벌어진 상태다. 그러니 단순히 이렇게 판단하기에는 시세의 중간값들의 후행성으로 인해 매매 타이밍이 많이 늦을 수 있다. 그렇기 때문에 일목균형표를 활용한 매매에서도 중요가격론 개념이 등장한다. 일목균형표에서 중요가격을 활용한 매매 타이밍은 뒤에서 자세히 설명한다.

지지와 저항, 선행스팬1과 선행스팬2

선행스팬1은 전환선과 기준선의 중간값을 26일 앞에 표시한 선이고, 선행스팬2는 52캔들 동안의 고점과 저점의 중간값을 26일 앞에 표시한 선이다. 선행스팬도 지지와

저항의 역할을 하는데 전환선과 기준선 또는 주가가 선행스팬 위에 있으면 지지, 아래

에 있으면 저항이 된다.

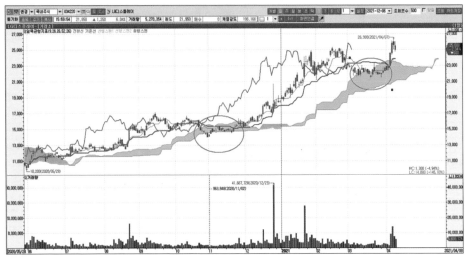

(출처: 신한금융투자 신한아이HTS)

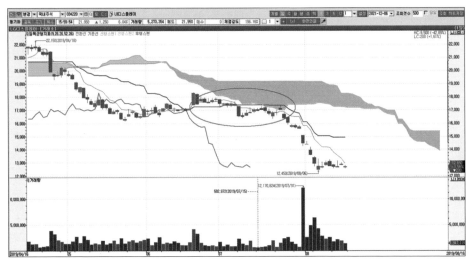

(출처: 신한금융투자 신한아이HTS)

일목균형표를 활용한
일반적인 매매 원리

〈삼성전자 월봉 차트〉

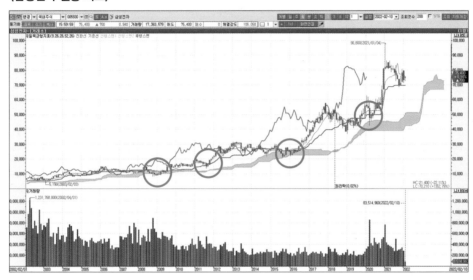

(출처: 신한금융투자 신한아이HTS)

삼성전자는 매년 꾸준하게 성장하는 기업이고 기업 가치가 높지만, 국내 주식시장의 규모가 작아 그 가치를 다 반영하지 못하는 기업 중 하나다. 현재 삼성전자의 시가총액은 국내 시장에서 450조 정도 되지만, 미국에 상장되었다면 시가총액이 1,000조를 충분히 상회했을 것이다. 삼성전자보다 자본 총계가 낮은 애플의 시가총액이 1,000조를 충분히 상회하는 것만 봐도 알 수 있다. 시장 여건이 이렇다 보니 삼성전자 월봉상에 보이는 일목균형표 차트의 흐름은 항상 52개월 고점과 저점의 중간값인 선행스팬2 밑으로 쉽게 밀리지 않는다. 즉 선행스팬2의 52개월 평균가 수준 또는 그 이하 수준이면 매수 타이밍으로 볼 수 있다는 말이다(단, 선행스팬은 26개월 선행해서 표시한다).

<SK하이닉스 일봉 차트>

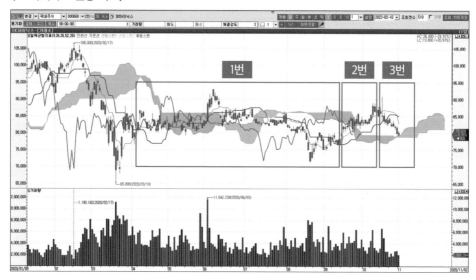

(출처: 신한금융투자 신한아이HTS)

앞서 일목균형표는 중간값들의 관계를 인식하는 것이라고 했다. 'SK하이닉스 일봉 차트'에서 1번을 보면 계속해서 선행스팬과 기준선이 교차(골든크로스, 데드크로스)하며 등락이 이어지고 있다. 그러다가 2020년 10월경 2번 국면에서는 주가 상승과 더불어 선행스팬 위로 기준선과 전환선까지 교차되어 상승했다.

그때 후행스팬까지 확연히 이전 주가 위로 올라서는 모습을 보였으나, 3번의 11월 초 주가는 전환선과 기준선을 교차하여 선행스팬까지 내려왔다. 여기서 주목해서 볼 것은 이처럼 일목균형표상 전환선과 기준선이 선행스팬 위로 눈에 띄게 올라왔다는 점이다. 이는 주가를 올리겠다는 매수세가 유입된 것으로 판단할 수 있다. 즉 주가가 선행스팬 아래로 내려가지만 않는다면 재차 상승할 여력이 매우 높은 상황이고, 상승이 나온다면 현재 수개월간 이어진 긴 횡보 국면을 넘어 강한 상승이 나올 수 있다는 뜻이다.

〈SK하이닉스 일봉 차트 2〉

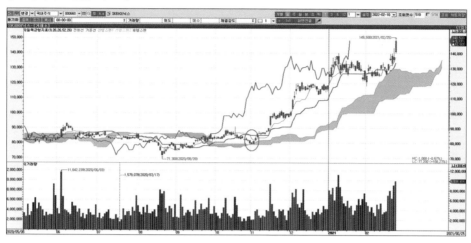

(출처: 신한금융투자 신한아이HTS)

그 이후 SK하이닉스 주가는 선행스팬을 이탈하지 않고 반등이 나오며 첫 매수 타이밍을 주었고, 재차 기준선을 교차하며 2차 매수 타이밍을 주었다. 여기서 기준선 돌파에 실패하거나 기준선을 돌파하더라도 다시 기준선 아래로 밀렸다면 매도 포지션을 취해야 하지만, 기준선을 돌파하고 기준선 밑으로 가격이 밀리지 않는 상황을 만들며 8만 원에서 15만 원 구간까지 대 상승을 만들어냈다.

일목균형표의 전환선, 기준선, 선행스팬1, 선행스팬2도 이동평균선과 마찬가지로 지지, 저항, 돌파, 이탈, 되돌림 현상을 이용하여 활용할 수 있다. 조금 다른 점은 선행스팬의 경우 가격을 26일 앞으로 선행시켜 활용하며, 일정 기간 가격 폭의 중간값을 활용한다는 것이다. 이러한 점을 통해 조금 다르게 인식할 수 있으나 활용하는 방법은 일맥상통하다.

일목균형표의 활용과 한계

일목균형표는 동양의 엘리엇 파동이라고 불릴 정도로 많은 투자자가 신뢰를 갖고 있는 지표이다. 엘리엇 파동이 피보나치 비율, 파동 패턴, 추세를 중시한다면, 일목균형표는 기본 수치의 중간값들의 관계를 가지고 해석하는 분석 모형이다. 이런 측면에서 일목균형표는 기술적 분석의 최대 단점으로 꼽히는 후행성 문제에 있어서 엘리엇 파동보다 더 정밀한 분석이 가능하다는 장점이 있다. 하지만 엘리엇 파동 이론의 핵심은 파동과 패턴이 아니라 파동에 따른 피보나치 비율의 해석이다.

일목균형표는 5개의 선을 활용한 보조 지표이기 때문에 상당히 많은 분석 방법이 존재한다. 그래서 이를 다 터득하는 것은 매우 어렵다고 느낄 수 있다. 하지만 5개의 중간값들 위치와 중요가격론을 접목시켜 보면 쉽게 이해하고 대응할 수 있다. 또한 이 기법이 개발된 시점이 1930년대라 최근 경향을 파악하는 데에 어려움이 있을 수도 있지만, 일목균형표는 한눈에 시세의 흐름을 파악하는 데 있어 그 어떤 보조 지표보다 뛰어나기 때문에 지금도 많은 투자자가 적극적으로 활용하는 보조 지표다.

거래량은
주가 방향성의 나침반

'주가의 그림자'
거래량 이해하기

거래량은 투자자들이 매매에 앞서 가장 눈여겨봐야 할 지표 중 하나다. 각종 보조지표는 나름의 의미와 역할이 있지만, 거래량은 보조지표 중에서도 가장 직관적으로 투자 판단을 하는 데에 도움을 줄 수 있는 도구다. 특히 거래량은 다른 보조지표들과는 달리 선행성 지표로 일반적으로 상승할 때(양봉 캔들) 거래량이 많아지면 주가가 상승하고, 거래량이 적어지면 주가가 하락하는 모습을 볼 수 있다. 반대로 하락할 때(음봉 캔들) 거래량이 많아지면 주가가 하락하고, 거래량이 적어지면 주가가 상승하는 모습을 볼 수 있다. 이런 특성으로 인해 거래량을 '주가의 그림자', '투자자들의 발자국'이라 부른다. 거래량만큼은 세력들도 속일 수가 없다. 우선 거래량의 일반적인 특징을 살펴보고 구체적인 투자 전략을 알아보자.

거래량은 증권시장에서 매매된 주식의 수를 말한다. 예를 들어 어떤 종목에 매도

1,000주, 매수 1,000주가 있어 거래가 이뤄졌다면 거래량은 2,000주가 아닌 1,000주
가 된다. 거래량이 많다는 것은 거래가 활발하다는 것을 의미하며, 보통 주가 상승의
원동력이 된다.

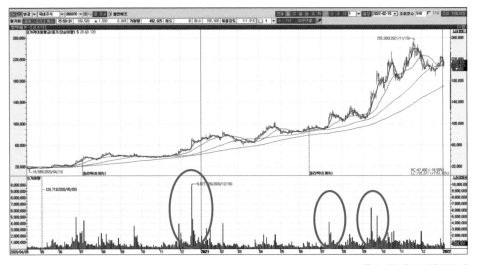

위의 차트를 보면 좌측 하단에 거래량이 크게 늘어난 것을 확인할 수 있다. 대폭
늘어난 거래량에 맞춰 주가도 상승하는 모습을 볼 수 있다. 구체적으로 살펴보면, 첫
번째 거래량이 크게 증가한 이후 주가가 움직이기 시작했고 다시 한번 거래량이 폭발
하면서 지속해서 주가가 상승하는 모습을 볼 수 있다. 거래량이 폭증한다는 것은 투자
자들의 관심도가 그만큼 증가했다는 것을 의미하고, 해당 주식을 사고자 하는 사람이
많아졌기에 주가가 상승하는 것이다.

하지만 양봉에 거래량이 증가하는 것이 좋다. 만약 음봉에 거래량이 크게 증가했
다면 꼭지가 될 가능성이 있다.

(출처: 신한금융투자 신한아이HTS)

  상승하고 있던 주식의 거래량이 감소하면 주가는 어떻게 될까? 차트에서도 확인할 수 있듯이 거래량이 감소하면 주가도 지속해서 하락하는 모습을 보인다. 그만큼 이 종목에 관심이 줄면서 강력한 매수 세력의 추가적인 유입이 없다는 말이다. 이러한 주식이 다시 상승하려면 상승(양봉)에서 거래량이 이전 상승(양봉) 거래량보다 강하게 나와야 한다. 이전 상승 시기보다 다음 상승 거래량이 더 많다는 것은 매도하는 세력을 이겨내는 새로운 매수 세력이 유입되었다고 풀이할 수 있다.

  마지막으로 주가가 강한 상승도 하락도 나오지 않는 횡보 국면에서 거래량이 지속해서 감소한다면, 이는 추후 상승이든 하락이든 강력한 매수 또는 매도 수급이 유입될 가능성이 높으며 강한 변동성을 만들 수 있다. 이처럼 거래량의 증가와 하락에 따라 향후 주가가 어떻게 변할지 예측할 수 있다.

(출처: 신한금융투자 신한아이HTS)

그리고 위의 차트를 보면 반대로 우리가 주의해야 할 차트의 모양이 보인다. 바로 상승하던 주가가 거래량을 동반하면서 하락할 때다. 음봉에 거래량이 크게 붙으면서 하락이 나오는데 이전 대량 거래 음봉보다 다음 장대음봉에서 더 많은 거래량이 실리면서 추가적인 하락을 예고하고 있다.

차트에서 보면 상승 시기와 마찬가지로 하락 시기도 거래량을 동반하면서 빠진다. 이렇게 하락 구간마다 더 많은 거래량을 동반하면서 흘러가는 종목은 추가적인 하락이 올 수 있어 매매를 피해야 한다. 이러한 종목이 주가 턴어라운드가 나오려면 하락(음봉) 시기에 터진 거래량보다 상승(양봉) 시기에 터진 거래량이 더 커야 하는데 이미 긴 시간 동안 매도력이 강하게 실리면서 내려오고 있다. 그러니 거래량이 줄면서 어느 정도 횡보 국면을 거치고 그 이후 양봉에 거래량이 붙으면서 전환 국면을 만들어야 본격적인 주가 턴어라운드를 만들 수 있다.

(출처: 신한금융투자 신한아이HTS)

위의 차트를 보면 좌측 1차 상승 시기에는 상승 2파를 만들며 거래량이 강하게 붙으면서 주가가 크게 상승했지만, 1파동보다 2파동 시기에 거래량이 줄면서 고점을 만들었다. 그 이후 거래량이 감소하며 주가가 하락했다. 하락하는 중에도 양봉에 거래량이 붙었으나 이전 상승 거래량을 넘어서지 못하면서 지속해서 하락했다. 2차 상승 시기는 2021년 4월부터 다시 양봉에 거래량이 붙기 시작하더니 5월에 이전(4월) 상승 거래량보다 더 많은 거래량이 붙으면서 본격적인 상승을 알리고 대시세가 이어졌다.

일반적으로 주가의 고점과 저점에 '거래량이 많다'라고 표현하지만, 조금 더 세밀하게 들여다보면 고점 거래량은 이전 고점 거래량보다 줄어드는 형태로 표현이 된다. 그리고 저점 거래량은 1차 상승으로 거래량이 붙은 후 2차 상승기에 이전(1차) 거래량보다 더 붙어 줘야 본격적인 주가 턴어라운드가 된다는 점을 명심하자.

거래대금을 무시하지 말자

거래대금은 증권시장에서 매매 된 주식의 수에 시장 가격을 곱한 값을 말한다. 거래량과 마찬가지로 거래대금이 많다는 것은 일반적으로 거래가 활발히 이뤄진다는 의미이고, 대개 주가가 상승하는 원인이 된다. 즉, 해당 종목이 시장에서 사람들의 관심을 많이 받고 있다는 이야기다. 하지만 단기성 호재나 악재로 인해 거래가 급증해 거래대금이 폭증하고 있는 경우도 많으니 이런 경우에는 신중하게 판단하는 것이 좋다.

투자자들의 성향이나 판단 기준에 따라 다르겠지만, 투자자 중에는 거래량보다 거래대금을 더 중요한 투자 판단의 기준으로 삼는 경우도 있다. 왜냐하면 종목마다 주가의 편차가 크기 때문이다. 소형주의 경우에는 거래량이 많아 보여도 거래대금은 얼마 되지 않는 경우가 있다. 즉 거래량이 많아도 거래대금은 적을 수 있다는 의미이며, 이런 종목은 세력들이 적은 돈으로도 주가를 흔들 수 있다는 뜻이기도 하다. 그래서 단순히 거래량만으로 투자를 판단하기보다는 거래대금을 비롯한 다양한 보조 지표를 확인하고 투자를 결정하는 것이 바람직하다.

상승할 때마다
거래량이 크게 붙는 종목을 주시하라

상승할 때 거래량이 크게 붙고 하락할 때 거래량이 나오지 않는다면, 강력하게 매수하고 있는 주체가 있다는 것을 의미한다. 주식은 언제나 상승이 나오려면 강력하게 매수하는 주체가 있어야 하기 때문에 거래량으로 주거래 주체가 매수인지 매도인지 판단할 수 있다.

〈엘지디스플레이 차트 1〉

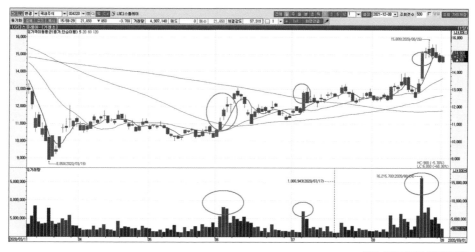

(출처: 신한금융투자 신한아이HTS)

차트를 보면 2020년 6월, 7월, 8월 상승력이 나올 때 거래량이 붙고, 그 이외 조정 시기에는 거래량이 붙지 않는 모습을 볼 수 있다. 주가는 완만한 우상향이지만, 강한 방향성을 잡은 모습은 아니기 때문에 추가적인 상승도 기대해 볼 수 있는 국면이다.

〈엘지디스플레이 차트 2〉

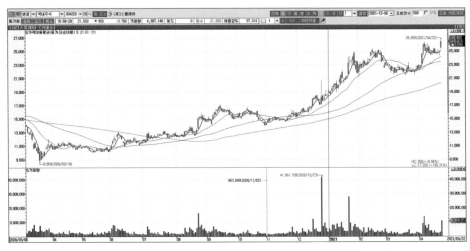

시간이 지난 후 엘지디스플레이의 주가는 거래량이 폭증하면서 2021년 4월 26,000원대까지 상승력이 나왔다. 보통 이처럼 주가가 크게 나아가지 못하고 있을 때 상승 시기마다 강하게 거래량이 붙는 패턴을 '매집 패턴'으로 본다. 대시세가 나오는 종목들은 꼭 이러한 거래량 패턴이 먼저 나오고 나서 시세를 만들기 때문에 차트 검색을 하다가 이러한 패턴이 보이면 주의 깊게 관찰하자.

최근 대 상승을 만들어 낸 현대사료도 2021년 7월부터 2022년 3월 중순까지 상승 구간마다 거래량이 강하게 붙었고, 특히 2월 들어서 강하게 들어오는 흐름을 보였다. 그 이후 주가는 1만 8,000원 때에서 14만 원까지 대 상승력이 나왔다. 과거 DSR제강도 문재인 전 대통령 테마주로 움직이기 직전 차트를 보면 2015년부터 2016년 10월 중순까지 상승 구간마다 거래량이 붙는 장기적 매집 패턴을 만들면서 4,000원 구간에서 20,000원 구간까지 대 상승력이 나왔다. 여기서는 대형주인 LG디스플레이를 예로 들었지만, 이러한 흐름은 중소형 주에서 더욱 뚜렷하게 나타난다는 것을 명심하자.

상승할 때마다
거래량이 크게 붙지 않는다면 고점이다

〈헬릭스미스 차트 1〉

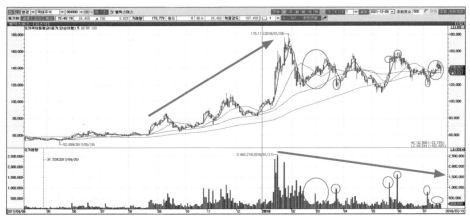

헬릭스미스의 2017년 4월부터 2018년 7월까지 차트의 모습이다. 차트에서도 확인

할 수 있듯이 주가가 5만 원대에서 17만 원대까지 크게 상승력이 나왔다.

〈헬릭스미스 고점 횡보 구간〉

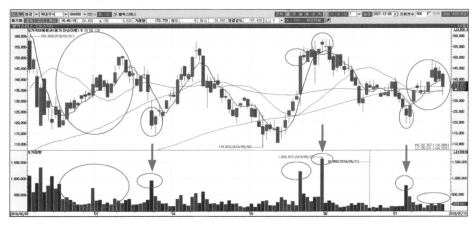

고점 횡보 구간을 조금 더 확대해 보았다. 2~3월 상승할 때 거래량이 크게 붙지 않는 모습을 볼 수 있다. 오히려 3월 23일 하락(왼쪽에서 첫 번째 화살표)할 때 거래량이 터졌다. 2018년 5월 상승할 때 거래량이 붙기는 했지만, 고점 도지격 음봉(왼쪽에서 두 번째 화살표)에서 거래량이 강하게 터지면서 매도력이 나온 이후로 주가는 내려갔고 마지막 음봉(왼쪽에서 세 번째 화살표)에 거래량이 터진 이후 반등이 나왔지만, 음봉 거래량보다 강하게 터지는 거래량 없이 상승이 나왔다.

〈헬릭스미스 차트 2〉

이후 주가는 약세 흐름을 보이다가 2019년 3월, 18만 원까지 상승력이 나오기는 했으나 바로 하락으로 이어지며 급락의 흐름을 만들어냈다. 현재는 2만 4,000원대의 주가 흐름을 보이고 있다.

보통 이처럼 제약·바이오 섹터가 실적 없이 주가 상승력을 크게 만들 때가 많은데 그 이후 고점에서 변동 폭을 키워 지그재그 횡보 패턴을 길게 만든 후 본격적으로 주가를 하향시킨다. 여기서 얻어야 할 교훈은 자산 가치 대비 시가총액을 크게 키운 종목은 때가 되면 크게 내려온다는 것이다.

횡보 국면에서 상승할 때마다
거래량이 크게 붙으면 매집이다

〈한국파마 차트 1〉

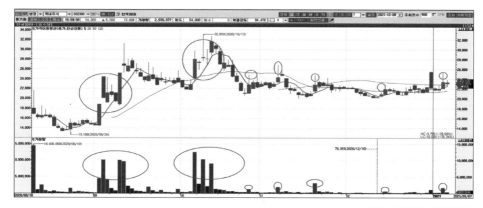

위 차트의 주가는 횡보격 흐름이지만, 전반적인 차트의 모습은 상승 흐름이 짧게 나올 때마다 거래량이 크게 터지는 상황이다. 이는 어떤 주체가 강력하게 주식을 모아 가는 것으로 보인다. 얼마 후 한국파마는 급등력이 나와 주가가 9만 원대까지 올랐다.

〈한국파마 차트 2〉

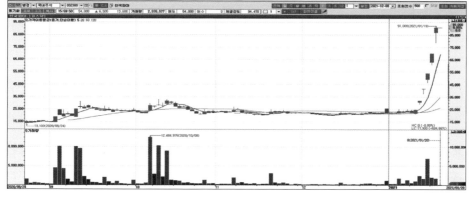

〈노루페인트 차트 1〉

(출처: 신한금융투자 신한아이HTS)

　　노루페인트도 유독 상승 캔들에서만 평소보다 거래량이 강하게 터지는 것을 볼 수 있다. 2020년 2월에 양봉에 거래량이 강하게 붙었지만, 코로나19로 인한 글로벌 증시 하락으로 국내 증시 또한 동반 급락하며 어쩔 수 없이 하락을 만들었다. 하지만 하락하는 와중에도 양봉에 더 큰 거래량을 보였고 주가는 이후 4월 중순에 그대로 회복한다. 그 이후로도 지속해서 위 꼬리가 도지격 캔들이지만 상승이 나올 때마다 거래량이 강하게 붙었다. 그리고 거래량이 없이 지속 횡보하다가 11월에 첫 양봉 거래량이 강하게 붙고, 12월 양봉에 거래량이 더 강하게 붙으면서 본격적인 상승을 알렸다. 그 이후 주가는 7,000원대에서 1만 6,000원까지 상승했다.

　　보통 이러한 매집 패턴은 짧으면 3개월이지만 길면 2년까지도 진행되기에 많은 투자자가 견디기 힘들어한다. 하지만 재무제표를 기반으로 철저히 분석하며 믿음을 가지고 기다리자. 느긋하게 조정이 들어올 때만 분할로 매수하며 평단을 낮추어 나간다면 때가 무르익어 세력이 본격적으로 주가 작업을 할 때 큰 수익을 만들 수 있다.

〈노루페인트 차트 2〉

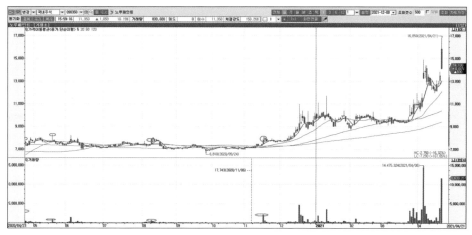

하락할 때마다
거래량이 크게 붙는 종목은 피하라

〈삼성전자 차트〉

삼성전자의 차트를 보면 상승력이 나올 때보다 유독 하락이 나올 때마다 거래량이 더 크게 붙는 모습을 볼 수 있다. 전형적인 약세 거래량 패턴이다.

〈씨아이테크 차트〉

씨아이테크는 삼성전자와 조금은 다른 모습이지만 같은 유형이다. 하락하는 중에 거래량이 실리기는 하는데, 단기 급등력을 만들어 위꼬리를 길게 단 도지격 캔들로 거래량이 실린다. 세력들이 단기 급등력을 만들어 물량을 회수하는 모습이다. 이러한 흐름을 보이는 종목도 회피 대상이다.

거래량 보조지표 OBV 활용하기

OBV(On Balance Volume)는 대표적인 거래량 보조지표로, 거래량을 통해 매수세와 매도세 간의 균형을 파악할 수 있다. 전일에 비해 주가가 상승한 날의 거래량은 OBV에 더하고, 하락한 날의 거래량은 OBV에 빼서 이를 누적 지수로 만든 지표를 OBV라고 한다. OBV는 거래량을 매일 집계해 도표화해서 해당 종목이 현재 매집 단계에 있는지, 아니면 분산 단계에 있는지를 체크하고, 향후 주가 추이를 예측하는 데에 그 목적이 있다. OBV 지표는 중장기 매매에 유용하고 세를 보이는 시장에서 자주 활용한다.

주가는 횡보하고 있는데 OBV의 고점이 지속해서 상승한다면 주가 상승을 예상할 수 있다. 반면 OBV 고점이 지속해서 무너진다면 주가 하락이라고 판단한다. 그리고 주가는 오르고 있는데 OBV는 고점 아래에서 횡보하는 경우도 있다. 이때는 차익을 실현하고 있다는 의미가 되어 주가의 하락을 예상한다. 쉽게 정리하면, 전 고점을 잇는 저항선을 상향 돌파하는 구간은 매수 포지션, 전 저점을 잇는 지지선을 하향 돌파하는 구간은 매도 포지션으로 잡을 수 있다.

계산식으로 표현해 보면, 전일 종가보다 당일 종가가 크면 당일 거래량을 OBV에 더해 주면 되는 것이고(OBV=전일 OBV+당일 거래량), 전일 종가보다 당일 종가가 적으면 거래량을 OBV에서 빼 주면 된다(OBV=전일 OBV-당일 거래량). 그리고 종가가 같으면 전일 OBV 수치를 그대로 유지한다. 즉 상승에서 거래량이 더 붙느냐 하락에서 거래량이 더 붙느냐에 따라 OBV 수치의 상승과 하락이 결정된다.

(출처: 신한금융투자 신한아이HTS)

위의 두 차트는 삼성전기의 주가 흐름이다. 주가가 횡보하는 구간에서 OBV가 고점을

높이는 신호를 주고 있다. 이후(아래 쪽 차트) 삼성전기의 주가는 지속해서 상승하는 모습을

볼 수 있다.

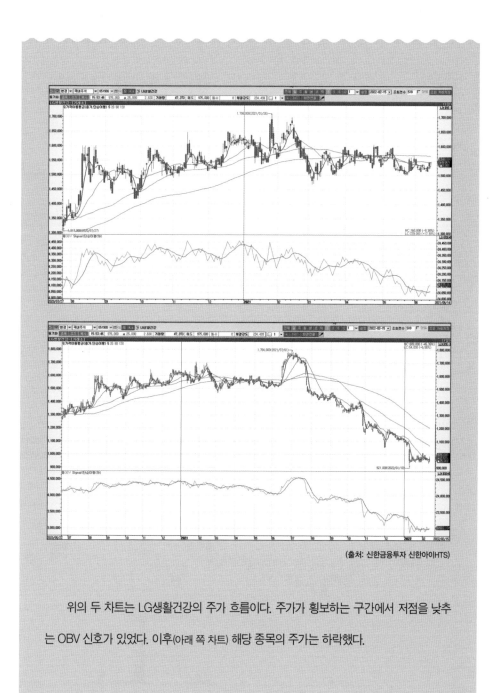

(출처: 신한금융투자 신한아이HTS)

위의 두 차트는 LG생활건강의 주가 흐름이다. 주가가 횡보하는 구간에서 저점을 낮추는 OBV 신호가 있었다. 이후(아래 쪽 차트) 해당 종목의 주가는 하락했다.

외국인과 기관,
투자 주체 수급

프로그램 순매수력이 누적이라면
'단기 매매'를 고려하자

〈한국전자홀딩스 차트 1〉

(출처: 신한금융투자 신한아이HTS)

〈한국전자홀딩스의 투자 주체〉

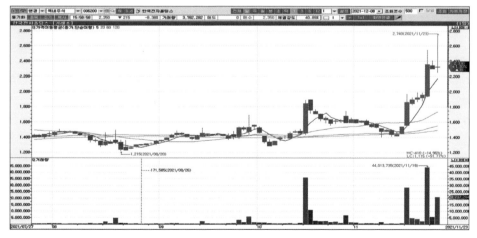

한국전자홀딩스의 차트와 투자 주체를 비교해서 보자. 차트상에서 한국전자홀딩스는 전반적으로 주가 조정을 받고 있다. 그러면서도 프로그램 순매수력이 누적되고 있는 모습도 보인다. 이런 종목은 기술적 단기 급등력을 만들 가능성이 크다.

이후 한국전자홀딩스는 1400원대에서 2700원 구간까지 반등을 만들어냈다.

〈한국전자홀딩스 차트 2〉

프로그램 매매(program trading)

프로그램 매매는 사람이 주문하는 것이 아니라 말 그대로 컴퓨터가 주문하는 것을 말한다. 대개 일반 매매보다는 바스켓 방식으로 거래되는데, 이는 주식을 대량 거래하는 기관 투자자들이 15~20개 정도의 종목을 묶어 일시에 매매하는 방식을 말한다. 이 거래가 프로그램을 통해 이뤄지면 프로그램 매매라고 한다.

프로그램 매매는 차익 거래와 비차익 거래로 나눌 수 있는데, 차익 거래는 현물(현재 지수)과 선물(상품이나 금융 상품의 미래 예상 지수)의 가격 차이를 이용해 둘을 동시에 사고팔면서 차익을 얻는 거래다. 차익 거래는 매수차익과 매도차익 거래로 나눌 수 있는데, 매수차익 거래는 시장의 선물 가격이 고평가되어 있으면, 그 선물을 매도하고 비교적 저평가되어 있는 현물을 매수하는 것이다. 현물을 매수해서 선물과의 시장 가격 차이만큼 차익을 거두기 위한 거래라고 생각하면 된다. 매도차익 거래는 시장의 선물이 저평가되어 있을 때, 저평가된 선물을 매수하고 현물을 매도하는 거래다. 즉 차익 거래는 '싸게 사서 비싸게 팔아라'라는 주식 거래의 원칙을 프로그램을 통해 자동화한 것이다. 또 고평가된 높은 가격의 것은 팔고, 저평가된 싼 것을 사기에 '무위험 거래'라고 부르기도 한다. 그런데 매도량이 많아지면 종합주가지수가 급락하는 경우도 있다. 대개 프로그램 매수는 분산되지만, 매도는 집중될 가능성이 있어 시장에 충격을 줄 때가 있다.

비차익 거래는 선물이 오를 것으로 예상되면 선물을 매수하고, 반대일 것 같으면 매도하는 것을 말한다. 디만 선물 주문과 현물 주문을 동시에 하지 않는다는 점에서 차익 거래와

다르다. 비차익 거래가 성공했을 때는 차익 거래보다 많은 수익을 올리지만, 매매 시점을 잘

못 파악하면 이익이 적거나 손실이 발생할 수 있다. 그래서 비차익 거래는 시장의 방향성에

투자하는 매매로 자주 활용된다. 프로그램 매매는 단기 주가의 움직임을 파악할 때 적극적

으로 활용할 수 있다. 만약 차익 거래가 지수에 영향을 미쳤다면 청산 시점에는 반대의 영향

을 미칠 것이다. 그래서 순매수 잔고가 비상식적으로 높거나 낮다면 그 수치가 차익 거래인

지, 비차익 거래인지를 확인해 전략을 수립할 필요가 있다.

횡보 국면에 메이저의 누적 매수가 쌓이면
추세 상승 가능성이 있다

〈삼성전기 차트 1〉

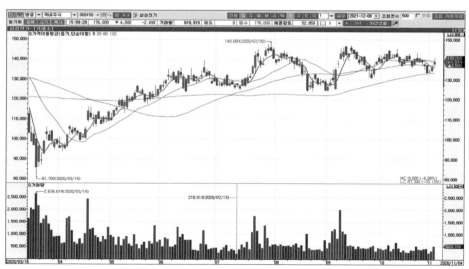

(출처: 신한금융투자 신한아이HTS)

〈삼성전기 투자 주체〉

(출처: 신한금융투자 신한아이HTS)

'삼성전기 차트 1'을 보면 2020년 3월부터 11월까지 삼성전기 주가의 흐름을 보여

주고 있다. 일정 부분 지수의 반등과 함께 상승력이 6월까지 나왔지만, 이후 큰 상승력

〈삼성전기 차트 2〉

(출처: 신한금융투자 신한아이HTS)

을 만들어내지 못하고 횡보 국면에 들어갔다.

그런데 투자 주체 투자 현황을 보면 횡보 국면에서도 외국인과 기관의 누적 순매수 거래대금은 지속해서 증가하고 있는 모습을 확인할 수 있다. 이는 외국인과 기관들이 삼성전기를 긍정적으로 판단하며 긍정적인 보고서를 대량으로 쓸 가능성이 매우 높다는 것을 의미한다.

이후 삼성전기의 주가는 14만 원 구간에서 2021년 1월 26일 22만 3,000까지 상승력이 나왔다.

주가가 하락하는 상황에 순매수력이 유입되면 낙폭과대 매매에 좋다

〈LG디스플레이 차트 1〉

(출처: 신한금융투자 신한아이HTS)

<LG디스플레이 투자 주체 1>

LG디스플레이는 2021년 10월 13일 도지격으로 바닥을 쳤고 20일선 저항에 부딪히면서 일정 부분 바닥을 다지는 모습이다. 주가가 바닥을 다질 때까지는 외국인이나 기관의 매도가 있었다. 그런데 바닥을 친 10월 13일 이후 투자 주체 종목별 동향에서 기관의 누적 순매수 거래대금이 포착되었다.

LG디스플레이처럼 조정을 길게 받은 상황에서는 기관이나 외국인 수급이 갑자기 들어온다고 해서 관심을 가지기보다는 적어도 1주일 이상 지켜보면서 지속적인 유입이 있는지 유입된 물량이 빠져나가는지 혹은 유지되는지를 관찰해야 한다. 7영업일 이상 유지되자 8영업일째 유입되던 날부터 강하게 기관 매수 수급이 들어오며 본격적으로 주가를 끌어올리기 시작하였다. 이후 더욱더 강한 순매수 유입이 들어오면서 주가는 조금씩 우상향 기조를 유지하며 1만 7,000원에서 2만 3,000원까지 끌어올렸다. 하지만 외인 수급이 지속해서 빠져나가면서 결국 일정 부분 조정을 받았다. 추후 12월부터 외인도 매수에 가담하면서 2022년 1월 4일, 2만 6,000원까지 추가 상승력을 만들어냈다.

⟨LG디스플레이 차트 2⟩

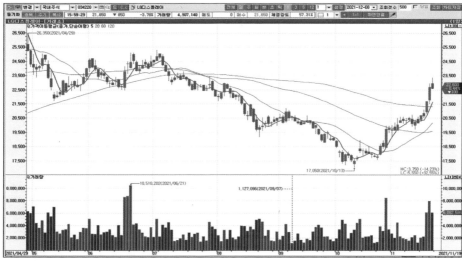

⟨LG디스플레이 투자 주체 2⟩

일자	가격	등락	거래대금	개인	외국인	기관계	프로그램	금융투자	투신	은행	기타금융	보험	연기금	기타법인	외국인기타	사모펀드
2021/11/09	20,500	▲ 150	32,134	-52,146	-74,206	120,780	-35,365	15,089	41,587	137	1,430	11,316	41,457	5,581	-6	9,759
2021/11/08	20,350	0	36,872	-49,767	-74,091	118,295	-36,694	13,335	40,780	137	1,493	11,538	41,262	5,591	-24	9,753
2021/11/05	20,350	0	39,627	-43,962	-81,773	120,507	-44,807	11,990	41,336	381	1,493	11,768	37,902	5,355	-124	15,640
2021/11/04	20,350	▲ 300	46,199	-41,922	-81,808	118,566	-46,369	11,143	40,967	381	1,493	10,982	36,357	5,277	-111	17,246
2021/11/03	20,050	▲ 400	90,900	-33,922	-79,815	110,580	-47,117	8,665	39,329	381	1,493	10,160	33,580	3,312	-152	16,967
2021/11/02	19,650	0	39,496	-18,847	-81,283	96,935	-45,110	7,674	36,433	381	1,511	9,820	24,385	3,381	-183	16,734
2021/11/01	19,650	▼ 50	53,270	-23,951	-71,400	92,390	-35,663	4,383	36,224	381	1,511	9,661	23,815	3,146	-184	16,410
2021/10/29	19,700	▼ 50	66,333	-20,165	-66,898	83,728	-30,734	1,695	36,426	381	1,666	8,443	17,686	3,473	-135	17,232
2021/10/28	19,750	▲ 1,250	165,630	-22,706	-57,283	76,685	-16,064	4,232	33,602	381	1,656	6,821	12,425	3,461	-155	17,570
2021/10/27	18,500	▼ 50	58,072	27,040	-63,435	33,349	-22,627	4,704	19,879	-13	1,502	1,941	-7,836	3,018	30	13,172
2021/10/26	18,550	▲ 750	71,132	25,117	-49,232	21,229	-11,203	2,293	15,403	-13	1,768	1,461	-11,870	2,885	2	12,167
2021/10/25	17,800	0	23,331	37,178	-51,335	11,220	466	1,147	14,190	-13	1,768	1,053	-13,356	2,942	-4	6,430
2021/10/22	17,800	▼ 150	21,589	35,286	-46,888	9,203	4,641	-264	13,547	-13	1,768	1,049	-13,287	2,402	-3	6,402
2021/10/21	17,950	▼ 50	22,659	33,745	-43,145	7,000	6,236	-1,117	12,285	-13	1,373	1,299	-13,215	2,394	5	6,407
2021/10/20	18,000	▼ 50	40,850	28,335	-39,454	8,731	364	-1,124	11,859	-13	1,373	1,326	-12,238	2,309	-2	7,546
2021/10/19	18,050	▼ 150	39,931	24,473	-38,900	12,102	-2,858	-1,561	13,607	-13	1,156	1,340	-9,668	2,343	-19	7,239
2021/10/18	18,200	0	37,407	17,632	-28,294	8,490	4,931	-4,851	13,592	-13	1,156	1,323	-10,256	2,304	-43	7,448
2021/10/15	18,200	▲ 500	93,178	14,618	-24,443	7,660	5,705	-4,035	12,369	-13	1,156	1,481	-11,575	2,220	-55	8,277
2021/10/14	17,700	▲ 200	76,365	4,565	1,799	-8,132	27,796	-2,731	3,225	-13	18	1,220	-11,991	1,850	-90	2,143

낙폭과대 매매

머리 위에서 공을 떨어트리면 공이 바닥을 치고 위로 떠오른다. 주식도 마찬가지다. 주식도 크게 떨어지면 자연스럽게 일정 수준으로 되돌림 파동을 만들어내는데, 이처럼 기술적 반등치를 활용해 수익을 내는 것을 낙폭과대 매매라고 한다.

낙폭과대는 일반적으로 짧은 기간에 반등 없이 30% 이상 빠진 종목을 말한다. 오랜 기간 조정을 받으며 주가가 빠지는 종목을 두고는 낙폭과대라고 하지 않는다. 즉 짧은 기간에 큰 폭으로 주가가 빠져야 낙폭과대라고 할 수 있다. 낙폭과대는 정배열 구간이나 역배열 구간 모두에서 발생할 수 있는데, 정배열 구간에서 발생한 낙폭과대를 눈여겨봐야 한다. 그리고 하락장에서 우량주의 낙폭과대는 보다 큰 반등을 기대해볼 수 있다.

중요가격론, 이동평균선, 일목균형표를 이용한 실전 차트 분석

LG디스플레이 034220
(균형가격 상승, 교차되돌림, 이평장악)

지금까지 익힌 차트 분석의 기본 내용을 바탕으로 실제 매매에 적용할 수 있는 실전 차트 분석을 연습해 보자. 먼저 LG디스플레이 주가의 흐름을 보자. 2021년 10월 13일 저점을 다지고 주가가 상승하면서 구름대 위로 올라섰고, 2021년 11월 19일에 고점을 형성했다.

고점을 형성한 후 조정을 받았지만, 기준선과 전환선 가격이 구름대 위에 올라오며 균형가격 상승을 이루고 중기적으로 주가의 상승 가능성을 열었다. 여기에서 균형가격의 상승은 선행스팬(구름대) 위로 기준선과 전환선이 상향해 유지되는 상황을 말한다. 또 주가도 선행스팬이나 기준선 아래로 크게 밀리지 않는 상황이다. 균형가격 상승을 이동평균선과 비교하면 정배열 구간이라고 표현할 수 있다.

이후 주가는 기준선을 이탈하여 12월 1일과 2일 이동평균선 60일선을 터치하며 지지를 받았고, 반등만 준다면 기준선이 하향으로 꺾이지 않는 상황으로 보인다.

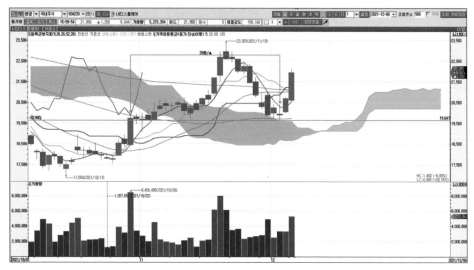

즉 60일선 지지 후 반등을 준다면 26일간의 저점을 낮추지 않기 때문에 기준선의 지속적인 우상향을 만들고, 균형가격의 상승으로 향후에도 지속해서 상승하는 모습을 보인다.

60일선 자리에서 일정 부분 매수 체결 후 반등이 나오면 그대로 취하고, 종가나 시가로 이탈 시에는 되돌림에 본전 처리가 가능한 상황이라고 판단할 수 있다. 또는 그다음 날 지지 후에 나오는 12월 3일 양봉의 모습을 확인하고 매수에 접근해도 12월 6일 나오는 6% 상승 흐름을 취할 수 있다.

이런 차트의 상황을 정리하면, 기준선과 전환선 가격이 구름대 위로 올라와 균형가격이 상승했고, 이후 조정을 받아 주가가 기준선을 하향 이탈하면서도 60일선의 지지를 받았다. 12월 3일 양봉에 전환선이 기준선을 데드크로스 한 것이 교차되돌림이다.

교차되돌림은 기간이 짧은 중간값 선(전환선)이 기간이 긴 중간값 선(기준선)을 골든크로스 한 뒤, 주가가 기준선까지 되돌림을 주는 위치에서 기준선에 지지받지 못하고 이탈해 데드크로스 한 상황을 말한다. 이후 기준선, 전환선, 20일선, 120일선을 양봉 몸통에 담아 돌파해 이평장악(장대캔들 몸통에 이평선을 최소 2개 이상 품고 있는 상황으로 수렴형에서 자주 나타남)의 모습을 보였다. 그러니 현 상황에서는 주가가 다시 기준선을 이탈하지 않는다면 중기적 상승 흐름이 나올 가능성이 있다.

차트 상황을 다시 정리하면 11월 중순 이후 전환선과 기준선이 선행스팬 위로 올라섰다. 그리고 2021년 11월 19일 2만 3,350원으로 고점을 찍고 조정받기 시작하는데 여기서 기준선의 지지를 받았다면 기준선에 근접한 가격이 매수 포인트가 될 수 있었다. 하지만 결국 11월 30일 장대양봉으로 기준선을 이탈하여 60선에 근접하게 주가가 하향하였다. 60선 자리는 선행스팬과 맞물리는 자리라 강력한 지지 라인이 될 수 있고, 선행스팬 라인만 이탈하지 않는다면 현재의 일목균형표 균형가격 상승(일목균형표 정배열) 구간이 유지되므로 다시 기준선 위로 주가가 상승한다면 매수 포인트로 볼 수도 있다.

일목산인은 일목균형표 역배열에서 일목균형표 정배열(전환선 〉 기준선 〉 선행스팬1 〉 선행스팬2)로 전환할 때, 주가가 조정받을 때, 기준선에 근접해서 지지받고 상승한다면 매수 포인트라고 이야기했다. 하지만 LG디스플레이는 이탈한 상황으로 다시 기준선 위로 올라타야만 앞서 언급한 대로 매수 포인트로 인식할 수 있다. 그런데 60선 자리에서도 매수로 접근할 포인트가 있다. 만약 이탈되더라도 앞서 다룬 중요가격 캔들 대응으로 되돌림에서 본전에 빠져나오면 된다.

삼성전자 005930
(후행스팬 상승, 구름대 돌파)

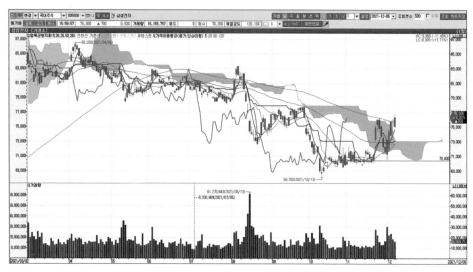

삼성전자는 지난 2021년 4월 이후 주가 및 기준선, 전환선 가격들이 구름대 아래로 하향 후 지속적인 저항을 받으며 10월 13일까지 조정을 받았다. 10월 13일 6만 8,300원 저점을 형성한 후 바닥에서 횡보하는 흐름을 보이다가 11월 22일 주가의 강한 상승 흐름을 보이며 바닥 횡보를 탈출하려는 모습이었다. 이후 다시금 주가가 조정을 받았으나 26일 이전 캔들의 종가를 이탈시키지 않았다. 이후 종가가 20일선 위에서 전일 종가 대비 떠서 시작하며 60일선, 5일선, 기준선, 전환선을 몸통으로 장악하는 장대양봉이 나타났다. 즉 장악 캔들의 출현으로 매수 신호가 나왔고, 기준선 아래로 주가가 밀리지 않는 한 홀딩 가능한 상황이었다. 주가는 다시금 이전에 저항을 받았던 120일선을 살짝 돌파하는 모습이고, 이대로 주가가 조금 더 올라가며 기준 가격을 올린다면 기준 가격이 선행스팬을 상향 돌파하며 균형가격 상승을 통해 중기적 상승 가능성을 만들 수 있는 상황이다. 조정을 받더라도 기준선 또는 선행스팬2를 이탈하지 않고 재차 상승력을 만든다면 지속적인 상승 추세 가능성이 있다.

정리해 보면, 11월 22일 주가 상승으로 후행스팬이 26일 전 주가 대비 상향했다. 11월 30일 조정되었지만, 종가 기준 26일 전 종가를 이탈하지 않고 재차 상승했다. 후행스팬 상승으로 바닥 탈출 가능성이 보인다. 후행스팬은 현재 종가를 26일 전에 표시하는 것으로, 과거 주가보다 현재 주가가 높은지 낮은지를 한눈에 볼 수 있는 선이다. 보통 약세 구간이나 횡보 구간에서 주가의 본격적인 턴어라운드 신호를 포착하는 데에 주요하게 사용된다. 강세 국면에서도 본격적인 약세 구간으로 돌입하는 중요한 신호를 준다. 곧 후행스팬 상승은 26일 전 주가보다 현재 주가가 높게 형성된다는 것을 의미한다.

11월 22일 이후 주가 상승이 유지되고 12월 6일 고점을 더 갱신하면서 기준 가격을 구름대 위로 상향 돌파시킬 가능성이 있는데, 고점을 더 갱신하면서 구름대(선행스팬)를 돌파 완성했다. 다시 주가가 조정받더라도 기준선 가격 이하로 하향 이탈하지 않는 이상, 지속적인 상승 가능성이 있다고 판단된다.

구름대 돌파를 조금 더 구체적으로 알아보자. 우선 구름대는 일목균형표의 2개의 선행스팬이다. 기준선(26캔들의 저점과 고점의 중간값)과 전환선(9캔들의 저점과 고점의 중간값)의 중간값이 선행스팬1이고, 52캔들의 고점과 저점의 중간값이 선행스팬2다. 이러한 중간값을 26일 앞으로 선행해 표시해 놓으면서 선행스팬이라는 이름을 붙였다. 장기적 중간값을 현재 주가나 기준선과 전환선이 돌파 또는 골든크로스 하는 것을 '구름대 돌파' 또는 '균형가격 상승'이라고 표현한다.

셀트리온 068270
(균형가격 하락, 관망)

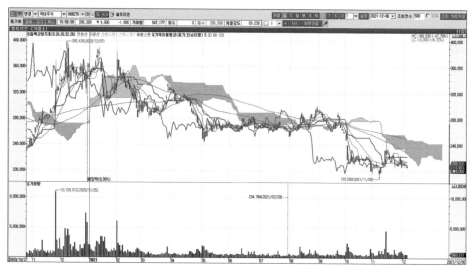

　지난 2021년 3월, 기준선과 전환선이 구름대를 하향하며 균형가격이 하락했고 지속적인 조정을 받는 모습을 보인다. 균형가격 하락은 앞서 설명한 균형가격 상승과 반대 개념으로, 선행스팬(구름대) 아래로 기준선과 전환선이 하향해서 유지되며, 주가도 선행스팬이나 기준선 위로 올라가지 못하는 상황이다. 이동평균선과 비교하면 역배열 구간이라고 표현할 수 있다. 차트에서 보면 아직 후행스팬이 이전 주가를 넘어서지 못하는 모습은 바닥을 확인하지 않는 상황이라고 판단할 수 있다.

　앞으로 11캔들 안에 19만 3,000원 저점을 갱신하지 않고 반등을 주면, 기준선 가격이 상승을 만들면서 주가 반등의 여지는 만들 수 있다. 하지만 아직 20일선 아래에 주가가 위치한 상황이라 관망이 필요하다. 조만간 60일선까지 5일선과 20일선에 근접

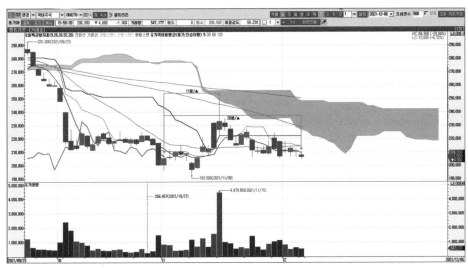

하면서 수렴형이 나올 가능성이 있고, 수렴 시기에 5일선, 20일선, 60일선을 몸통에 넣는 이평장악 캔들이 나온다면 단기 매수 포지션이다. 하지만 지속해서 20일선, 기준선, 선행스팬에 저항을 받는다면 지속적인 하락으로 인식하고 관망해야 한다.

이전에 공부한 내용을 보면 하락 추세에서는 양봉보다 음봉에서 거래량이 더 많이 나온다. 10월 1일, 10월 5일 음봉 때 거래량이 많고 그 이후로도 음봉 때마다 거래량이 많음을 볼 수 있다. 11월 15일 도지격 상승 캔들에 거래량이 강하게 붙었는데, 이는 도지격이지만 양봉에 거래량이 붙은 것이 아닌지 의문을 품을 수 있다. 하지만 도지격은 음봉 다음의 도지는 음봉으로 인식하고, 양봉 다음의 도지는 양봉으로 인식한다. 이후로도 음봉에 거래량이 더 실리는 상황으로 섣불리 접근하기는 어려운 상황이다.

위메이드맥스 101730
(급등 흐름 대응의 핵심은 캔들의 중간값)

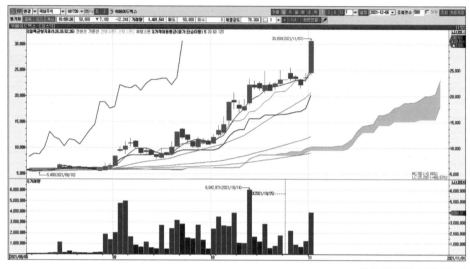

2021년 11월 1일 유튜브 '주식 차트 타파' 채널을 통해 위메이드맥스 급등 대응의 핵심에 대해 강의를 했다. 이런 급등 흐름에서 대응의 핵심은 장대양봉 캔들의 중간값 이다.

위메이드맥스는 '미르4' 글로벌 버전 서버 수가 100개를 돌파하며 인기를 끌고 동시 접속자가 80만 명을 돌파하며 자체 발행 가상화폐 위믹스를 기반으로 한 플레이투언(P2E) 게임의 선구자로 주가가 크게 상승하는 상황이다. 주가가 이미 크게 올라 고평가로 인식될 상황이었으나 이런 급등 흐름에서도 대응이 가능하다. 핵심은 장대양봉 캔들의 중간값이다.

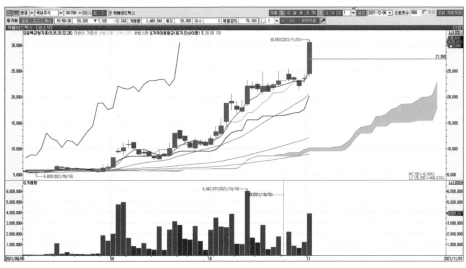

(출처: 신한금융투자 신한아이HTS)

11월 1일 캔들의 양봉 중간값은 2만 7,300원 부근이다. 이 가격은 매수 접근이 가능한 자리이자, 캔들이 종가 또는 시가로 이탈하지 않는다면 홀딩이 가능한 가격이다. 물론 앞으로 나올 캔들이 캔들의 중간가격을 종가나 시가로 이탈한다면 손절매해야 한다. 하지만 이탈하지 않고 터치하며 종가 또는 시가로 올려놓는다면 지속적인 홀딩이 가능하다.

이동평균선 20선 및 일목균형표 기준선과 이격이 많이 발생하여 어떻게 보면 매수하기 부담스러운 상황이다. 하지만 앞서 말한 대로 장대양봉의 중간값인 2만 7,300원을 이탈하지 않고 지지받는다면 추가 상승이 가능하다. 캔들의 돌파와 이탈은 캔들의 종가나 시가로 판단한다고 했다. 이탈 시에는 당연히 이격이 발생한 만큼 빠르게 손절해야겠지만 이탈되지 않는다면 주가 탄력성이 강하게 유지되며 적당한 수익을 만들어낼 수도 있다.

일목균형표 상에서 지금과 같이 대시세를 만드는 종목이 기준선과 전환선의 중간 값인 선행스팬1 가격을 하향시키지 않는다면, 지속적으로 대시세가 나올 수 있다. 9일 이내에 지속해서 고점을 높여간다면 전환선은 꺾이지 않고 꾸준한 상승이 나올 수 있다. 하지만 4일 이상 주가가 고점을 높이지 않고 꺾인다면 경계해야 한다. 4일 이상 주가가 꺾이면 9일 이내 신고가(고점 갱신)를 형성하지 못할 가능성이 크다.

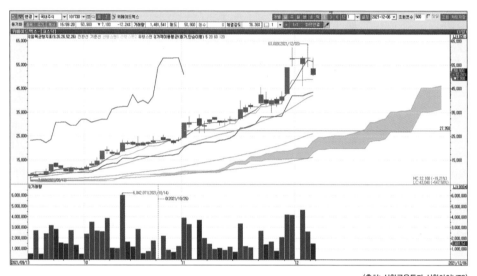

(출처: 신한금융투자 신한아이HTS)

위메이드맥스는 이후 두 번이나 2만 7,300원 자리를 터치하며 종가 또는 시가로 이탈하지 않았고, 6만 3,000원까지 상승력이 나왔다.

그런데 가장 최근의 모습을 살펴보자. 2021년 11월 29일 장대양봉의 중간값이자 전환선 가격이 4만 8,500원까지 근접하면서 내려오고 있다. 이미 이 가격 선에서 12월 2일에 터치하고 6만 3,000원까지 반등한 후 다시 밀리고 있는 형국이다. 혹여 이 가격이 이탈된다면 일정 부분 추가 조정은 불가피해 보인다.

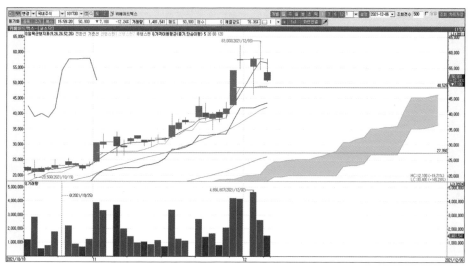

　　급등 흐름을 탄 주식은 거래량이 실린 장대양봉 캔들의 중간값이 중요하다. 말 그대로 급등하는 구간이기 때문에 큰 조정 없이 당일 변동성만 커진 상황에서 지속적인 상승이 나온다. 하지만 거래량이 실린 장대양봉 캔들을 무너트리는 상황, 즉 캔들의 중간값을 이탈하는 흐름이 나온다면 매수와 매도세가 강하게 붙으면서 매도세가 이기는 상황이 발생한다. 또 거래량이 강하게 실리면서 음봉 또는 전일 종가 대비 시가의 갭이 생기는 캔들이 나타날 수도 있다. 즉 매도세가 단기적으로 이긴 상황이기 때문에 추가 하락의 여지가 발생한다. 하지만 거래량이 실린 장대양봉 캔들의 중간값을 무너트리지 않고 상승한다면, 지속적인 매수세 우위 포지션이 나온다는 의미이며 추가 상승의 여지가 있다.

기술적 분석과 기본적 분석의 차이는 뭘까?

주식을 매매할 때는 항상 나름의 '근거'를 바탕으로 결정해야 한다. 아무런 근거 없이 '감'으로만 투자한다면 한두 번은 운으로 좋은 결과를 얻을 수 있지만 절대 오래 갈 수는 없다. 근거 없는 자만심은 화를 부르고, 그 화의 불씨는 모든 것을 잃게 만들 수도 있다. 그래서 투자의 밑바탕은 '근거'가 되어야 하며 근거를 얻기 위해 우리는 상황을 면밀히 분석해야 한다.

주식시장에서의 투자 분석 기법은 크게 두 가지로 나뉜다. 하나는 기업의 내재적 가치를 평가하는 투자법인 '기본적 분석'이고, 다른 하나는 주식 및 상품의 변동 가격 움직임 자체를 연구하는 '기술적 분석'이다.

구분	기본적 분석	기술적 분석
투자 성향	가치 투자	예측/심리 투자
투자 기간	중장기 투자	단기 투자
기본 자료	재무제표 + 각종 산업/경제지표	차트 + 이슈성 뉴스
특징	– 기업의 내재 가치 분석 – 정량적 분석 + 정성적 분석 – 시장의 관심이 적으면 주가가 내재가치에 수렴하기까지 오랜 시간이 걸림.	– 주로 차트를 통해 분석하고 주가를 예측 – 이슈에 매우 민감 – 대부분 투자자가 활용하는 분석법 – 세력 등에 의해 주가가 예상하지 못한 방향으로 흐를 위험이 있음.

기본적 분석은 기업의 내재적 가치를 분석해 미래의 주가를 예측하는 방법으로, '주가

는 내재가치와 다를 수 있다(현재 기업 가치 대비 고평가 또는 저평가)'라는 점과 '주가는 내재가치에 수렴하려는 경향이 있다'라는 두 가지 명제를 전제로 한다. 어떤 주식의 주가가 내재가치보다 낮다고 판단되면 그 주식을 매수하고, 내재가치보다 높다고 생각되면 매도해서 수익을 낼 수 있다는 것이 기본적 분석의 핵심이다.

기본적 분석의 기본 자료는 재무제표다. 재무제표를 정량적으로 분석할 수도 있고, 해당 종목의 비즈니스 모델을 살펴봄으로써 미래 가치를 가늠하는 정성적 분석도 할 수 있다. 투자자는 재무제표를 바탕으로 각종 지표를 활용해 현재 주가가 저평가되어 있는지 파악할 수 있을 뿐만 아니라 기업의 재무 상태나 부채, 현금 흐름 등을 통해 기업의 재정 건전성을 파악하며 매출액과 영업이익을 분석해 기업의 성장성도 확인할 수 있다. 또 각종 산업 동향 자료(관련 업종 통계 자료, 환율, 산업 전망 자료 등)를 비롯한 모든 계량적 자료가 기본적 분석의 대상이 될 수 있다. 계량적 자료뿐만 아니라 정부의 경제 정책, 기업 대표이사의 성향 등 비계량적 요소도 기본적 분석의 토대가 되는 중요한 정보다. 하지만 기본적 분석은 주가가 내재가치로 수렴하는 데까지 얼마나 시간이 걸릴지 모른다는 단점이 있으며, 만약 기업이 분식회계 등으로 재무제표를 속인다면 투자자는 큰 손실을 볼 수도 있다.

기술적 분석은 기본적 분석과 마찬가지로 전통적인 증권 분석 방법이다. 과거 주식의 가격이나 거래량과 같은 자료를 활용해 주가 변화의 추세를 발견하면서 미래의 주가를 예측한다. 기술적 분석도 두 가지 명제를 전제로 하는데 첫째, 주가는 항상 반복해서 변화하는 속성이 있다는 것이고 둘째, 추세를 파악하면 현재 기업의 재무 상태와 무관하게 변동하는 주가를 예측할 수 있다는 것이다. 재무제표를 통해 분석하는 기본적 분석과는 달리 기술적 분석은 주로 차트를 통해 분석하고 주가를 예측한다. 차트상에 나타나는 각종 지표 즉 캔들,

이동평균선, 거래량 등을 토대로 지지와 저항, 돌파와 이탈 등을 판단하면서 주가의 추세를 파악한다.

대개 많은 투자자가 기본적 분석보다는 기술적 분석을 더 선호하고 활용하는 편이다. 언제 주가가 내재가치에 수렴할지 모르는 기본적 분석과는 달리 기술적 분석은 단기간에 큰 수익을 낼 가능성이 크기 때문이다. 하지만 큰 수익을 내는 데에는 그만한 위험도 뒤따른다. 얻는 만큼 크게 잃을 수도 있다. 그래서 기술적 분석만으로 하는 장기투자는 바람직하지 않다. 세력이나 각종 출처를 알 수 없는 정보 등을 통해 주가가 언제 어떻게 변할지 모르기 때문에 신중하게 접근할 필요가 있다. 기술적 분석을 할 때는 차트만으로 판단하기보다는 현재 시장에서 주목받는 주제나 이슈 등을 정확히 파악하는 것이 좋으며, 큰손들의 움직임에도 예의 주시할 필요가 있다.

투자에 정답은 없지만, 투자자들의 성향에 따라 선호하는 분석 방법은 있다. 하지만 오로지 하나만 보고 섣불리 투자하는 것은 매우 위험한 방법이다. 기술적 분석이든 기본적 분석이든 각 분석법의 장점을 적절하게 활용한다면 안전한 투자를 하면서 수익성을 끌어올리는 현명한 투자자가 될 수 있을 것이다.

기관투자자의 종류

주식투자 주체 중 기관에 대해 조금 더 세밀하게 살펴보면 아래와 같다.

기관투자자의 종류	내용
금융투자	증권사, 자산운용사 등이 고유 자산을 이용하여 투자함.
투자신탁	증권사, 자산운용사 등이 고객 자산을 이용하여 투자함. 주로 펀드자금이 이에 해당함.
사모펀드	고객 자산을 이용하여 투자하며, 투자신탁에 비해 소수의 투자자를 대상으로 자금을 모집함.
은행	은행법에 의해 설립된 은행이 고객의 예탁금을 운용하여 투자함.
보험	보험법에 의해 설립된 보험회사가 고객의 보험금을 운용하여 투자함.
연기금 / 공제	국민연금, 사학연금, 군인연금, 공무원연금 또는 각종 공제회 기금 등을 직접 운용하여 투자함.
국가	우정사업본부(우체국), 예금보험공사, 주택금융공사 등 공공기관을 포함
기타 금융	전문 투자자 중 은행, 금융투자 회사, 보험 외의 기관(상호저축은행 등)
기타 법인	투자 기관으로 분류되지 않은 법인이 투자함.
기타 외국인	국내에 6개월 이상 거주하고 있는 외국인이 투자함(주로 개인).

재무제표의 모든 것을 알 필요는 없다. 여기서는 투자 판단의 기준을 마련할 때 알면 좋을 몇 가지

내용을 쉽게 풀어서 설명했다. 재무제표를 활용하는 방법을 알면 좋은 기업을 찾기 위한 안목을 기

르는 데 도움이 된다.

실수 없는

투자를 위한

재무제표 완벽 분석

재무제표를 활용한 투자의 정석

기업의 정보를 한눈에 보는 재무제표

주식투자의 정석은 좋은 기업의 주식을 좋은 가격에 사는 것이다. 많은 사람이 이런 투자의 정석에 대해 알고 있지만, 실제 투자하는 것을 보면 '막무가내식', '묻지 마 투자'를 하기 일쑤다. 정석대로 투자하려면 재무제표를 읽는 '눈'부터 키워야 하지만 재무제표의 기본조차 모르고 주식투자를 하는 사람이 너무나 많다.

좋은 기업을 찾기 위해서는 우선 기업의 사업보고서를 봐야 한다. 사업보고서에는 사업 내용, 재무제표, 주석 등 기업에 대한 모든 내용이 들어있다. 물론 증권사에서 발행하는 각종 리포트를 봐도 도움이 된다. 하지만 증권사 리포트는 상장된 모든 기업을 대상으로 하지 않고 애널리스트의 판단 과정을 거친 것이라서 그것만 믿고 투자할 수는 없다. 결국 좋은 기업을 찾기 위해서는 재무제표를 읽어내고 분석하고 판단하는 자신만의 기준과 안목을 가져야 한다.

어떤 기업에 투자하기에 앞서 투자자들이 가장 먼저 파악해야 할 것은 그 회사가 재무적으로 얼마나 건실한지 판단하는 일이다. 기업은 법이 정하는 바에 따라 투자의 근거가 되는 재무 정보를 의무적으로 공개하게 되어 있다. 그래서 기업은 재무제표를 만들어 재무 정보를 한눈에 볼 수 있게 한다. 재무제표는 일정 기간 경영 활동으로 쓴 돈과 벌어들인 돈의 흐름과 결과를 수치로 나타낸 재무 자료로 그 회사가 얼마나 많은 돈을 벌었는지, 재산이 얼마나 되는지 그리고 현금보유액이 얼마인지 등 각종 재무 정보를 보여준다. 일반적으로 경영 활동은 생산·구매·판매·R&D·자금 조달 및 상환·일반 관리 등 기업의 모든 활동을 말한다. 또 일정 기간이란 1년을 말하지만, 결산 기간은 반드시 1월 1일부터 12월 31일까지가 아니다. 기업이 임의로 결산 기간을 정할 수 있다.

재무제표는 일정 기간의 경영 성과인 손익계산서, 현금 흐름의 증감을 나타내는 현금흐름표, 자산·부채·자본 등을 알 수 있는 재무상태표 그리고 주주 자본증감을 나타내는 자본변동표와 재무에 관한 보충 설명을 담은 주석으로 구성된다. 재무제표 하나만으로도 기업의 과거와 현 상태를 면밀히 파악할 수 있고, 투자 가치도 따져볼 수 있다.

투자자들은 재무제표를 보는 것이 투자에 도움이 될지 항상 궁금해하고 또 의심한다. 나 역시 처음 주식투자를 시작했을 때 차트가 투자의 판단 기준이었으며 재무제표를 바탕으로 투자하지 않았다. 하지만 지금은 아무리 차트가 예뻐 보여도 재무제표를 확인한 후 판단 기준에 미달하면 투자하지 않는다. 즉 기본적인 투자 판단 기준이 재무제표다. 주식투자를 오래 해온 나에게도 재무제표는 투자 판단의 좋은 재료가 된다.

맛있는 음식을 만들기 위해서는 요리사의 능력도 중요하지만, 신선한 식재료가 무엇보다 중요하다. 식재료가 형편없으면 아무리 뛰어난 요리사가 요리해도 맛을 내기가 힘들다. 주식투자도 마찬가지다. 아무리 투자자가 똑똑하고 타이밍을 잘 잡는다고 해도 기업의 재무적 분석 없이 투자하게 되면, 처음에는 잘되는 듯 보여도 돌발 악재로 인해 실패할 확률이 높아진다. 수익률을 높이는 투자를 위해서는 재료를 활용해야 하고, 그 재료도 좋은 재료여야 한다. 주식투자에서 좋은 재료가 되어 주는 것이 바로 재무제표다.

주식으로 돈을 벌기 위해서는 주가가 오를지 내릴지를 판단하는 안목을 길러야 한다. 그런데 대개 투자자들은 앞이 보이지 않는 '묻지 마 투자'로 많은 실패를 겪는다. 이런 사람들은 재무제표를 무시하는 경향이 있다. 심지어 '늘 재무제표를 만드는 회계사라도 주식투자에 성공하는 것은 아니라'며 주식투자에 있어 재무제표가 불필요하다고 말하기까지 한다. 물론 회계사라고 해서 주식투자를 잘하는 것은 아니다. 회계사는 재무제표를 만드는 사람이지 보는 사람이 아니기 때문이다. 주식투자자와는 입장이 다르다.

그렇다고 재무제표의 모든 것을 알 필요는 없다. 재무제표를 만들 필요도 없고, 재무제표의 세세한 내용까지 다 알아야 투자에 성공하는 것도 아니다. 다만 기본적으로 좋은 기업을 찾을 수 있는 안목을 기르고자 재무제표를 보고 읽는 것이다.

부동산 광풍이 불었을 때를 떠올려 보자. 너도나도 '영끌' 해서 아파트나 땅을 구매하더라도 직접 보지도 않고 물건 분석도 없이 부동산을 사는 경우는 없다. 우리가 매일 손에 쥐고 있는 스마트폰도 아무 제품이나 골랐을 리 없는 것처럼 말이다. 수많은 기준과 잣대로, 여러 회사의 제품을 비교·분석하면서 자신의 만족감을 극대화할 수 있는 스마트폰을 골랐을 것이다.

그렇다면 큰돈이 들어가는 주식투자라면 더욱더 따져보고 골라야 하는 것 아닐까? 기업의 과거와 현재 그리고 미래의 성장 가능성 등을 면밀히 들여다보고, 장기적으로 수익이 날 회사에 투자해야 한다. 지금 당장 빨간 기둥이 보이니까, 남들도 다 좋다고 하니까, 어디서 출처도 알 수 없는 '내일 상한가가 기대된다'는 말만 듣고 투자하지는 말아야 한다.

이런 투자는 타이밍이나 운이 좋아 당장은 성공할 수 있을지 몰라도 미래의 성공을 바랄 수는 없다. 지금 자신의 투자 방식을 점검해 보자. 만약 다른 사람들에게 투자의 명확한 이유를 제대로 설명할 수 없다면, 자신의 투자법은 분명 무언가가 잘못된 것이다. '묻지 마 투자'는 조급함에서 비롯된다. 장기투자나 가치 투자를 통해 달콤한 열매를 맛보고자 하는 사람에게는 재무제표가 필수적이고, 빨리 수익을 내고 싶은 투자자들에게는 재무제표가 무용지물일 것이다.

주식은 어디로 튈지 모르는 개구리와도 같다. 상승하리라 예측하고 들어가면 하락하고, 하락이 아닐까 생각하고 있다가 나중에 결과를 보면 생각지도 않게 높은 상승을 볼 수도 있다. 주가는 하루에도 등락을 여러 차례 거듭하기 때문에 그 높고 낮음에 마음이 따라간다면 절대 견딜 수 없다.

투자자는 기다릴 줄 알아야 한다. 기다림의 힘은 그 기업의 현재 가치와 미래의 기대감에서 나온다. 기업의 미래 가치를 재무제표만으로는 알 수 없지만, 현재 가치 정도는 충분히 파악할 수 있다. 또 기업의 재무적 안정성, 수익성, 성장성은 어느 정도인지 전반적인 현황에 대해 수치를 통해 분석할 수도 있고, 그 분석을 토대로 기업의 미래를 가늠하고 예측할 수 있다. 오늘의 그림을 충실히 그려야 내일을 안전하게 맞이할 수 있다. 이것이 바로 주식투자자들이 재무제표를 제대로 알아야 하는 이유이기도 하다.

재무제표로
알 수 있는 것

재무제표는 크게 재무상태표, 손익계산서, 현금흐름표, 자본변동표, 주석으로 구성된다. 여기서 투자자들은 재무상태표와 손익계산서, 현금흐름표를 집중해서 보면 된다. 기업은 자본을 조달해 자산을 구성하고 이를 통해 영업 활동을 한다. 재무상태표를 통해서 투자자는 기업의 현재 자산 가치를 파악할 수 있고, 손익계산서로는 영업 활동으로 돈을 잘 벌었는지를 확인할 수 있다. 그리고 현금흐름표는 기업의 현금성 자산을 파악하여 지속적인 투자가 가능한지, 손실이 나더라도 영업 활동을 지속할 수 있는지를 파악할 수 있다.

〈재무제표의 구성〉

재무상태표		손익계산서
자산	장기 결과	
	재무제표에 따른 가치적 접근	
현금흐름표		

재무제표를 통해 과거 일정 기간 기업의 경영 실적을 알 수 있다. 손익계산서에는 기업이 영업 활동을 통해 발생한 수익과 비용이 정리되어 있다. 여기서는 기업이 벌어들인 수익에서 비용을 차감한 당기순손익과 주로 자산가치 변동손익인 기타포괄손익,

즉 포괄손익을 파악할 수 있다.

기업은 영업 활동, 투자 활동, 재무 활동을 통해 수익을 창출한다. 영업 활동은 기업이 영위하고 있는 사업에서의 활동, 투자 활동은 설비 투자나 금융자산을 운용하는 일을 말한다. 재무 활동은 자금의 조달, 상환, 배당금 지급 등을 말하는데, 현금흐름표를 통해서는 기업의 세 가지 활동에서 어떻게 현금이 유입되고 유출되었는지를 알 수 있다. 종종 재무제표를 보면 손익계산서에 당기순이익이 발생해도 회사에 현금이 부족한 상황을 볼 수 있는데, 현금흐름표를 분석하면 왜 그런 현상이 일어났는지 파악할 수 있다. 또 재무상태표에서는 기업이 어떻게 자금을 조달했는지 알 수 있다. 부채는 어느 정도인지, 자기자본비율은 적정 수준인지, 설비 투자에 들어간 비용은 얼마인지, 조달된 자금은 어디에 사용되었는지 그리고 재고 자산은 얼마이며 회사에 현금은 얼마나 남아 있는지 등 기업이 미래 수익 창출에 기여할 수 있는 자산 보유 내용과 그 자산을 보유하기 위한 부채와 자본 내용을 재무상태표에서 확인할 수 있다.

재무제표는 과거 일정 기간의 경영 실적이라서 이 자료가 곧 미래의 투자 여부를 결정짓지는 않는다. 다만 우리는 지금까지 그 기업이 걸어온 길을 통해 현재의 상태를 확인하고 미래를 예측한다. 초우량 기업이라고 평가받는 삼성전자를 보자. 투자자들은 왜 삼성전자 주식을 사서 오래 묵혀 두는 것일까? 재무제표를 통해 기업의 재무 성과가 매우 좋다는 것을 알 수 있으며 성장성, 수익성, 재무구조가 건실하기 때문이다. 이런 삼성전자도 실적이 예상보다 저조하거나 재무구조가 부실해진다면, 주가는 금세 내려간다.

재무제표는 한마디로 기업의 경영 활동 성적표다. 얼마나 많이 벌고 많이 팔았는지(손익계산서), 재무구조는 안정적인지(재무상태표), 그리고 현금의 흐름은 얼마나 좋은지(현금흐름표) 등 투자자들은 기업의 경영 활동 성적을 재무제표를 통해 확인할 수 있다. 주가는 기업의 가치다. 그 기업의 가치는 우선 재무적 측면에서 얼마나 건실한지에 따라 결정되고, 투자자는 재무제표의 합리적 분석을 통해 우량 기업인지 부실 기업인지를 판단하고 투자 여부를 결정한다. 다만 기업의 과거 실적을 토대로 미래 재무 흐름을 예측하는 것은 투자자의 몫이다. 주식투자자들은 기업의 재무제표 실적 분석으로 합리적으로 미래 예측을 해야 하며, 미래 예측을 위해서는 과거와 현재를 제대로 분석할 수 있는 안목을 키워야 한다.

지금부터는 재무제표를 통해 미래를 예측하는 '눈'을 키우기 위해 투자자들이 기본적으로 알아야 할 기초적인 재무 지식을 알아보며 재무제표를 파헤쳐 보자.

재무제표를 읽기 위한 기초 상식

본격적으로 재무제표를 읽기 전에 우리가 투자하는 기업인 주식회사에 대해서 알아둘 필요가 있다. 주식투자를 한다는 것은 우리가 주주가 된다는 것을 의미하며, 주주로서 기업과의 여러 법적 관계도 형성된다.

주식회사는 법인으로서 회사의 한 종류다. 법인(法人)이라는 말은 많이 들어봤지만, 이를 정확히 알고 있는 사람은 드물다. 법인은 '전형적인 권리능력의 주체인 자연인 이외의 것으로 법인격(권리능력)이 인정된 것'을 의미한다. 기업은 생명체가 아니기 때문에 사람과는 달리 권리의무의 주체가 될 수 없다. 하지만 개별 기업은 여러 곳에 건물과 생산시설을 소유하고 있기에 경제적 실체로서 재산에 관해 권리의무의 주체가 되어야 한다. 그래서 법률에 따라 기업에 자연인처럼 권리의무의 주체가 되도록 인위적으로 인격을 부여하는데, 이를 법인이라고 한다. 쉽게 말하자면, 원칙적으로 사람 이외에 법률적 관계를 형성할 수 없지만, 회사는 여러 경제 활동을 통해 법률적인 권리와 의무를 가질 필요성이 있어 법률적 관계를 가질 수 있는 지위를 부여한 것이다. 법인은 기준에 따라 사단법인과 재단법인, 영리법인과 비영리법인으로 구분된다. 또 법인으로서의 회사는 상법상 합명회사, 합자회사, 유한책임회사, 주식회사, 유한회사 등으로 나눌 수 있다. 여기서는 우리의 투자 대상이 되는 주식회사에 대해 자세히 살펴본다.

주식회사는 주식의 발행으로 설립된 회사를 말한다. 주식의 한 주당 액면가액을 소액으로 분할 발행해 주주(투자자)로부터 자본을 조달한다. 주주는 출자가액 한도로 책임지는 유한책임이며, 기업 경영에는 직접 참여하지 않고 이사회에 경영을 위임한다. 주식회사는 주주가 많고 대규모 자본이 필요한 회사에 적합한 형태다.

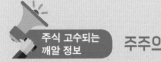

주주의 권리

주주(株主)는 실질적인 기업의 소유자로서 회사의 최고의사결정 기구인 주주총회를 구성한다. 주주의 의무는 출자의무이고, 그 의무는 그가 가진 주식의 인수가액을 한도로 한다. 주주는 총회에 출석해 질문할 권리를 가지고 있고, 1주(株)에 대해 1개의 의결권이 있다. 그 외에 이익배당청구권, 잔여재산분배청구권, 신주인수권 등이 있다. 주식은 개인이 소유할 수도 있으며, 금융기관이나 각종 단체 및 법인이 주식을 소유하는 경우 법인주주 또는 기관주주, 기관투자자라고 한다.

주식회사는 자금조달이 다른 회사보다 훨씬 쉽다. 주식회사는 1주당 주식 가격(액면가액)을 소액으로 발행하거나 분할하여 소액투자자를 비롯한 많은 투자자로부터 거액의 자금 조달이 가능하다. 액면가액이란 1주를 발행하는 기준 가격으로, 정관에 기재하고 등기해야 한다. 상법상 액면가액은 100원 이상으로, 100원, 200원, 500원, 1,000원, 2,500원, 5,000원, 10,000원, 무액면 등이 있다. 액면가액은 특정 목적에 따라 액면분할, 액면병합 등 변경도 가능하다.

그리고 투자자나 주주는 주식회사의 주식의 취득과 양도가 매우 자유로워 환금이 용이해 자금 조달이 원활하다. 또 주식회사는 대개 소유와 경영이 분리되어 있어 효율적인 경영 관리를 할 수 있다. 주주는 기업의 실질적인 소유주이지만, 이사회를 통해 경영권을 위임하기에 주주총회에서 선임한 전문 경영인이 회사를 경영하게 된다. 전문 경영인인 이사들은 의사결정기구인 이사회를 통해 회사를 운영하고 이들은 경영 결과에 책임을 진다. 그래서 효율적인 기업 구조 형성이 가능하다.

그런데 개인적으로 투자하는 우리와 같은 소액주주들은 1주당 1개의 의결권이라는 한계로 실질적으로 경영에 대한 관심도가 낮을 수밖에 없다. 경영은 주주총회를 통해 위임한 이사진들에게 전부 맡기고 있기에 어떤 이사진이 구성되느냐에 따라 기업 경영의 투명성도 좌우된다. 미국이나 일본에서는 1주만 가지고 있더라도 주주 대표 소송이 가능하도록 단독주주권 행사를 보장하고 있지만, 우리나라는 소액주주권을 행사하려면 상당한 주식을 보유해야 한다. 그래서 기업 경영의 투명성 확보를 위해 IMF 금융위기 이후 소액주주 운동이 활발히 전개됐고, 현재는 대표 소송에 필요한 지분이 0.05%, 장부열람권도 1%의 지분으로 가능해졌다.

다음으로 주식이 어떻게 분류되는지 살펴보자. 주식에는 보통주와 우선주가 있다. 이는 기업의 자금 조달과 경영권에 관련한 주식의 분류다. 보통주는 우리가 대개 투자하는 주식의 일종으로, 기업이 여러 종류의 주식을 발행할 때 기준이 되는 주식이다. 우선주는 보통주 대비 배당률($\frac{배당금}{액면가액} \times 100$)은 1% 포인트 높지만, 의결권이 없는 주식이다.

우선주 발행은 기업과 투자자 모두에게 유리한 자금 조달 방법이다. 기업의 입장에서 우선주는 의결권이 없기 때문에 보통주 발행에 따른 경영권 위험을 낮추면서 자본을 조달할 수 있고, 투자자 입장에서는 어차피 기업 경영에 참여할 의사가 없으면 우선주를 통해 배당금을 많이 받을 수 있기에 경제적 이득이 있다. 다만, 우선주는 보통주에 비해 경영권 프리미엄이 없기에 주가가 보통주보다 낮게 형성되는 것이 일반적이다. 결산 기간이 되면 우선주 거래가 활발히 이뤄지는 현상이 자주 일어난다. 왜냐하면 우선주는 보통주보다 가격이 낮을 뿐만 아니라 배당수익률이 보통주보다 높기 때문이다. 이 두 주식은 회사명 뒤에 '우'가 있는지로 구분한다. 예를 들면 '삼성전자'는 보통주고 '삼성전자우'는 우선주다.

기업의 주식은 자사주와 유통주식으로도 분류할 수 있다. 자사주는 기업이 자기회사 주식을 보유하는 것을 말하는데, 경제적 권리 행사로 취득하거나 임직원의 성과 보상이나 유통 주식수를 줄여 주가를 부양할 목적 등으로 매입한다. 특히 자사주 매입은 보통 자기회사 주가가 지나치게 낮게 평가됐을 때 적대적 M&A에 대비해 경영권을 보호하고 주가를 안정시키기 위해 기업이 자기 자금으로 자사주를 사들인다. 자사주 매입은 발행 주식수를 줄여 주당 순이익과 주당 미래 현금 흐름을 향상시켜 주가를 상승시키는 요인으로 작용한다. 발행 주식수에서 자사주를 제외하면 유통 주식수가 된다. 유통 주식수가 줄어든다는 것은 자기회사의 주식 공급량이 줄어들기에 주가 상승 요인이 되고, 이익으로 자사주를 소각하면 전체 주식수가 줄어들어 기업 가치가 상승한다.

또 주식은 경기에 따라 경기민감주와 경기방어주로 구분할 수 있고, 미래 성장성이나 현재 실적에 따라 성장주와 가치주로도 분류할 수도 있다. 경기민감주는 경기 사이클에 민감하게 반응하는 종목으로 경기가 상승하면 주가가 상승하고, 경기가 하락하면 주가도 하락한다. 대표적으로 해운과 조선 분야를 들 수 있는데, 하락장에서는 무역도 침체하고 운임이 감소하면서 실적도 감소한다. 이런 상황에서 해운사들은 선박 주문을 줄이고, 덩달아 조선업도 타격을 받아 실적이 감소한다. 그런데 코로나19로 맞이한 단기 경기침체는 오히려 공급과 유통에 타격을 받으면서 해운과 조선이 8년 만에 호황을 맞이했다. 경기방어주는 경기와 상관없이 꾸준히 실적을 내는 업종으로 통신, 게임, 제약 등의 업종을 말한다. 이들 업종은 경기가 하락해도 대부분 우리 실생활에 필요한 것들이기에 소비가 크게 줄지 않아 경기에 민감하게 반응하지 않는다.

성장주는 바이오, 전기차, 정보기술 등 미래 성장이 기대되는 업종의 주식이며, 가치주는 미래 성장성은 낮지만 매출 성장보다 토지 등 유형자산을 많이 보유하고 있는 주로 순자산이 많은 제조업 주식이다. 성장주는 실적이 좋지 않아도 미래 가치를 인정받아 주가가 높기 때문에 PER가 높은 편이지만, 미래 예측이 실패하면 투자 손실의 위험이 큰 종목이다. 반면 가치주는 실적은 높지만 주가가 낮아 PER가 상대적으로 낮은 편으로, 안정성은 있지만 그만큼 주가가 많이 오르지 않기에 주가 상승 폭은 크지 않다.

주식 고수되는 깨알 정보

경기민감주와 경기방어주, 성장주와 가치주

[경기민감주] 경기에 민감하게 반응하는 종목

- 해운, 조선, 반도체, 자동차, 화학, 건설 등

- 투자 시점: 경기 회복기, 원화 강세장, 글로벌 교역량 상승기

[경기방어주] 경기에 민감하지 않고 꾸준히 실적을 내는 종목

- 전기, 가스, 제약, 게임, 통신 등

- 투자 시점: 물가 상승으로 주가 흐름 하락 시그널이 보일 때

[성장주] 현재 가치는 낮지만 미래 가치가 높게 평가되는 종목

- 바이오, 전기차, 수소차, 정보기술(블록체인, NFT), 이차전지 등

- 투자 시점: 불황기

[가치주] 성장성은 낮지만, 실적이 많은 기업

- 철강, 제지, 보험, 은행, 석유 화학 등

- 투자 시점: 호황 시그널(금리 상승)

다음은 재무제표와 관련해 주식투자자라면 반드시 알고 있어야 하는 용어나 개념을 정리했다. 기본적인 상식을 갖추고 재무제표를 들여다보면 보이는 것들이 더 많아질 것이며, 그만큼 투자의 안목도 키워질 것이다. 주식투자와 재무제표에 관한 수많은 용어와 개념이 있지만, 핵심적으로 알아둬야 할 것을 간추렸다.

전자공시

기업은 법에 따라 외부 공인회계사에게 감사를 받고 그 결과를 공시한다. 공시 결과는 '금융감독원 전자공시시스템(dart.fss.or.kr)'에서 확인할 수 있으며 누구나 접근이 가능하다. 전자공시는 재무제표뿐만 아니라 기업이 자본시장법에 따라 공시해야 하는 각종 정보를 가장 빠르고 정확하게 확인할 수 있다. 재무제표는 '외부감사 관련-감사보고서'나 '사업보고서'를 통해 볼 수 있다.

EPS (주당순이익, Earning Per Share)

기업이 벌어들인 당기순이익을 기업이 발행한 총 주식수로 나눈 값으로, 1주당 이익을 얼마나 창출했느냐를 나타내는 지표다. EPS가 클수록 수익 가치가 높다고 판단하며 PER(주가수익비율)의 산정 기초금액이 된다.

BPS (주당순자산가치, Book value Per Share)

기업 총자산에서 부채를 빼면 기업의 순자산이 남는데, 이를 발행 주식수로 나눈 값이다. 기업이 활동을 중단한 뒤 그 자산을 모든 주주에게 나눠줄 경우 1주당 얼마씩 배분되는가를 나타내는 것으로, BPS가 높을수록 수익 및 재무건전성이 높아 투자 가치가 높은 기업이라고 할 수 있다.

PER (주가수익비율, Price Earning Ratio)

주가를 EPS(주당순이익)로 나눈 시장배수로 주가가 주당이익의 몇 배인지를 나타내는 지표다. 기업이 얻은 순이익 1원을 증권시장이 얼마의 가격으로 평가하고 있는가를 나타낸다. 업종이나 기업 간 상대 비교로 투자 종목을 선정할 때 자주 활용한다. PER가 낮을수록 이익에 비해 주가가 낮게 평가되었다는 의미이므로, '저PER주'는 매수 종목, '고PER주'는 매도 종목이라는 공식이 성립된다. 하지만 이는 상대적인 수치이므로 반드시 업종 간 비교분석을 통해 투자에 참고해야 한다.

PBR (주가순자산비율, Price Book value per Ratio)

주가순자산비율은 기업의 자산 가치를 나타내는 것으로 주가를 BPS(주당순자산가치)로 나눈 비율이다. 주가가 순자산에 비해 1주당 몇 배로 거래되고 있는지 측정하는 지표다. 여기에서의 순자산은 대차대조표의 총자본 또는 자산에서 부채(유동부채+고정부채)를 차감한 금액을 말한다. PBR이 낮을수록 주가가 저평가되어 있다는 의미로 해석한다.

IRR (내부수익률, Internal Rate of Return)

어떤 투자 계획에서 발생하는 비용과 편익의 흐름이 있을 때, 해당 투자 계획의 현재가치를 '0'으로 만들어 주는 할인율을 말한다. IRR은 투자로 벌어들이는 미래현금순유입액의 현재가치와 투자 금액의 현재가치를 일치하게 하는 이자율이며, IRR이 높을수록 투자 가치가 있다고 판단한다.

IPO (기업공개, Initial Public Offering)

기업이 증권시장에서 주식을 거래하기 위해서는 우선 상장 과정을 거쳐야 한다. 기업의 주식상장 방법 중 가장 많이 활용하는 방법이 IPO인데, 이를 통해 투자자가 공개적으로 주식을 살 수 있도록 기업이 자사의 주식과 경영 정보를 시장에 공개하는 것이다.

IR (기업설명회, Investor Relations)

투자자들에게 기업의 실적과 비전을 제시하는 기업 설명 활동이다. PR은 일반 대중을 대상으로 기업 활동 전반을 홍보하는 반면, IR은 주식 시장에서 기업의 우량성을 확보하기 위해 투자자만을 대상으로 기업의 활동 정보를 제공한다.

어닝시즌(Earning season)

기업이 분기별 또는 반기별 실적을 발표하는 시기를 말한다. 기업은 1년에 네 차례 실적을 발표하고 이를 종합해 반기와 연간결산보고서를 발표한다. 어닝시즌은 대개 12월 결산법인들의 분기 실적이 발표되는 1월 중순부터 주주총회일까지를 기준으로 말한다.

어닝쇼크(Earning shock), 어닝서프라이즈(Earning surprise)

어닝쇼크는 어닝시즌에 기업이 발표한 영업 실적이 시장의 예상보다 훨씬 저조해 주가에 충격을 주는 경우이다. 어닝서프라이즈는 영업 실적이 예상보다 높아 주가가 큰 폭으로 상승할 가능성이 있는 경우를 말한다.

부채비율(Debt ratio)

부채비율은 기업의 자산 중 부채가 얼마나 차지하고 있는지를 나타내는 비율로 기업 재무 구조, 특히 타인자본 의존도를 나타내는 대표적 경영 지표다. 부채비율이 높다는 것은 자기자본 대비 부채가 많다는 의미이므로 재무 구조가 나쁘다고 판단한다. 부채비율은 부채 총액을 자기자본으로 나눈 뒤 100을 곱해 산출한다.

$$부채비율 = \frac{타인자본(부채총계)}{자기자본(자본총계)} \times 100$$

이자보상비율(Interest Coverage Ratio)

이자보상비율은 기업의 채무 상환 능력을 나타내는 지표다. 영업이익으로 차입금 이자를 갚을 능력이 얼마나 되는지 보여주는 지표로, 높을수록 이자 상환 능력이 높다는 의미다. 이자보상비율이 1이면 영업 활동에서 창출한 돈을 이자비용으로 다 쓴다는 의미이고, 1보다 크면 기업이 자체 수익으로 이자비용을 부담하고도 추가 이익을 낼 수 있다는 것을 뜻한다. 1보다 낮다면 영업 활동으로 이자비용조차 감당할 수 없으니, 이자를 지급하기 위해 다시 자금을 차입해야 하는 상황이다.

$$이자보상비율 = \frac{영업이익}{이자비용} \times 100$$

유동비율(Current ratio)

유동자산의 유동 부채에 대한 비율로 기업이 보유하는 지급 능력, 또는 그 신용 능력을 판단하기 위해 쓰인다. 유동비율이 높을수록 기업의 재무 유동성이 크다는 것을 의미한다. 즉, 높은 유동비율은 단기 지급 능력이 높다는 말이다.

$$유동비율 = \frac{유동자산}{유동부채} \times 100$$

당좌비율(Quick ratio)

현금·예금·매출채권, 유가증권 등으로 구성된 당좌자산을 외상매입금·단기차입금 등의 유동부채 합계액으로 나누어서 얻은 비율이다. 이 비율이 높을수록 단기 지급 능력(유동성)이 높다는 것을 의미한다.

$$당좌비율 = \frac{당좌자산}{유동부채} \times 100$$

현금비율(Cash ratio)

현금 즉시 지급 능력을 판단하는 '현금 및 현금성 자산'이 유동부채 대비 얼마나 되는지를 나타내는 비율로, 높을수록 유동성이 좋다고 판단한다.

$$현금비율 = \frac{현금 및 현금성 자산}{유동부채} \times 100$$

시가총액(Aggregate value of listed stock)

보통 '시총'이라고 불리며, 상장주식을 시가로 평가한 총액이다. 시장가치 기준에 대비한 기업 규모의 크기로 시가총액이 클수록 기업 가치 규모가 크다는 것을 의미한다. 쉽게 말하면 상장된 기업의 총 주식의 가치이다.

$$시가총액 = 발행 주식수 \times 현재 주가$$

자본잠식(Impaired capiral)

기업의 적자 누적으로 잉여금이 마이너스가 되면서 자본총계가 납입자본금보다 적은 상태를 말한다. 부분자본잠식은 자본총계가 마이너스는 아니지만 자본총계가 납입자본금보다 적은 경우를 말하며, 완전자본잠식은 부채총계가 자산총계보다 많아 자본총계가 마이너스 되는 경우를 말한다.

ROI (총자본순이익률, Return On Investment)

총자본인 부채·자본총계 금액 대비 당기순이익이 어느 정도인지 나타내는 비율로 높을수록 수익성이 좋다고 판단한다.

$$총자본순이익률 = \frac{당기순이익}{총자본} \times 100$$

ROA (총자산순이익률, Return On Assets)

기업의 총자산에서 당기순이익을 얼마나 올렸는지 나타내는 비율로, 특정 기업이 자산을 얼마나 효율적으로 운용했느냐를 보여 준다. 높을수록 좋은 평가를 받는다.

$$총자산순이익률 = \frac{당기순이익}{총자본} \times 100$$

ROE (자기자본순이익률, Return On Equity)

투입한 자기자본이 얼마만큼의 이익을 냈는지 나타내는 지표로, 대표적인 수익성 지표다. 만약 자기자본순이익률(ROE)이 10%이면 10억 원을 투자해서 1억 원의 이익을 냈고, 20%이면 10억 원을 투자했을 때 2억 원의 이익을 냈다는 의미다. 자기자본순이익률(ROE)은 높을수록 자기자본에 비해 그만큼 당기순이익을 많이 내면서 효율적인 영업 활동을 했다는 뜻으로, 주가 상승으로 이어질 수 있다.

매출액영업이익률(Operating income tosales)

기업의 주된 영업 활동에 의한 성과를 판단하는 잣대로 활용된다. 영업이익은 매출액에서 매출 원가를 빼고 얻은 매출 총이익에서 일반 관리비와 판매비를 뺀 것으로, 순수하게 영업을 통해 벌어들인 이익을 말한다. 높을수록 본연의 사업에 대한 수익성이 높다고 판단한다.

$$\text{매출액영업이익률} = \frac{\text{영업이익}}{\text{매출액}} \times 100$$

매출액순이익률(Ratio of net profit to net sales)

매출액 대비 당기순이익이 어느 정도인지 나타내는 비율로 높을수록 최종 수익률이 높다고 판단해 배당 능력이 높음을 의미한다.

$$\text{매출액순이익률} = \frac{\text{당기순이익}}{\text{매출액}} \times 100$$

기업을 한눈에 파악하는 재무제표

재무건전성을 판단하는 재무상태표

　재무제표의 일부를 구성하는 재무상태표는 자산, 부채, 자본으로 이루어지며 말 그대로 기업의 재무 상태를 보여주는 표다. 예전에는 양대 재무제표라고 하면 대차대조표와 손익계산서를 지칭했는데, 대차대조표는 국제회계기준(IFRS)의 도입으로 재무상태표로 이름이 변경되었다. 재무상태표는 기업이 가진 재산과 채무가 어느 정도인지 일목요연하게 보여준다. 기업의 재산은 회계 용어로 '자산'이라고 하며, 갚아야 할 채무는 '부채'라고 한다. 자산에서 부채를 빼면 주주가 가져갈 수 있는 몫이 되는데, 이를 '자본' 혹은 '순자산'이라고 부른다.

　재무상태표를 보면 자산은 왼쪽, 부채와 자본은 오른쪽에 있다. 자산은 차변, 부채와 자본은 대변 항목이라고 하며, 왼쪽과 오른쪽 금액의 합은 반드시 일치한다. 쉬운 예를 통해 재무상태표를 이해해 보자.

10억 원짜리 아파트를 구매했을 때, 내가 가진 돈이 4억 원뿐이라면 나머지 6억 원은 은행 대출 등의 방법을 통해 융통해야 한다. 내 돈 4억 원과 남의 돈(은행 대출) 6억 원을 빌려 10억 원짜리 아파트를 샀다면, 나의 재산은 총 얼마나 되는 것일까? 10억 원이라고 말할 수 있을까? 10억 원 중 6억 원은 빚이기 때문에 나의 순수한 재산은 4억 원이라고 하는 것이 정확하다. 즉 재무상태표로 표현하면 다음과 같다.

자산 10억 원	**부채 6억 원**
	자본 4억 원

우리가 기업에 투자한다는 것은 기업의 자산이 아니라 자본에 대한 권리를 갖는다는 의미이다. 자산에서 부채를 뺀 자본(순자산)에 대한 권리를 일정하게 쪼개어 놓은 것이 주식이다. 투자자 입장에서는 투자하는 기업의 자산도 중요하지만, 자본이 얼마나 성장하느냐에 더욱 주목해야 한다. 어떤 기업의 재무상태표를 봤을 때 매년 자산은 증가하지만, 자본이 줄어든다면 부채가 그만큼 늘고 있다는 의미이기에 투자에 앞서 왜 부채가 늘어나고 있는지, 어떤 성격의 부채인지 반드시 확인할 필요가 있다.

재무상태표가 세부적으로 어떻게 구성되는지 알아보자. 우선 자산은 유동자산과 비유동자산으로 구분할 수 있다. 유동자산은 영업 활동 과정에서 1년 이내에 현금으로 회수되는 자산이며 보유 기간은 1년 이내다. 비유동자산은 영업 활동이나 자산 매각으로 1년 이후 장기간에 걸쳐 현금으로 회수되며, 1년 이상 장기 보유하는 자산을 말한다.

유동자산에는 당좌자산과 재고자산이 있는데, 당좌자산이 재고자산보다 현금화가 빠르다. 유동자산이 같은 규모의 두 기업이 있다면, 당좌자산 비중이 더 큰 기업의 유동성이 더 높다고 판단한다.

〈재무상태표의 구성〉

자산	유동자산 – 1년 이내 현금화 – 보유 기간 1년 이내	당좌자산 (현금, 예금, 매출채권, 미수금 등)	유동부채 – 1년 이내 상환 부채	부채
		재고자산 (제품, 상품, 원자재 등)	비유동부채 – 1년 이후 상환 부채	
	비유동자산 – 1년 이후 현금화 – 1년 이상 장기 보유	투자자산 (대부분 비영업적 자산, 부동산 등)	자본금 자본잉여금 이익잉여금 기타포괄손익누계액 자본조정	자본
		유형자산 (토지, 건물, 기계장치, 차량 등)		
		무형자산 (상표권, 영업권, 특허권 등)		
		기타 비유동자산		

　부채는 유동성 판단을 위해 1년 이내 상환이냐 1년 이후 상환이냐에 따라 유동부채와 비유동부채로 구분된다. 부채 중 유동부채가 많을수록 유동성이 나쁘다고 판단한다. 부채는 상환일이 오면 반드시 갚아야 하므로 기업의 유동성에 문제가 발생할 수 있다. 예를 들어 1년 이내에 갚아야 하는 빚이 300억 원이라고 한다면, 1년 이내에 변제해야 하는 빚이니 이것은 유동부채다. 기업은 어떻게 해서든 1년 안에 300억 원을 마련해 돈을 갚아야 한다. 갚지 못하면 부도가 난다. 만약 이 회사의 유동자산이 500억 원이라면 어떨까? 부도 걱정은 하지 않아도 된다. 그런데 유동자산이 200억 원밖에 없다면 나머지 100억 원은 각종 자본 조달 방법을 통해 만들어내야 한다. 하지만 유동성이 나쁜 기업에게 돈을 빌려줄 금융기관이나 투자자를 찾는 게 쉬운 일은 아닐 것이다.

　그렇다면 기업이 자본을 조달하는 방법에는 어떤 것들이 있을까? 자본 조달 방식은 크게 3가지로 볼 수 있다. 첫 번째는 은행 차입이나 회사채 발행의 '부채를 통한 조달', 두 번째는 '주주들의 출자금', 마지막으로 '이익잉여금'의 방식이다. 여기서 이익잉여금을 조금 더 살펴보자. 기업이 매년 발생한 이익을 전부 배당한다면 이익잉여금은 남아있지 않다. 하지만 이익잉여금을 전부 배당하지 않고 일부를 회사에 남겨두면, 이 자금으로 새로운 사업을 하거나 미래를 대비할 수 있으니 주주들이 새롭게 출자한 것이나 마찬가지의 효과가 발생한다. 그래서 이익잉여금은 주주들의 출자금 형태의 자본 조달 방식과 크게 다르지 않다.

자본 조달 측면에서는 부채와 자본 구성 비중을 면밀히 살펴봐야 한다. 부채를 지나치게 많이 쓰는 기업보다는 자기자본 비중이 높은 기업이 당연히 재무 안정성이 높다. 그리고 기업의 자본 중에서 주주들이 출자한 비중과 이익을 내서 잉여금으로 조성한 자본의 비중을 확인해 잉여금을 통한 자본 조달 비중이 높은 재무건전성이 좋은 기업에 투자하는 것이 바람직하다.

유상증자와 무상증자

증자는 발행 주식수의 증가를 의미한다. 증자에는 유상증자와 무상증자가 있는데, 증권시장에서 이 둘의 효과는 다르게 나타난다. 자본금이 너무 작아서 유동성에 문제가 있는 기업이라면 무상증자를 통해 발행 주식수를 증가시키는 것이 가능한데, 이때 무상증자는 시장에서 호의적으로 받아들이는 경향이 있다.

기업들은 기업 운영을 위해 대출, 채권 발행, 자본금 조달 등 여러 방법을 선택하는데, 이중 기업이 가장 선호하는 방법은 자본금 조달인 유상증자다. 유상증자는 원금과 이자 상환의 부담이 없어 중장기적인 전략 사업에 투자할 때 유용하다. 유상증자의 결과는 회사가 발행한 전체 주식 수가 늘어나 주가가 떨어지기 마련이다. 그렇다고 유상증자는 무조건 주가 하락이라는 공식이 성립하는 것은 아니다. 오히려 호재로 작용하는 경우도 있다. 예를 들어 신사업, 특히 사업의 성공 가능성이 높고 유망한 곳에 투자하기 위한 유상증자라면 시장에서 좋은 반응을 이끌어낼 수도 있다는 의미다. 다만 시설 투자나 운영 자금 마련을 위해 빈번하게 유상증자를 하는 경우라면 주식 가치 희석화 효과로 주가에 악영향을 미칠 수도 있다.

다음 A 기업의 재무상태표를 보고, 이 기업의 현재 상황과 투자 가치를 생각해보자. 우선 재무상태표에서 자산 증가 추이를 살펴볼 필요가 있다. 앞서 설명했듯이 투자자는 자산보다는 자본의 추이를 면밀히 봐야 한다고 했지만, 자산이 증가한 기업이 있다면 어떤 자산이 얼마나 증가했는지 파악하는 것도 매우 중요한 일이다. 자산이 증가한 만큼 현금 지출이 이뤄진 것이니 과다한 자산 증가로 현금 부족 현상이 발생할 수도 있다.

일반적으로 어떤 자산이든 자산이 증가하면 자산 증가분만큼 현금이 감소한다. 시설을 구축했다면 그 대가로 현금이 지출되며, 원재료나 제품 등 재고자산이 증가했다면 원재료 취득 지출이나 제품 생산 관련 재료비나 인건비 등의 경비 지출이 발생해 현금이 감소한다. 매출채권이 증가하였다면 매출채권이 발생하기까지 생산 관련 재료비, 인건비, 판매 관련 영업비나 물류비 등이 지출되었으나 아직 현금이 회수되지 않은 상태다. 자산의 증가 중에서는 매출채권 증가를 가장 나쁜 자산 증가로 판단한다. 유형자산이나 재고자산은 실물자산 가격이 상승할 수도 있지만, 매출채권은 화폐성 자산으로 가격 상승은 없고 대손 가능성만 있기 때문이다.

〈A 기업의 재무상태표〉

(단위: 억 원)

	2019/12	2020/12	2021/12
자산	100	125	210
유동자산	40	50	70
비유동자산	60	75	140
부채	10	30	180
유동부채	6	12	100
비유동부채	4	18	80
자본	90	95	30

A 기업의 재무상태표를 보면서 투자자들은 어떤 판단을 내릴 수 있을까? 만약 자산의 규모만 따지는 투자자가 있다면, 이 기업은 2년 만에 자산이 2배 가까이 늘었기 때문에 성장성이 매우 뛰어나다고 판단할 수도 있다. 하지만 단순히 자산 규모만을 보고 회사의 성장성이나 재무건전성을 판단해서는 안 된다.

앞서 설명한 유동과 비유동을 떠올려보면, 자산 중에서 유동자산이 많을수록 현금화가 빠르니 좋다고 판단했고, 부채는 유동부채가 많으면 1년 이내에 갚아야 하는 빚이기에 기업 입장에서는 매우 부담스러운 부채라고 했다. 그리고 유동자산을 유동부채로 나눈 것을 '유동 비율'이라고 하는데, 유동 비율은 회사의 안정성을 판단할 때 자주 활용한다.

A 기업의 유동 비율을 살펴보자. 2021년 말 유동자산은 70억 원이고, 유동부채는 100억 원이다. 즉 1년 안에 현금화할 수 있는 돈은 70억 원인데, 갚아야 할 돈은 100억 원이라는 말이다. 이 상태가 유지되면 30억 원이 부족하게 된다. 2019년 말과 2020년을 살펴보면, 둘 다 유동부채보다 유동자산이 훨씬 크다. 매우 안정적이고 건전한 재무구조를 보였다. 그런데, 2021년이 되면서 이 기업은 부채 비율이 급증했고, 부채 중에서도 유동부채의 비중이 높아지며 1년 만에 매우 불안정한 재무구조를 보인다.

A 기업의 사례에서도 알 수 있듯이, 단순히 자산의 규모나 증가만으로 기업의 안정성과 재무건전성을 판단하면 안 된다. 자산은 순자산인 자본뿐만 아니라 언젠가는 갚아야 할 부채를 포함하고 있기 때문이다. 더군다나 유동부채의 비율이 높다면 유동성이 좋지 않다는 판단을 내리는 것이 바람직하다.

재무상태표를 분석할 때 몇 가지 유용하게 활용할 수 있는 지표가 있다. 이 지표들이 전년 대비 개선되고 있는지, 동종 업계에 비해 좋은지 등을 분석하면 투자할 때 큰 도움이 된다. 첫 번째로 유동비율($\frac{유동자산}{유동부채} \times 100$)이 있다. 유동비율은 유동자산을 유동부채로 나눈 값인데, 유동비율은 높을수록 좋다고 평가한다. 만약 유동비율 1미만의 기업이 있고, 자금 조달 대책이 뚜렷하지 않다면 투자를 고려할 때 그런 기업은 제외하는 것이 좋다.

두 번째로 부채비율($\frac{부채총계}{자본총계} \times 100$)이다. 당연히 부채 비율은 낮을수록 좋다. 차입금비율($\frac{총차입금}{자본총계} \times 100$)도 고려 대상인데, 차입금은 타인자본을 통한 자금 조달이기 때문에 이 비율도 낮을수록 좋다. 반면 현금비율($\frac{현금 및 현금성 자산}{유동부채} \times 100$)과 이익잉여금비율($\frac{이익잉여금}{자본총계} \times 100$), 자기자본비율($\frac{자본총계}{부채 \cdot 자본총계} \times 100$) 등은 높을수록 재무건전성이 뛰어나다고 평가할 수 있다.

이처럼 재무상태표를 분석하는 여러 유용한 지표가 있지만, 나는 지표를 활용하면서도 '순자산가치(자본총계)'를 가장 중요한 기준으로 삼고 기업의 투자 가치를 판단한다. 즉, 기업의 순자산가치를 자본총계로 보고 자본총계 대비 시가총액이 얼마나 높고 낮으냐에 따라 주가의 고평가·저평가 유무를 따지는 것이다.

재무상태표의 자본총계는 특정 회계법인이 객관적 자료를 토대로 가치를 산정한 것인데, 이는 부동산에서 보면 감정평가액과 같다. 감정평가도 우리가 담보 대출 및 경매가를 산정할 때 특정 감정평가법인이 객관적인 자료를 토대로 산정한다. 일반적으로 부동산에서 감정평가액보다 낮게 나온 매물이 있다면 당연히 저렴하다고 생각한다.

주식투자에서 감정평가와 비슷한 것이 자본총계이며, 자본총계 대비 시가총액이 낮게 형성되어 있으면 당연히 저렴하다고 판단한다. 하지만 부동산에서도 경매가 지속해서 유찰되는 경우가 있듯이 주식에도 자본총계 대비 시가총액이 낮게 형성된 종목이 수익을 내지 못하고 관리 종목 가능성이나 각종 악재에 얽혀있어 시가총액이 낮게 형성될 수 있다. 그러니 여러 측면에서 문제의 소지를 따져보고 저평가된 종목을 선택한다면 좋은 결과를 낼 것이다.

주식 고수되는 깨알 정보 **BW와 CB 발행과 투자 판단**

신주인수권부사채(BW)와 전환사채(CB)는 기업 입장에서 매우 유용한 자본 조달 방식이다. BW와 CB는 주식으로 전환할 수 있는 조건이 붙은 회사채다. 이런 특수 사채를 가진 투자자는 신주 전환 가격이 주가보다 낮을 때 주식으로 전환해서 시세 차익을 확보할 수 있고, 채권 발행 후 1년이 지나면 주식으로 전환할 수 있는 권리가 부여된다. 만약 주가보다 전환 가격이 낮으면 주식으로 전환하지 않고 채권 이자만 받을 수도 있다. 주식으로 전환되는 사채이기 때문에 일반 회사채보다는 이자율이 낮은 편이다.

신주인수권부사채와 전환사채는 둘 다 채권 형식으로 발행되고, 주식 전환 권리가 있다는 점에서는 비슷하다. 하지만 전환사채는 주식으로 전환될 때 채권이 주식으로 전환되기 때문에 부채가 전환 금액만큼 감소하고 자본이 그만큼 증가하는 반면, 신주인수권부사채는 주식으로 전환할 때 사채는 그대로 있고 신주를 인수하는 만큼 별도의 주식 대금을 내고 행사하기 때문에 채권은 그대로 남는 점이 다르다.

기업들은 BW와 CB를 자본 조달에 자주 활용하는데, 어떤 이점이 있어 이런 특수 사채 발행을 선호하는 것일까? 일단 BW와 CB는 주식으로 전환할 수 있는 권리를 부여하기 때문에 사채 발행 이율이 낮은 편이라 기업 입장에서는 금융 비용을 줄일 수 있다. 또 사채가 주식으로 전환될 경우 자기자본이 증가하면서 재무구조가 좋아지는 효과를 얻을 수 있다. 그런데 기존 주주 입장에서는 특수 사채가 주식으로 전환되면서 자본금이 증가하고 발행 주식수도 증가하기 때문에 기존 주주의 주식 가치는 희석된다. 또 대량으로 주식 전환 청구가 일어나면 주가는 수급 악화로 하락하는 경우도 있다.

그래서 투자자들은 BW와 CB를 발행한 기업에 투자할 때 그 내용을 면밀히 확인할 필요가 있다. 기업이 이런 특수 사채를 발행한다는 것은 금융기관이나 일반 회사채 발행을 통한 자금 조달이 여의찮다는 것을 의미하기 때문이다. 즉 재무 상태가 좋지 않을 수도 있다는 말이다. 또 BW와 CB 발행 후 1년이 지나면 사채가 주식으로 대량 전환되면서 주가를 지속해서 누를 수도 있기 때문에 특수 사채를 발행한 기업에 투자할 때는 신중해야 한다.

손익계산서로 경영 성과를 따져보다

기업 실적 발표가 다가오면 투자자들은 긴장할 수밖에 없다. 물론 기업의 실적은 대체로 예상되기 때문에 주가에 미리 반영된 경우가 많지만, 어닝쇼크나 어닝서프라이즈로 이어질 때도 있어 투자자들은 기업의 실적 발표를 눈여겨보게 된다. 그런데 여기서 기업의 실적은 무엇을 말하는 것일까?

주식투자를 하는 사람들은 기업의 실적을 대개 매출액과 영업이익을 기준으로 판단한다. 매출액이 커졌다는 것은 기업이 소비자에게 상품이나 서비스 판매를 활발히 해서 기업의 규모가 커졌다는 의미고, 영업이익이 늘었다는 것은 기업이 순수하게 영업을 통해 벌어들인 이익이 커졌다는 것이니 기업 경영을 효율적으로 했다는 의미로 받아들인다.

그런데 기업의 경영 성과를 단순히 매출액과 영업이익의 증감으로 판단하는 것은 무리가 있다. 전기(전년) 대비 얼마나 증가했고 감소했는지도 중요하지만, 매출액과 영업이익이 어떤 과정을 통해 발생했는지가 훨씬 중요하다. 똑같은 매출액, 영업이익을 내는 두 기업이 있다고 해도 그 실적이 도출되기까지의 내용은 확연히 차이가 난다. 그런 차이에 경영성과의 비밀이 숨겨져 있다. 그래서 투자자들은 재무제표를 제대로 읽을 수 있어야 하며, 특히 기업의 경영성과 지표인 손익계산서를 정확히 해석하고 분석할 수 있어야 한다. 주식투자자에게 꼭 필요한 손익계산서에 대한 기본 내용을 살펴보자.

손익계산서는 일정 기간 기업이 벌어들인 이익 혹은 손실을 기록한 표다. 기업은 자본을 조달해서 영업을 위해 각종 자산에 투입하고, 그 영업 활동의 결과는 손익계산서에 나타난다. 재무상태표가 특정 시점의 자산 구성을 보여주는 것이기에 스톡(stock)

이라고 한다면, 손익계산서는 일정 기간 영업활동 결과를 보여 주기에 플로우(flow)라고 한다.

손익계산서를 보기 전에 반드시 구분해야 할 개념을 먼저 살펴보자. 바로 '수익'과 '이익'이다. 사람들은 대개 수익과 이익의 의미를 구분하지 않고 혼용해서 사용한다. 하지만 회계에서는 이 둘의 개념을 명확히 구분해서 사용해야 한다. 수익은 총금액을 지칭하는 말이고, 이익은 순액(純額)을 말한다. 예를 들어, 내가 가방을 만들어 파는 사람이라고 해 보자. 가방 하나를 만들기 위해 8만 원이라는 돈을 썼고, 이 가방을 10만 원에 팔았다면 수익과 이익은 각각 얼마일까? 수익은 총액이니 10만 원이고, 수익에서 가방을 만들기 위한 비용에 해당하는 8만 원을 빼고 남는 돈인 2만 원이 이익이 된다. 그래서 손익계산서를 읽을 때 영업수익이라고 하면 기업의 매출액을 뜻하고, 영업이익이라고 하면 영업수익(매출액)에서 영업비용을 차감한 금액을 말한다.

손익계산서는 간단히 말해서 수익과 비용 그리고 수익에서 비용을 뺀 이익 간의 관계를 보여주는 표다. 물론 손익계산서에는 '수익, 비용, 이익'으로 단순하게 나열되어 있지는 않다. 하지만 수익과 비용, 이익의 관계를 정확히 알고만 있어도 손익계산서를 어렵지 않게 읽고 해석할 수 있다.

다음 표에서 보는 것처럼 손익계산서에는 영업 활동 영역과 영업 외 활동 영역으로 구분해 수익과 비용을 기록한다. 영업 활동을 통해 얻은 수익을 영업수익이라고 하고, 이자수익이나 배당금 수익 등 영업 외적 활동으로 얻은 수익을 영업외수익이라고 한다. 그런데 영업수익과 영업외수익의 구분은 업종마다 다르다. 예를 들어 기업이 돈을 빌려주고 이자를 받는다면 제조업이나 서비스업에서는 영업외수이이 되지만, 기업의 업종이 은행이나 대부업이라면 영업수익이 된다.

비용은 수익을 내기 위해 지출한 돈을 말한다. 제품을 생산한다면 재료비가 들어갈

제 17기	(주) 000상사
수익(매출액)	
매출원가	
매출총이익	영업 활동
판매비와 관리비	
영업이익(손실)	
기타 이익	
기타 손실	
금융수익	영업 외 활동
금융원가	
지분법손익	
법인세 비용 차감 전 순이익(손실)	
법인세 비용	
당기순이익(손실)	

것이고, 기계나 설비 등을 사용하는 것에 대한 비용(감가상각비)도 들 것이다. 그리고 종업원이 있다면 인건비, 차입금이 있다면 이자비용도 들어간다. 이렇게 회사가 지출한 모든 돈을 비용이라고 하고, 비용도 영업 활동을 위한 비용을 영업비용(재료비, 감가상각비, 인건비 등), 차입금에 대한 이자비용 등은 영업외비용이라고 한다.

매출액에서 매출 원가를 빼면 매출총이익이 되고, 여기에 판관비(판매비와 관리비)를 차감하면 영업이익이 나온다. 영업이익에 영업외수익과 영업외비용을 가감하면 법인세 비용 차감 전 순이익이 되고, 법인세 비용을 반영하면 당기순이익이 나온다.

이 외에도 기타포괄손익이라는 것이 있는데, 이는 실제 손익계산서에는 포함되지는 않지만 자본을 증가시키거나 감소시키는 항목이다. 손익계산서 상의 이익은 이익잉여금의 증감을 발생시키지만, 기타포괄손익은 이익잉여금이 아닌 다른 자본 계정을 증감한다고 볼 수 있다. 대표적인 예로 유형자산재평가이익이 있다. 이것은 기업이 보유한 토지 등을 공정가치 평가를 해서 재무제표에 반영하지만, 토지가 처분된 것이 아닌 미실현 이익이기 때문에 기타포괄손익으로 반영해 둔다.

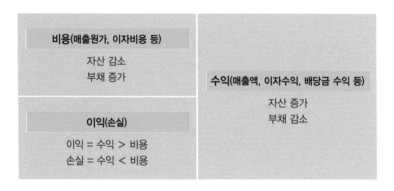

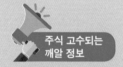

기업의 수익과 투자 판단

기업의 대표적인 수익은 매출액이다. 전년 대비 매출액 정도를 기준으로 투자자들은 투자 판단을 하곤 한다. 하지만 단순히 매출액이 증가했다는 것만으로 투자를 결정해서는 안 된다. 비용적인 측면을 고려한 이익의 추이나 성격도 봐야 한다. 매출 증가는 대체로 이익 증가로 이어지는데, 반드시 그런 것만은 아니다. 매출과 이익에 따라 투자자는 어떤 판단을 내려야 할지 간단히 알아보자.

매출 증가 + 이익 증가(증수증익)

매출과 이익 두 항목이 모두 증가한 경우다. 이 경우에는 이익률의 변화를 유심히 봐야 하는데, 매출 증가율이 5%이고, 이익 증가율이 10%라면 영업이익률이 높아지고, 반대의 경우라면 영업이익률이 낮아진다. 매출과 이익이 동시에 증가한 기업 중에서도 매출 증가율보다 이익 증가율이 높아 영업이익률이 증가하는 기업이 가장 좋다. 매출은 증가했지만, 이익률이 낮아졌다면 매출원가율이 상승했는지, 고정비 부담이 증가했는지 확인해야 한다.

매출 감소 + 이익 감소(감수감익)

매출이 감소해서 이익도 감소한 경우다. 이런 경우라면 투자자는 신중하게 접근해야 한다.

매출 증가 + 이익 감소(증수감익)

매출 증가로 기업의 덩치는 커졌지만, 이익으로 이어지지 못했으니 효율적인 경영을 하지 못한 경우다. 시장점유율을 확대하려는 기업에서 종종 나타나는데, 설비투자를 끝낸 상황에서 생산에 들어가기 시작할 때 증수감익이 나타나기도 한다. 신제품 출시로 매출은 증가했지만, 감가상각비 등 고정비용이 크게 작용했기 때문이다. 이런 기업은 매출이 지속해서 증가할 것이라는 판단이 든다면, 설비시설의 가동률이 높아지는 시점에 주목해 투자를 판단하는 것이 좋다.

매출 감소 + 이익 증가(감수증익)

덩치는 줄었지만 이익이 증가했다는 것은 비용 관리를 잘했다는 의미로 읽힌다. 매출이 감소하는 여러 요인을 일단 파악해야 한다. 경기가 침체하였다든가, 경쟁사에 시장 잠식을 당했다든가 하는 여러 요인이 있을 수 있다. 비용 통제에서는 판관비를 관리했는지, 원가율이 개선되었는지 등을 살펴볼 필요가 있다. 이익이 증가해서 무조건 긍정적인 판단을 내리는 것보다는 매출이 감소한 이유를 살피고 투자 판단을 하자.

다음 B 기업의 손익계산서를 읽어 보자.

손익계산서를 보면 1년 동안 B 기업은 10,000,000원의 매출을 올렸고, 영업이익을 3,000,000원이나 남겼다. 영업이익률($\frac{영업이익}{매출액} \times 100$)이 무려 30%로 많은 이익을 남긴 것이다. 여기에 감가상각비를 고려해 EBITDA를 계산해 보면 4,000,000원이고, 비율로 따지면 40%에 달한다. EBITDA는 '세전·이자 지급 전 이익' 혹은 '법인세 이자 감가상각비 차감 전 영업이익'을 말하는 것으로, 기업의 실가치를 평가하는 대표적인 수익성 지표다. EBITDA를 통해 기업의 수익 창출 능력을 알 수 있다. 하지만 투자자는 이 손익계산서만 보고 당장 투자 결정을 내려서는 안 된다. 물론 이 기업이 대단한 성과를 낸 것은 맞지만, 전년도에는 어떤 성과를 냈는지 지속적인 성장이 가능한지 등도 고려해야 한다. 예를 들면 IT기업이나 제조업같이 기술 개발이 중요한 기업이라면 판매비와 관리비를 자세히 들여다봐야 한다. 즉, 연구·개발비가 지속해서 지출되고 있는지, 시설투지에도 꾸준히 투자되고 있는지 파악해야 한다는 의미다. 이를 통해 바로 다음에 살펴볼 현금흐름표에서 감가상각비용과 비교해 연구·개발비와 시설투자비가 감가

손익계산서	(주)B사
2020년 1월 1일부터 2020년 12월31일까지	
수익	
매출	10,000,000
비용	
재료비	2,000,000
감가상각비	1,000,000
급여	3,000,000
기타비용	1,000,000
영업이익	3,000,000
이자비용	500,000
법인세비용	100,000
당기순이익	2,400,000
기타포괄손익	
유형자산재평가이익	1,000,000
총포괄이익	3,400,000

상각비 이상 투자되고 있다면 긍정적인 기업이라고 판단할 수 있다.

손익계산서는 일정 기간 기업이 얻은 수익과 그와 관련한 각종 원가와 비용을 상세히 보여 주고, 실제 얻은 이익을 투자자가 이해하기 쉽도록 정리해서 보여 준다. 손익계산서로 투자자들은 기업의 경영 성과를 기간별, 동종 업계별로 다양하게 비교·분석해서 투자 판단을 내릴 수 있다.

영업이익과 당기순이익

투자 판단에 있어서 영업이익과 당기순이익 중에 어떤 것이 더 중요할까? 결론부터 얘기하자면 손익계산서를 판단하는 정보 이용자가 누구냐에 따라 달라질 수 있고, 개인의 판단 기준에 따라 다를 수도 있다. 하지만 이 둘의 차이를 명확히 알고 있으면 기업의 현 상황과 미래를 예측할 수 있는 안목이 길러진다.

영업이익은 기업이 순수하게 돈을 벌기 위해서 영업 활동을 통해 벌어들인 이익을 말한다. 컵을 만드는 회사라면 컵을 만들어서 판매하고 벌어들인 이익의 합계이고, 노트북을 만드는 회사라면 노트북을 만들어 판 것으로 벌어들인 이익이다. 당기순이익은 똑같은 사업을 하고 영업이익이 같은 두 회사가 있다고 하더라도, 기업 운영을 위한 조달 자금의 구성 내역 등의 차이로 당기순이익은 다를 수 있다. A 기업과 B 기업은 똑같이 자동차를 판매하고 영업이익도 같지만, A 기업은 자기자본이 더 많고 B 기업은 타인자본이 더 많은 상태로 사업을 시작했다면 B 기업의 이자비용 부담이 A 기업보다 훨씬 클 것이다. 이자비용은 영업외비용으로 반영되기에 당연히 B 기업은 A 기업보다 당기순이익이 적을 수밖에 없다.

즉 영업이익은 기업 본연의 사업과 관련해 얻은 이익이고, 당기순이익은 기업의 사업뿐만 아니라 재무구조와 사업 환경 등 모든 상황이 반영된 이후 남은 이익이라고 볼 수 있다. 투자자 입장에서는 아무래도 당기순이익도 판단의 고려 대상이 될 것이고, 채권자 입장에서는 이자보상배율을 계산하는 데에 필요한 영업이익이 더 중요할 수 있다. 하지만 무엇보다 영업이익이나 당기순이익도 전년과 대비해 어떻게 변화하고 있는지 읽고 분석하는 것이 중요하다.

마지막으로 기업 실적에서 매출액과 관련해 대표적인 평가 지표인 PSR(주가매출액비율, Price per Sales Ratio)을 알아보자. PSR은 해당 기업의 가치가 매출의 몇 배인지를 나타내는 지표다. 이 지표는 미국의 유명한 투자자 켄 피셔(Kenneth Fisher)가 1984년에 고안한 개념으로 매출액을 기준으로 기업의 성장성과 미래 가능성을 평가할 수 있다고 했다.

$$PSR = \frac{시가총액}{매출액}$$

순이익을 지표로 삼는 PER와 자산가치 지표인 PBR이 있는데, 이 지표들은 각각 이익이나 자산에 근거를 둔 가치평가 지표이고, PSR은 매출액을 기반으로 계산한다. 피셔는 설비투자나 부채, 연구·개발 비용 등이 반영된 지표인 PER는 일시적으로 변동이 클 수 있지만, 매출액은 그렇지 않다는 점에 주목해 이 지표를 가치평가 방식으로 활용했다. 또 순이익과 자산가치의 원천이 되는 것은 매출액이라고도 했다. 매출액은 순이익의 원천이 되고, 순이익은 다시 기업의 자산 가치를 만드는 이익잉여금 증가로 연결되기 때문이다.

PSR은 저평가 기업을 찾을 때 유용하게 활용된다. 주로 순이익은 적더라도 매출 성장이 높은 성장 기업을 평가하는 데에 자주 사용된다. 시설 규모가 큰 전통적 제조업 기업은 이익이 크지 않아도 높은 매출을 기대해 볼 수 있어 PSR을 적용해 본다. 기업 성장 단계에서 결국 매출액이 증가하는 것이 성장성과 수익성으로 이어질 수 있기에 PSR을 통해 기업을 분석하는 것이다. 이 수치가 낮을수록 매출액에 비해 주가가 낮다는 의미로, 저평가되었다고 본다.

하지만 PSR 지표를 활용할 때 기업의 자본 구조나 이익률 등을 전혀 고려하지 않으면 낭패를 볼 수 있다. 타인 자본을 많이 써서 매출을 늘리려는 기업이라면 경기침체기에 금융 비용 부담 때문에 실적이 크게 악화될 소지도 있다. PSR로는 기업의 자본 구성을 알 수 없기에 자본 구조가 건전한 기업을 투자 고려 대상으로 하는 것이 바람직하다.

현금흐름표로 기업이 보유한 현금을 가늠하다

현금흐름표를 알아보기 전에 중요한 개념 두 가지를 먼저 살펴보자. 간혹 기업 중에 분명 이익은 꾸준히 내고 있는데, 사내에 현금이 없어 흑자도산을 하는 경우가 있다. 이는 현금유출입과 관련이 있고, 이런 현상을 제대로 이해하기 위해서는 현금주의와 발생주의 회계 원칙을 알고 있어야 한다.

현금주의란 말 그대로 현금이 들어오면 '수입', 현금이 나가면 '비용'으로 간주한다는 의미다. 대개 기업이 물품이나 용역 관련 계약을 맺었을 때 바로 현금이 오가는 것은 아니다. 거래 상대방과 어떤 계약을 했느냐에 따라 돈을 지불하거나 받는 시점이 다르고 물품과 용역, 서비스의 종류와 성격에 따라서 돈이 오가는 기간은 차이가 난다. 이런 다양한 경우를 모두 따져서 기업은 모든 계약을 현금주의로 처리할 수 없으니, 발생주의 형태로 회계 처리를 한다.

발생주의 원칙에 따르면 거래 계약과는 별개로, 물품이나 서비스를 제공했다면 회계 기준에 따라 매출이라고 인식하고 청구 대금을 매출채권으로 기록한다. 만약 이를 현금주의 원칙에 따라 처리한다면 물품이나 서비스 제공과 관계없이 돈을 받지 않았기 때문에, 다시 말해서 계약 종결이 아니기에 매출로 인식하지 않는다.

예를 들어 어떤 기업의 손익계산서에 1년간 매출액이 100억 원, 순이익이 20억 원이라고 기록되어 있다고 하자. 이 기업이 지난 1년간 영업을 통해 20억 원의 이익을 낸 것은 맞지만, 사내에 현금이 실제로 20억 원 증가한 것은 아닐 수도 있다. 만약에 매출액 100억 원 중에 외상 매출이 30억 원이 있다면, 이 기업은 1년 동안 영업을 통해 현금을 유입한 것이 아니라 오히려 현금 10억 원이 유출된 것이다. 회계상으로는 이익을 냈지만, 사내에는 현금이 줄어든 현상의 대표적인 경우다. 현금주의와 발생주의를 이해했다면, 이제부터는 현금흐름표가 왜 중요한지 함께 알아보자.

현금흐름표는 일정 기간 기업의 현금이 어떻게 변동되었는지를 보여주는 표로, 현금주의를 원칙으로 한다. 현금흐름표는 기업 활동을 영업 활동, 투자 활동, 재무 활동으로 구분하고 각각의 활동에서 현금이 어떤 변화를 보였는지 일목요연하게 파악할 수 있게 한다.

현금흐름표는 손익계산서와 함께 보면서 비교·분석해야 기업의 상황을 명확히 알 수 있다. 앞서 설명했듯이 손익계산서는 발생주의, 현금계산서는 현금주의를 원칙으로 하기 때문이다. 손익계산서로 기업의 1년간의 영업 성과를 알 수 있었다면, 현금흐름표에서는 그 이익의 질적인 측면, 즉 부실 매출이 있는지 그리고 차입금을 갚을 여력은 되는지 등 손익계산서에서 확인했던 수치를 보완하는 의미가 있다. 손익계산서상에는 이익이 많다고 해도 영업 현금 흐름이 크지 않다면 이익의 질은 좋지 않다고 평가할 수 있다. 그리고 기업이 실제로 얼마나 현금을 보유하고 있고, 매년 얼마나 현금이 들어오고 나가는지는 투자자나 채권자에게 매우 중요한 정보다.

영업 활동을 통해 벌어들인 현금은 기업의 투자 활동 근간이 된다. 투자재원을 내부에서 조달할 수 있는 능력을 현금흐름표에서 확인할 수 있는 것이다. 그리고 영업 활동을 통해 조달한 현금은 투자뿐만 아니라 투자를 하고 돈이 남아야 주주에게 배당도 할 수 있고 차입금 상환이나 이자를 지급할 수 있다. 그래서 영업 활동에서 현금흐름이 좋은 기업이 앞으로의 전망도 밝다고 예상할 수 있다.

〈삼성전자 현금흐름표〉

연결 현금흐름표
제 52 기 2020.01.01 부터 2020.12.31 까지
제 51 기 2019.01.01 부터 2019.12.31 까지
제 50 기 2018.01.01 부터 2018.12.31 까지

(단위 : 백만원)

	제 52 기	제 51 기	제 50 기
영업활동 현금흐름	65,287,009	45,382,915	67,031,863
영업에서 창출된 현금흐름	68,148,810	56,635,791	78,025,064
당기순이익	26,407,832	21,738,865	44,344,857
조정	41,618,554	37,442,682	43,604,573
영업활동으로 인한 자산부채의 변동	122,424	(2,545,756)	(9,924,366)
이자의 수취	2,220,209	2,306,401	1,788,520
이자의 지급	(555,321)	(579,979)	(548,272)
배당금 수입	243,666	241,801	215,992
법인세 납부액	(4,770,355)	(13,221,099)	(12,449,441)
투자활동 현금흐름	(53,628,591)	(39,948,171)	(52,240,453)
단기금융상품의 순감소(증가)	(20,369,616)	(2,030,913)	(12,368,298)
단기상각후원가금융자산의 순감소(증가)	184,104	(818,089)	(1,436,844)
단기당기손익-공정가치금융자산의 순감소(증가)	1,704,512	374,982	(139,668)
장기금융상품의 처분	12,184,301	4,586,610	255,850
장기금융상품의 취득	(8,019,263)	(12,725,465)	(7,678,654)
상각후원가금융자산의 처분	1,023,117	694,584	0
상각후원가금융자산의 취득	0	(825,027)	(158,716)
기타포괄손익-공정가치금융자산의 처분	32,128	1,575	16,211
기타포괄손익-공정가치금융자산의 취득	(245,497)	(63,773)	(456,134)
당기손익-공정가치금융자산의 처분	39,746	64,321	80,138
당기손익-공정가치금융자산의 취득	(84,184)	(135,826)	(193,848)
관계기업 및 공동기업 투자의 처분	0	12,149	148
관계기업 및 공동기업 투자의 취득	(83,280)	(12,778)	(51,226)
유형자산의 처분	376,744	513,265	556,973
유형자산의 취득	(37,592,034)	(25,367,756)	(29,556,406)
무형자산의 처분	7,027	7,241	11,935
무형자산의 취득	(2,679,779)	(3,249,914)	(1,020,517)
사업결합으로 인한 현금유출액	(49,420)	(1,019,405)	(99,108)
기타투자활동으로 인한 현금유출입액	(57,197)	46,048	(2,289)
재무활동 현금흐름	(8,327,839)	(9,484,510)	(15,090,222)
단기차입금의 순증감(감소)	2,191,186	865,792	(2,046,470)
자기주식의 취득	0	0	(875,111)
장기차입금의 차입	14,495	0	3,580
사채 및 장기차입금의 상환	(864,947)	(709,400)	(1,986,597)
배당금의 지급	(9,676,760)	(9,639,202)	(10,193,695)
비지배지분의 증감	8,187	(1,700)	8,071
매각예정분류	(139)	0	0
외화환산으로 인한 현금의 변동	(833,861)	595,260	94,187
현금및현금성자산의 순증감	2,496,579	(3,454,506)	(204,625)
기초의 현금및현금성자산	26,885,999	30,340,505	30,545,130
기말의 현금및현금성자산	29,382,578	26,885,999	30,340,505

구분	현금 유출	현금 유입
영업 활동	매입 및 매입 채무 지급 재화 및 용역 공급자 대금 지급 급여 지급 법인세 납부	현금 판매 및 매출채권 회수 선수금, 선수수익의 수입
투자 활동	유무형의 자산 취득 금융자산 취득 대여금 대여	유무형의 자산 처분 금융자산 처분 대여금 회수
재무 활동	사채 상환 차입금 상환 유상감자 자기주식 취득	사채 발행 차입금 차입 주식 발행 주주 현금 증여 배당금 지급

현금흐름표 투자 활동 영역에서는 영업 활동을 통해 벌어들인 현금을 어떤 투자로 활용했는지 한눈에 확인이 가능하다. 설비투자를 했는지, 유가증권이나 회원권 등을 취득할 때 얼마를 지불했는지도 알 수 있다. 투자 활동은 기업의 미래를 준비하는 행위이기에 지속적인 기술 및 설비투자가 이루어져야 미래에 수익을 가져올 수 있다. 즉 투자자들은 기업의 투자 활동 현금흐름을 보고 기업의 미래 지속가능성을 점쳐볼 수 있다. 잉여자금을 현금으로 보유하는 것보다 수익성이 높은 자산에 투자하거나 연구·개발 등에 투자하는 기업이 바람직하다.

그리고 기업은 재무 활동을 통해 빌린 돈을 갚거나 부족한 자금을 충당한다. 예를 들어, 기업은 신규 투자를 위해 사채를 발행하거나 유상증자를 할 수도, 건물이나 토지 등을 담보로 금융기관으로부터 차입을 할 수도 있다. 이 같은 기업의 재무 활동 현금흐름을 보면, 회사의 자금 조달 능력이나 상환 가능성을 분석하는 데에 유용하다. 여기서 투자자들이 유심히 살펴야 할 것은 기업이 자금 조달을 위해 금융기관의 차입이나 회사채를 발행하는지, 아니면 BW나 CB 등 특수채권을 발행하는지 확인하는 것이다. 특수채권은 주주가치를 훼손시키기 때문에 기업의 신용으로 자금을 조달하는 것이 더 바람직하다.

현금흐름표의 직접법과 간접법

현금흐름표는 작성법에 따라 직접법과 간접법으로 나눌 수 있다. 둘 다 투자 활동과 재무 활동으로 인한 현금흐름 작성법은 같지만, 영업 활동으로 인한 현금흐름 작성 방법이 다르다. 직접법은 현금을 수반해 발생한 수익이나 비용 항목을 총액으로 표시하고 현금유입액은 원천별로, 현금유출액은 용도별로 분류한다. 직접법으로 영업 활동 현금흐름을 작성하면 어떤 용도로 현금이 나가고 들어왔는지 알 수 있다. 반면 간접법은 손익계산서상의 당기순이익에서 영업 현금흐름과 관련이 없는 손익을 제거하고 영업 활동과 관련한 자산과 부채의 증감을 가감해 계산하다. 직접법 현금흐름표처럼 일일이 계정 과목별로 찾아서 분류하는 번거로움 없이, 간접법은 손익계산서의 당기순이익에서부터 시작한다.

현금흐름표는 대부분 간접법으로 작성된다. 직접법은 현금유출입 정보가 장부에서 바로 확인되지 않기에 작성도 매우 번거로울 뿐만 아니라 현금흐름에 많은 영업 정보가 들어 있어 기업들이 꺼리는 방법이다. 그래서 투자자들은 간접법으로 작성된 현금흐름표에 익숙해질 필요가 있다.

다음 A 기업의 예를 통해 현금흐름표를 이해해 보자.

〈A 기업의 현금흐름표〉

(단위: 억 원)

구분	2018년	2019년	2019년	2021년
영업 활동으로 인한 현금흐름	(50)	45	(120)	(210)
투자 활동으로 인한 현금흐름	(100)	(70)	(110)	(90)
재무 활동으로 인한 현금흐름	120	300	200	150
현금 증감	(7)	197	(100)	(60)
기초 현금	10	3	200	100
기말 현금	3	200	100	40
영업 손익	80	200	210	190

A 기업의 경영 성과를 보면, 지난 4년간 영업이익이 꾸준히 발생했고 총액은 680억 원에 달한다. 그런데 실적과는 달리 영업 활동으로 이 기업이 순수하게 유입한 현금은 전혀 없는 상태다. 오히려 4년 동안 누적으로 무려 335억 원이나 마이너스를 기록했다. 재무 활동으로 매년 돈을 유입하고 있는데, 이는 차입일 가능성이 커서 적자를 누적시키고 경영 상태를 더 불안정하게 만드는 요소다.

A 기업은 손익계산서상으로는 영업이익을 꾸준히 발생시키고 있지만, 실제 현금흐름을 통해서 파악하면 내실이 없는 기업이라는 것을 알 수 있다. 투자자가 대표적 경영성과인 손익계산서뿐만 아니라, 현금흐름표를 확인해야 하는 이유는 이런 사례에서도 충분히 확인할 수 있다. 손익계산서는 발생주의 원칙으로 작성되기에 실제 현금의 흐름을 알 수 없다는 한계가 있는데, 현금주의의 현금흐름표가 이를 보완할 수 있는 요소로 작용한다. 그래서 어떤 기업이 전망이 밝아 보이지 않은데 손익계산서가 매우 훌

륭하다면 투자자는 반드시 현금흐름표를 확인해야 한다.

그렇다면 어떤 형태의 현금흐름을 보이는 기업이 투자 가치가 있는 회사라고 할 수 있을까? 투자자 입장에서는 우선 영업 활동 현금흐름 항목을 유심히 살펴야 한다. 영업 활동으로 인한 현금흐름이 (+)가 아니라 (−)를 기록하고 있다면, 비효율적인 경영 활동으로 적자를 내고 있을 확률이 높다.

투자 활동으로 인한 현금흐름으로는 단순히 수치의 양과 음으로만 기업의 상황을 정확히 파악하기는 어렵다. 기업의 투자 활동은 크게 영업 활동 투자(설비투자, 개발비 등)와 비영업 활동 투자(금융자산 투자, 부동산 투자 등)로 나눌 수 있는데, 가장 중요한 투자는 기업의 미래가치를 향상시키는 설비투자다. 설비투자는 대규모 자금이 투입되는 경우가 많아 투자 활동 현금흐름이 (−)를 기록할 여지가 크다. 투자 활동이 (+)가 되는 것은 대부분 기존 투자자산을 매각하는 경우다. 자산을 축소하는 것은 미래에 유입될 현금흐름을 줄일 여지가 크기에 긍정적으로만은 볼 수 없다. 정리하자면, 투자 활동에서는 기술개발 투자로 (−)를 기록하면 긍정적인 시그널로 볼 수 있지만, 그렇다고 투자 활동에 지나치게 많은 돈이 들어가는 기업은 유심히 살펴야 한다. 투자자는 기업의 규모나 사업의 전망 등을 고려해 투자 활동을 분석해야 한다.

마지막으로 재무 활동으로 인한 현금흐름은 기업의 자본 활동에 따른 현금의 변동을 기록한 항목으로 수치의 양과 음으로 기업을 정확히 판단하기는 어렵지만, 주주의 입장에서는 (−)가 더 좋을 수 있다. 만약 차입금이 증가한다면 그 빌린 돈을 어디에 어떻게 활용하느냐에 따라 다르겠지만, 일단 차입금은 이자를 지급해야 하고 만기에 상환해야 하므로 재무적 관점에서 보면 기업의 재무건전성을 악화시킨다. 그리고 자금을 외부에서 계속 조달한다는 것은 기업의 금융비용 부담이 커지는 것이고 이는 주주에게도 부담을 줄 수 있다.

현금흐름별 기업의 상황 진단

	투자 활동 현금흐름(+)	(A) 재무 활동 현금흐름(+)
영업 활동 현금흐름(+)		(B) 재무 활동 현금흐름(−)
	투자 활동 현금흐름(−)	(C) 재무 활동 현금흐름(+)
		(D) 재무 활동 현금흐름(−)

현금흐름을 면밀히 분석하면 투자자들은 그 기업의 상황을 어느 정도 유추해볼 수 있다. 여기에는 영업 활동으로 인한 현금 유입이 있는 기업의 예만 제시했다. 물론 신생기업이나 매우 적극적으로 신제품을 개발 투자하는 기업이라면 영업 활동에서 현금 유입이 없을 수도 있지만, 안정적인 투자를 위해서는 영업 활동으로 인한 현금흐름이 (+)일 때가 좋기에 그 경우만을 분석해봤다.

(A): 이 기업은 영업 활동에서 현금이 들어오고 있으면서 금융자산이나 유휴 설비를 매각하고, 증자를 하거나 차입금을 늘리는 경우다. 만약 투자자산을 매각하고 있다면 현재 사업 규모를 축소할 수 있고, 돈을 빌려 현금을 유입하는 것으로 보아 신규 사업 진출을 위한 투자 계획을 세우고 있을 수도 있다.

(B): 영업 활동과 투자 활동에서 현금이 유입되고, 재무 활동에서는 현금이 나가고 있다. 이 기업은 금융자산이나 유무형 자산을 매각하면서 현금을 만들고 있는 것으로 보

이는데, 그 돈으로 차입금을 상환하거나 주주에게 배당할 경우 이런 유형이 나타난다. 재무구조를 강화하고 있는 기업으로 분석된다.

(C): 영업 활동과 재무 활동을 통해 현금을 유입시키고 있다. 반면 투자 활동에서는 현금을 쓰고 있는데, 공격적인 경영으로 대규모 투자를 감행하고 있을 가능성이 높다. 투자 활동이 설비 및 개발 투자로 들어가고 있다면 미래 성장성이 높은 기업이라고 분석할 수 있다.

(D): 우량 기업의 전형적인 모습이다. 영업 활동으로 현금을 창출하고 투자 활동에 현금을 투입하면서 동시에 남은 현금으로 차입금을 상환하고 주주에게 배당도 하는 이상적인 현금흐름을 보여 주고 있다.

나는 현금흐름표를 분석할 때, '기말현금 및 현금성 자산'에 주목한다. 회사에 유입되거나 지출된 현금흐름의 결과는 기말현금 및 현금성 자산에 기록된다. 즉 이 기업의 순현금이 어느 정도인지 알려 주는 것이다. 현금성 자산이 많은 기업일수록 경기에 큰 영향을 받지 않고 버틸 수 있는 체력이 존재한다는 뜻이다. 일반적으로 기말현금 및 현금성 자산은 기업의 1년간 영업이익 이상을 보유한 기업이 좋다. 그래야 단기적으로 실적이 악화되더라도 어느 정도 버틸 수 있는 체력이 있다. 만약 기업의 현금성 자산이 없는 상태에서 조금이라도 재무 상태가 악화할 경우에는 단기 차입, 전환사채, 유상증자 등이 갑자기 이루어지면서 주가에 악영향을 줄 수 있다. 그렇기 때문에 기말현금 및

〈이라이콤 현금흐름표〉

항목	2016/12 (IFRS연결)	2017/12 (IFRS연결)	2018/12 (IFRS연결)	2019/12 (IFRS연결)	2020/12 ➕ (IFRS연결)	전년대비 (YoY)	2021/09 ➕ (최근분기)	전분기대비 (QoQ)	전년동기대비 (YoY)
영업활동으로인한현금흐름	521.4	-221.7	-321.8	724.4	309.2	-57.3	-203.7	-2,597.0	-1,024.4
당기순이익	28.8	-156.6	82.3	-5.9	82.8	1,513.6	17.8	530.2	-78.2
법인세비용차감전계속사업...									
➕ 현금유출이없는비용등가산	255.1	273.1	198.7	145.0	254.1	75.2	37.5	51.0	-26.1
➕ 현금유입이없는수익등차감	107.2	91.8	59.7	54.8	50.5	-7.9	48.8	431.8	1,571.6
➕ 영업활동으로인한자산부채...	440.7	-236.0	-527.6	669.6	63.5	-90.5	-210.2	-1,635.5	-102.9
*영업에서창출된현금흐름	617.3	-211.3	-306.4	753.9	349.9	-53.6	-203.7	-975.4	-888.4
이자수입									
이자지급(-)									
배당금수입									
배당금지급(-)									
법인세환입									
법인세납부(-)	-96.0	-10.4	-15.4	-29.5	-40.8	-38.2	-0.0	99.8	99.3
중단사업관련현금흐름									
*(직접법)총현금유입	-								
*(직접법)총현금유출									
투자활동으로인한현금흐름	55.0	-13.5	-37.1	-13.4	-326.2	-2,331.3	22.2	168.0	138.4
➕ 투자활동현금유입액	180.2	8.0	1.1	1.5	108.0	7,088.1	21.7	-9.6	1,939,578.5
➕ 투자활동현금유출액	137.5	33.2	56.1	32.4	443.7	1,270.1	0.7	-98.9	-98.9
이자수입	12.2	7.1	8.1	13.2	8.8	-33.7	1.0	-7.5	-48.8
이자지급(-)									
배당금수입	0.1	4.6	9.7	4.2	0.7	-83.1	0.1	-58.9	-23.6
배당금지급(-)									
법인세환입									
법인세납부(-)									
중단사업관련현금흐름									
재무활동으로인한현금흐름	-90.9	-130.4	-12.4	-234.3	-55.1	76.5	-6.5	91.7	-86.8
➕ 재무활동현금유입액	22.4	4.6	183.8	43.2	1.7	-96.1			
➕ 재무활동현금유출액	23.8	36.1	167.0	227.2	42.7	-81.2	6.2	23.1	100.4
이자수입									
이자지급(-)	-4.3	-5.1	-4.9	-1.5	-1.9	-28.1	-0.3	-38.9	22.2
배당금수입									
배당금지급(-)	-85.3	-93.8	-24.4	-48.7	-12.2	75.0			
법인세환입									
법인세납부(-)									
중단사업관련현금흐름									
영업투자재무활동기타현금...									
연결범위변동으로인한현금...									
환율변동효과	-64.6	-53.3	0.5	9.0	-40.3	-550.4	18.0	1,316.0	335.4
현금및현금성자산의증가	420.9	-418.8	-370.8	485.7	-112.5	-123.2	-170.1	-63.1	-263.7
기초현금및현금성자산	793.4	1,214.3	795.5	424.7	910.4	114.4	739.0	-12.4	7.0
기말현금및현금성자산	1,214.3	795.5	424.7	910.4	797.9	-12.4	569.0	-23.0	-11.7

현금성 자산은 꼭 확인해야 하는 항목이기도 하다. 간혹 잘 나가던 회사가 급격하게 실적이 악화되면서 상황이 안 좋아졌지만, 이전에 쌓아둔 현금성 자산 덕분에 잘 버티면서 주가의 반등도 만들어내는 경우가 있다.

앞 페이지의 이라이콤 기업의 현금흐름표를 살펴보자.

중국 기업들의 공세로 LCD패널 가격이 급락하자, LCD패널 백라이트유닛을 만드는 이라이콤도 과거의 영광을 뒤로한 채 급격하게 경영이 악화되기 시작했다. 하지만 이전에 현금을 많이 쌓아 둔 덕에 급격한 실적 악화에도 잘 견뎌냈고, 신사업에 적극적으로 진출하면서도 버텨낼 수 있는 체력이 있었다. LCD 사업이 급격하게 악화될 2016년 무렵, 이라이콤의 기말현금 및 현금성 자산은 1,214억 원이었다. 이후 주가가 곤두박질치고, 2020년 3월 시장 하락과 함께 2,200원까지 주가가 밀렸는데, 이때 시가총액은 268억 원일 때였다. 그런데 이때 이라이콤의 2019년 현금성 자산은 910억 원이었다. 그러니 상당히 저평가 구간이라는 것을 누가 봐도 알 수 있는 상황이었다. 그런 후 주가는 9개월 만에 17,000원까지 상승력이 나오면서 대 상승을 만들었다. 이처럼 기말현금 및 현금성 자산으로도 기업의 저평가 유무와 갑작스러운 기업의 악재 가능성까지 가늠할 수 있기에 꼭 확인해야 할 항목이다.

재무제표,
아는 만큼 보이고
보이는 만큼 번다

PER의 신화와
정확한 활용법

지금까지 주식투자를 할 때 나름의 기준과 원칙이 없으면 실패할 확률이 높다고 강조했다. 투자의 원칙이라고 말하면 초보 투자자들은 항상 어렵게 접근하려는 경향이 있다. 물론 투자에 대한 학습과 모의투자 등을 통해 자신만의 투자 철학을 만들어갈 필요도 있지만, 투자를 하는 사람들에게 가장 기본적으로 통용되는 원칙도 있다. 바로 '싸게 사서 비싸게 파는 것'이다. 솔직히 투자에 있어서 그 이상의 원칙도 없을 것이다. 그런데 여기서 '싸다'라는 의미는 무엇일까? 주당 가격이 100원인 종목과 1,000원인 종목이 있다면 100원인 주식이 더 싼 것일까? 결코 그렇지 않다.

주식투자에 있어서 '싸다'라는 의미는 반드시 '가치'와 비교해서 판단해야 한다. 가격과 가치를 비교했을 때 가격이 가치에 앞서 있다면(가격 > 가치) 그 종목은 '비싸다'라고 판단할 수 있고, 반대의 경우(가격 < 가치)에는 '싸다'라고 평가할 수 있다. 그래서 투

자자들은 바로 가치를 어떻게 구할 것인지, 또 어떻게 분석할 것인지에 대해 관심을 가져야 한다. 투자자마다 가치 평가에도 나름의 기준이 있겠지만, 정확히 알아야 기준과 원칙도 마련할 수 있는 법이다. 가치에 대한 평가 없이 '무작정' 투자하는 것, 남들이 하니까 나도 하는 것은 투기와 다름없다. 진정한 주식투자를 통해 만족스러운 수익을 내기 위해서는 주식의 가치를 평가하는 몇 가지 주요한 잣대를 이해해야 하고, 또 실전에 적용할 수 있어야 한다.

주식투자를 시작하면 가장 많이 듣는 용어 중 하나가 'PER(Price Earning Ratio, 주가수익비율)'이다. PER는 주식의 가치를 평가하는 대표적인 방법으로 가격(price)과 이익(earning) 간의 비율(ratio)을 따져 해당 주식의 가격이 비싼지 싼지 판단하는 것이다. PER가 주식 분야에서 신화와 같은 지표가 된 데에는 세계적인 가치투자자들의 영향이 크다. 이들은 PER를 고려해 투자해서 큰돈을 벌었고, 그 영향 탓인지 지금도 대부분 증권사 리포트를 보면 PER를 통해 기업의 가치를 평가한다. 가령 PER가 100배인 종목이 있다면 고평가라고 판단하여 매매에 신중하라고 하고, PER가 5배 이하인 종목이라면 기업의 사업 내용과 상관없이 저평가라고 판단해 호의적으로 받아들이는 경향이 있다.

그렇다면 PER가 도대체 무엇이기에 투자 판단의 기준으로 삼는지 자세히 알아보자. 기업이 벌어들이는 이익에 비해 주가가 저평가되어 있는 종목을 찾을 때 PER가 주로 활용되는데, PER는 기업의 주가를 주당순이익(EPS)으로 나눈 값이다. 즉, 기업의 주식 1주가 벌어들이는 수익력이 시장에서 얼마의 가격으로 평가되는지 알 수 있는 지표가 PER이다. 여기서 EPS는 당기순이익을 발행한 총 주식수로 나눈 값이기 때문에 일회성 수익이 당기순이익에 많이 반영되었을 때는 왜곡이 발생할 수 있다는 점도 알아야 한다. 또 PER는 시가총액을 당기순이익으로 나눈 값으로도 산출할 수 있다.

PER가 높다는 것은 현재 기업의 당기순이익을 고려했을 때 주가가 고평가되어 있다는 말이고, PER가 낮다는 말은 당기순이익 대비 현재 주가가 저평가되어 있다는 의미다. 예를 들어 주가가 10,000원이고 주당순이익이 1,000원이라면 PER는 '$\frac{10,000}{1,000} = 10$'이 되는데, 여기서 10의 의미는 이 종목에 투자하면 10년이면 원금을 회수하고 11년째부터 수익이 생겨난다는 뜻이다. PER가 5라면 어떻게 분석할 수 있을까? 10,000원짜리 주식의 주당순이익이 2,000원이라는 의미로, 이 종목을 샀을 때 5년이면 원금을 회수할 수 있다는 말이기도 하다. 그래서 PER가 낮을수록 원금 회수 기간이 짧고 위험에 노출되는 기간이 줄어들기 때문에 다른 조건이 비슷하다면 PER가 낮은 주식에 투자하는 것이 현명하다.

또 PER는 기업이 벌어들이는 순이익 대비 현재 시가총액으로도 나타낼 수 있는데(시가총액/순이익), 가령 어떤 기업의 시가총액이 1,000억 원이고, 순이익이 100억 원이라면 PER는 10이 된다. 시가총액은 시장에서 판단하는 기업의 가치인데, 순이익이 100억 원인 기업을 1,000억 원을 주고 살 수 있다는 의미다. 10년이 지나면 투자한 돈을 순이익으로 뽑아낼 수 있다는 말이기도 하다. 만약 이 기업과 동종업계에 있으면서 순이익이 같고 시가총액이 2,000억 원인 기업이 있다면 어떻게 판단할 수 있을까? PER가 20이 되고 순이익 100억 원인 기업을 2,000억 원을 주고 산다는 의미다. 또 순이익으로 투자한 돈을 회수하려면 20년이 걸린다. 그러니 가치투자자라면 당연히 회수 기간이 짧은 PER가 낮은 기업을 선택할 것이다.

하지만 PER가 낮다고 해서 무조건 투자 가치가 있다고 판단해서는 안 된다. 쿠팡도 상장 초기 PER가 100을 넘었지만, 투자 가치가 없는 기업이라고 평가하지는 않았다. 또 예를 들어 2021년 KRX 건설업종 평균 PER는 12 정도였고, 헬스케어는 110이 넘었다. PER로만 따지면 투자자들은 고평가되어 있는 헬스케어 종목은 투자를 피해야 하고, 건설업종에는 투자를 해야 마땅하다. 하지만 정말 그럴까?

여기서 PER의 한계가 드러난다. PER는 현재 가치를 측정하는 데에는 탁월할지 몰라도, 성장에 대한 기대가 반영되어 있지 않아 PER로만 투자 여부를 판단하는 것은 지양해야 한다. 헬스케어는 대표적인 성장주로 현재보다는 미래에 초점이 맞춰져 있고, 현재의 당기순이익보다는 미래에 발생될 순이익이 주가에 이미 반영되어 있다. 그래서 PER의 값을 평가할 때는 먼저 해당 기업이 성장주인지 확인하고, 동종 기업의 PER와 비교한 PER 값 기준으로 상대적 평가를 해야 한다.

그리고 PER는 시가총액을 순이익으로 나눈 값으로 기업의 재무 상태를 정확히 반영하지 못한다. 우량주와 부실주를 놓고서도 오로지 순이익이라는 기준으로 비교될 뿐이다. 부채가 200%인데 PER가 10인 A 기업과 부채가 20%이면서 PER가 80인 B 기업이 있는데, 무조건 PER가 낮은 A 기업에 투자하는 것이 바람직한 선택이 아니다. 기업의 재무 상태를 고려하지 않고 단순히 PER로만 판단해서 투자를 하면 큰 낭패를 볼 수 있으니 주의하자.

또 PER를 계산할 때 시가총액이 분자가 된다는 점도 생각해야 한다. 시가총액이 감소하면 당연히 PER 값도 낮아진다. 순이익에 상관없이 주가가 하락하면 저PER가 될 수도 있다는 말이다. 결국 PER는 기업의 재무 상태나 성장성과 상관없이 오로지 이익을 얼마나 창출하는지만 보여주는 지표이다. 그러니 이익과 상관없이 주가가 빠지면 저PER가 된다는 점도 알아야 하고, 경기민감주 PER는 시장에서 대체로 낮게 적용받는다는 점도 알아야 한다.

이처럼 PER는 투자 판단의 근거를 제공하고 투자자들이 가장 주목하는 지표 중 하나다. 그러나 앞서 설명했듯이 PER는 재무 상태와 미래 성장에 대한 기대감을 정확히 반영하지 못한다는 한계도 있다. 그래서 PER의 한계를 보완하기 위해 등장한 지표가

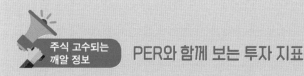
PER와 함께 보는 투자 지표

PER는 대표적인 가치 투자의 투자 지표로 이익을 기준으로 주가를 평가하는 지표다. PER와 더불어 주식 가치를 측정하면 좋은 지표로는 PBR과 PCR, PSR 등이 있다. PBR은 장부가치(book value), PCR은 현금흐름(cash flow), PSR(sales)은 매출액을 척도로 주식의 가치를 평가한다.

PBR(Price Book value Ratio, 주가순자산비율)은 주가를 1주당 순자산으로 나눈 값으로, 주가가 순자산에 비해 1주당 몇 배로 거래되고 있는지를 측정하는 지표다. 기업의 재산은 장부에 자산으로, 빚은 부채로 기재되는데 자산에서 부채를 빼고 나면 주주들의 몫인 자본이 된다. 이것이 바로 주주가 보는 기업의 가치다. 가격과 장부 가치를 비교해 가격이 싼지 비싼지 판단하는 것이 PBR이다. PBR이 낮을수록 기업의 성장력, 수익력이 높다는 의미이고, 시장에서 저평가되고 있다고 판단할 수 있다.

$$PBR = \frac{주가}{주당순자산가치}$$

현금의 흐름으로 주식의 가치를 평가하는 지표로는 바로 PCR(Price Cashflow Ratio, 주가현금흐름비율)을 활용한다. PCR은 주가를 주당현금흐름으로 나눈 값으로, 현재 주가가 기업의 자금 조달 능력에 비해 어떻게 평가되고 있는지를 판단할 수 있는 지표다. 현금흐름이란 기업이 실제 지출할 수 있는 돈을 의미하는데, CPS는 기업의 현금흐름을 총 발행 주식수로 나눈 값을 말한다. CPS가 높을수록 운용할 수 있는 자금이 많다는 의미로 해석된다. PCR은 현금흐름 파악이 어려운 성장산업보다는 이미 성장이 되어 안정적인 기업을 분석할 때 자주 활용한다. PCR이 낮을수록 가치가 있다고 평가한다.

$$PCR = \frac{주가}{주당현금흐름(CPS)}$$

PSR(Price Sales Ratio, 주가매출비율)은 주가를 주당매출액으로 나눈 값으로 기업의 성장성을 판단할 때 주로 활용된다. 벤처기업이나 바이오 기업은 장부상의 가치도 낮고, 이익도 크지 않으며, 현금흐름도 없어서 앞에 나와 있는 지표로 가치를 평가하기에는 무리가 있다. 그래서 이 기업이 어떻게 돈을 벌어 매출을 내는지 보여주는 지표가 있는데, 이것이 바로 PSR이다. PSR은 주가가 주당매출액에 비해 높으면 1 이상, 낮으면 1 미만으로 나타낸다. PSR 값이 낮을수록 기업이 저평가되었다고 판단한다.

$$PSR = \frac{주가}{주당매출액}$$

PEGR(Price Earning to Growth Ratio, 주가이익성장배율)이다.

월가의 전설적 투자자 피터 린치는 '가장 관심 받는 산업, 가장 화제의 기업'의 주식은 피해야 한다고 강조했다. 이러한 종목에는 투자자들의 관심이 집중되어 있어 투기적으로 매수하려는 경향이 높고, 이렇게 되면 PER가 높게는 100배에 이르기도 해서

옥석을 가려내기 힘들다. 그래서 피터 린치는 PER의 단점을 보완하기 위해 PEGR이라는 개념을 도입했는데, PEGR은 PER를 연평균 EPS 증가율(이익증가율)로 한 번 더 나눈 값이다. 여기서 EPS 증가율은 보통 3년을 적용하고, 미래 EPS 추정이 가능하다면 내년 EPS를 산출하고 예상 EPS 증가율을 반영하기도 한다. 쉽게 말해 PEGR은 현재 PER와 미래 이익성장률을 동시에 고려하는 지표다.

구분	PER	EPS 증가율	PEGR(= PER/EPS 증가율)
A 기업	10	10%	1
B 기업	20	40%	0.5

예를 들어 PER가 10인 A 기업과 20인 B 기업이 있다고 해 보자. PER로만 따지면 수치가 낮은 A 기업이 저평가되어 있다고 판단할 수 있다. 하지만 단순히 PER만이 아니라 이익증가율까지 함께 고려해보면, 투자 판단은 달라질 수 있다. A 기업은 매년 10%씩 성장하는데, B 기업은 같은 기간에 40%씩 성장했다. 이익증가율은 4배이지만, PER는 2배 수준에 머물기 때문에 오히려 B 기업이 A 기업보다 저평가되어 있다고 판단할 수 있다.

PEGR을 활용하는 이유는 연평균 이익 성장이 거의 없는 만년 저PER 주식에 투자해서 저조한 성과를 얻는 것을 방지하기 위해서다. PEGR을 고안한 피터 린치는 통상적으로 PEGR이 0.5 미만인 기업은 이익이 증가하는 것에 비해 저평가된 주식이라고 판단했다. 반면 PEGR이 1.5 이상인 기업은 고평가되어 있어 매도를 권했다고 한다.

지금까지 가치평가에서 가장 널리 활용하는 PER에 대해 알아보았다. 주식을 평가할 때는 절대 한 가지 기준, 잣대로 평가해서는 안 된다. 물론 PER가 1주당 벌어들이는 수익력으로 투자에 있어 중요한 판단 기준이 될 수 있지만, PER에는 재무 상태나 미래의 성장에 대한 기대감 등이 반영되어 있지 않아 다른 요소들을 종합적으로 고려해야 정확한 판단을 할 수 있다.

우선 경쟁사, 동종업계의 PER를 비교하는 것이 중요하다. 경쟁 기업의 PER를 동종업계나 시장 전체 평균 PER와 비교해볼 필요도 있다. 이때는 단순 비교에만 그칠 것이 아니라 투자를 고려한 기업의 재무 상태 등도 전반적으로 분석해야 한다.

그리고 PER가 높을 때는 매수에 신중해야 한다. 앞서 설명했듯이 PER가 높은 기업도 이익증가율을 고려하면(PEGR) 투자 가치가 있을 수 있지만, 이런 성장주 투자는 기업의 이익증가율이 주춤하거나 사소한 악재가 터지면 주가가 크게 하락할 위험성도 있다. 그래서 성장주 투자는 주가의 높은 변동성을 반드시 고려해야 한다. 또 투자할 종목의 과거 PER의 움직임을 살펴봐야 한다. 최소 10년 동안의 최저, 최고, 평균 PER 수준을 확인한 후, 평균 PER의 하위 수준에서 매수하는 것이 안전하다.

워런 버핏이 ROE에 주목한 이유

주식투자를 할 때 많은 투자자가 매출액증가율, 총자산증가율, 영업이익증가율 등 성장성 지표를 주로 활용한다. 성장성 지표는 기업이 매년 경영 활동을 통해 성장한다는 가정하에 매출과 이익 등이 전년 대비 얼마나 증가했는지를 알 수 있는 수치다. 성장성 지표는 분기별, 매년 발표되는 실적을 바탕으로 전년도와 금년도 실적을 비교하는데, 실적 변화로 주가 흐름을 예측할 수 있어 초심자에게는 쉽게 접근할 수 있는 방법이기도 하다. 그런데 주식투자는 한 가지 잣대만으로 평가하기에는 너무나 다양한 요소가 영향을 미친다. 제대로 된 투자, 수익이 나는 투자를 위해서는 다양한 지표를 고루 분석하는 게 바람직하다. 지금부터 PER와 더불어 투자 판단에 있어 가장 많이 활용되는 몇 가지 수익성 지표를 알아보자.

수익성 지표는 기업의 영업 활동 중에 발생하는 비용을 빼고 얼마만큼의 이익을 낼 수 있는지를 알려 주는 지표로, 수익성이 높다는 것은 그만큼 시장에서 오래 살아남을 수 있다는 의미다.

첫 번째로 살펴볼 수익성 지표는 ROE(Return On Equity, 자기자본이익률)이다. 주주들은 자신이 투자한 돈으로 얼마나 높은 수익을 얻는지 관심을 가지는데, 이때의 이익률을 ROE라고 한다. 기업은 주주가 투자한 자본을 기반으로 영업을 해서 이익을 내고, 이익 중 일부는 배당을 하고 또 남은 돈은 이익잉여금으로 남겨둔다. 자기 자본이 커진다는 것은 주주가치가 증가한다는 것을 의미한다. ROE는 부채를 제외한 자기자본만으로 기업이 얼마나 효율적으로 돈을 벌어들이는지 알 수 있는 지표로, 기업의 수익성을 판단하는 데에 큰 도움이 된다.

$$ROE = \frac{당기순이익}{자기자본} \times 100$$

예를 들어 100억 원의 자기자본으로 설립한 기업이 1년에 10억 원의 순이익을 내고 있다면 10%의 ROE라고 할 수 있고, 당연히 ROE는 높을수록 더 좋은 평가를 받는다. ROE가 높다는 것은 기업의 수익성이 좋다는 의미인 동시에 자산과 부채를 적절히 활용하고 있다고 판단하기 때문이다. 그래서 세계적인 투자자 워런 버핏도 ROE가 높은 기업에 주목했으며, 적어도 매년 ROE를 20%로 유지하는 기업에 투자하라고 권하기도 했다. 그런데 워런 버핏이 말하는 것처럼 ROE를 매년 20% 유지하기란 쉬운 일이 아니다. 계산식에서도 알 수 있듯이 기업이 1년간 벌어들인 당기순이익은 일부가 자기자본으로 쌓이게 되어 분모가 커지기 때문이다. 돈을 많이 벌어 기업의 재산이 늘어난 것이다. 만약 ROE를 꾸준히 20%로 유지한다면 주주들의 자산 가치는 4년 만에 무려 2배로 증가한다.

현실적으로 꾸준히 수익을 내는 기업을 보면, 매년 자기자본은 커지고 당기순이익이 급격히 증가하지 않는 이상 ROE는 매년 비슷한 수준을 나타낼 수밖에 없다. 다른 조건이 같은데 ROE가 전년 대비 높아졌다면 주가는 오를 가능성이 크고, 반대로 낮아졌다면 주가도 함께 하락할 수 있다.

ROE 역시 이 지표 하나로만 판단해 투자를 결정해서는 안 된다. 동일 업종과 비교 분석을 하고 다른 지표도 참고해야 한다. 그 전에 또 다른 수익성 지표인 ROA를 먼저 살펴보자.

ROA(Return On Assets, 총자산순이익률)는 기업이 자산을 얼마나 효율적으로 운영했는지를 나타내는 수익성 지표다. 여기에서의 자산은 자기자본과 타인자본을 합친 개념이다. ROE가 순수하게 자기자본으로 얼마의 수익을 내는지 알아보는 지표라면, ROA는 자신이 조달한 자금과 빌린 자금으로 얼마나 많은 돈을 벌어들였는지 알 수 있는 지표다.

$$ROA = \frac{당기순이익}{총자산(자기자본 + 타인자본)} \times 100$$

총자산에 비해 당기순이익이 높을수록 ROA는 커진다. 투자한 자산보다 벌어들이는 돈이 많다는 것은 그만큼 효율적이라고 말할 수 있다. ROA는 업종별로 편차가 있기 때문에 투자 판단을 할 때는 같은 섹터 내 업종끼리 비교하는 것이 좋다. 또 ROA에는 부채가 포함되어 있어 조선이나 철강업처럼 설비자금이 많이 필요한 업종일수록 낮은 편이다. 만약 조선업을 하는 기업과 IT업을 하는 기업의 ROA를 단순 비교한다면, 당연히 IT기업의 ROA가 상대적으로 높을 수밖에 없다.

〈대우조선해양의 ROA〉

• 단위 : 억원, %, %p, 배 • 분기 : 순액기준

항목	2016/12 (IFRS연결)	2017/12 (IFRS연결)	2018/12 (IFRS연결)	2019/12 (IFRS연결)	2020/12 (IFRS연결)	전년대비 (YoY)
⊕ 매출총이익률	-4.92	13.91	7.79	5.61	5.63	0.02
⊕ 영업이익률	-11.94	6.60	10.63	3.50	2.18	-1.32
⊕ 순이익률	-21.76	5.82	3.32	-0.56	1.23	1.79
⊕ EBITDA마진율	-10.35	7.98	12.03	5.47	4.03	-1.44
⊕ ROE	-279.57	28.12	9.53	-1.22	2.27	3.50
⊕ ROA	-16.43	4.87	2.74	-0.40	0.80	1.20
⊕ ROIC	-21.18	14.30	17.90	5.69	3.20	-2.49

〈카카오의 ROA〉

• 단위 : 억원, %, %p, 배 • 분기 : 순액기준

항목	2016/12 (IFRS연결)	2017/12 (IFRS연결)	2018/12 (IFRS연결)	2019/12 (IFRS연결)	2020/12 (IFRS연결)	전년대비 (YoY)
⊕ 매출총이익률	100.00	100.00	100.00	100.00	100.00	0.00
⊕ 영업이익률	7.93	8.38	3.02	6.73	10.97	4.23
⊕ 순이익률	4.47	6.34	0.66	-11.14	4.17	15.31
⊕ EBITDA마진율	15.70	14.97	8.61	13.86	17.38	3.52
⊕ ROE	1.93	2.91	1.04	-5.81	2.70	8.51
⊕ ROA	1.51	2.11	0.22	-4.09	1.68	5.77
⊕ ROIC	4.08	3.85	-0.57	8.57	10.60	2.03

그런데 투자자들은 투자 판단을 할 때, ROA보다는 ROE를 더 선호하는 경향이 있다. ROA는 부채가 반영된 지표인데, 투자자들은 부채를 제외하고 자기자본으로 얼마나 많은 돈을 버는지 더 궁금하기 때문에 ROE를 투자 판단의 기준으로 선호하는 것이다. 그렇더라도 투자를 할 때는 기업의 ROE만을 고려해서는 안 된다. ROE는 반드시 동일 업종과 비교 분석해야 하고 기업의 부채 수준도 파악하고 있어야 한다.

예를 들어 A 기업의 자본이 100억 원(자기자본 50억 원, 타인자본 50억 원)이고 1년간 10억 원의 순이익을 냈다고 가정해 보자. 이 경우에 ROA(10억 원/100억 원)는 10%고, ROE(10억 원/50억 원)은 20%가 된다. 그런데 A 기업이 사업 확장을 위해 타인자본 400억 원을 빌려 1년간 100억 원의 순수익을 냈다고 해 보자. 이 경우에 ROA(100억 원/500억 원)는 20%고, ROE(100억 원/50억 원)는 200%가 된다.

〈A 기업의 ROA와 ROE의 변화〉

자기자본	타인자본	순수익	지표	변화
50억 원	50억 원 → 450억 원	10억 원 → 100억 원	ROA	10% → 20%
			ROE	20% → 200%

이렇듯 기업의 총자산에서 타인자본의 비율이 높아지면 당기순이익뿐만 아니라 ROE도 높아진다는 점을 알아야 한다. 무조건 ROE가 높다고 투자 가치가 있는 것도 아니고, 재무적으로 건실한 기업이 아닐 수도 있다. 그래서 ROE를 기준으로 투자 판단을 할 때는 동종 업계의 ROE를 비교·분석해야 하고, 기업의 부채 수준 추이와 이에 따른 ROE의 변화도 고려해야 한다.

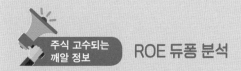

ROE 듀퐁 분석

ROE 듀퐁 분석은 1920년대 듀퐁이라는 화학회사의 ROE를 분석하면서 사용한 분석 모델이다. 기업의 ROE가 만들어지는 과정은 자본 조달에서 자기자본과 타인자본의 구성비율(재무 레버리지), 총자산이 매출을 얼마나 일으키는지(총자본 회전율), 매출이 얼마만큼의 순이익을 만들어내는지(매출액 순이익)에 따라 결정되는데, 이를 종합적으로 분석한 모델을 듀퐁 분석이라고 한다. 이를 바탕으로 ROE 계산식을 살펴보면 다음과 같다.

$$ROE = \underset{\text{(순이익률)}}{\frac{\text{당기순이익}}{\text{매출액}}} \times \underset{\text{(총자본 회전율)}}{\frac{\text{매출액}}{\text{총자산}}} \times \underset{\text{(재무 레버리지)}}{\frac{\text{총자산}}{\text{자기자본}}} = \frac{\text{당기순이익}}{\text{자기자본}}$$

이렇듯 ROE는 '순이익률×총자본 회전율×재무 레버리지'로도 표현할 수 있다. 이런 재무 분석 기법으로 ROE를 바라보면 기업이 어떻게 이윤을 남기는지 세밀하게 분석할 수 있다.

순이익률(당기순이익÷매출액)

기업이 얼마의 매출을 일으켜 얼마나 순수하게 돈을 벌어들였는지 알 수 있는 비율이다. 비용을 잘 통제했다면 이 수치는 높아지고, 이는 곧 '영업 효율성'을 나타낸다.

총자산 회전율(매출액÷총자산)

자산을 얼마나 효율적으로 사용해 매출을 일으키고 있는지 나타낸다. 이를 통해 '자산 이용의 효율성'을 측정할 수 있다.

재무 레버리지(총자산÷자기자본)

자기자본 대비 얼마나 총자산이 증가했는지 알 수 있다. 부채를 많이 쓸수록 레버리지는 올라간다. 기업의 부채 수준을 가늠할 수 있어 '자본 조달의 안정성'을 나타낸다.

ROE는 위 3요소를 곱한 결과이기에 각각의 요소들이 커질수록 ROE 값도 커진다. 그런데 여기서 재무 레버리지에 주목할 필요가 있다. 재무 레버리지로 부채의 크기를 알 수 있는데, 만약 다른 요소는 그대로인데 재무 레버리지를 통한 ROE 상승이라면 부채의 성격을 면밀히 들여다볼 필요가 있다. 부채 비율이 계속 높아지면 재무 구조가 부실화되기 때문에 레버리지 비율은 적정선에서 통제되는 것이 좋다. 즉, ROE를 높이기 위해서는 적절한 레버리지를 통해 이익을 많이 남기고 상품을 많이 팔아야 한다는 결론이 나온다. ROE가 매년 상승하는데, 총자산 회전율과 순이익률 개선에 따른 상승이라면 시장에서는 당연히 좋은 반응이 나올 수밖에 없다.

ROE는 수익성 지표로 활용도가 매우 높고 세계적인 투자자 워런 버핏도 이를 기준으로 투자 여부를 결정했다. 그런데 워런 버핏이 아무리 ROE를 중요하게 여겼다고 해도 ROE만으로 투자 판단은 하지 않았다. 그는 자신이 완전히 이해하지 못한 기업의 주식은 절대 사지 않았다. 자신이 이해하지 못한 기업은 그만큼 투자의 불확실성이 높기 때문이다. 그리고 현실적으로 기업이 ROE를 20% 수준으로 유지하기는 어려운 일이니, 우리는 우리만의 기준을 세울 필요가 있다. 예를 들어, ROE가 들쑥날쑥하기보다는 수치는 낮아도 안정적이면서 매년 지속해서 증가하는 종목을 발굴하는 식이다. 자신이 모르고 예측할 수 없는 기업에 투자하는 것보다 기업의 사업 내용을 면밀히 알고 있고 또 친숙하다면, 자신의 기준으로 그 기업의 ROE를 들여다보는 것은 매우 의미 있는 일이 될 것이다.

감사보고서로 내 돈을 지키자

주식투자의 목적은 돈을 버는 것이다. 그런데 돈을 벌기 위해서는 일단 돈을 지키는 법을 알아야 한다. 단순히 양질의 정보를 잘 얻는다고 해서, 혹은 재무제표를 읽을 줄 안다고 해서 무조건 돈을 지킬 수 있는 것도 아니다. 본격적으로 투자하기 전에 투자자들이 챙겨봐야 할 것들이 의외로 많다. 기업의 사업 내용은 제대로 파악하고 있는지, 투자할 종목의 주가 흐름은 어떤지, 외국인이나 기관의 수급은 어느 정도인지, 실적은 전년도보다 개선되고 있는지, 현금흐름은 좋은지, 재무적으로 안정적인지, 전망이 밝은 사업 영역에 지속적인 연구·개발 투자는 하고 있는지, 시장의 흐름이나 경기 전망은 좋은지 등 돈을 버는 투자를 하려면 종목이라는 나무뿐만 아니라 경제를 전반적으로 아우르는 숲을 보는 안목도 가져야 한다.

우리는 기술적 분석과 재무제표 공부를 통해 나무를 보는 방법을 알아보았다. 지금부터는 나무와 숲을 동시에 파악할 수 있지만, 많은 투자자가 간과하는 대목인 감사보고서에 대해 알아보자.

감사보고서는 기업의 재무 상태나 업무, 전망 등에 대한 감사인의 의견이 담긴 문서로, 재무제표와 함께 금융감독원 '전자공시시스템(dart.fss.or.kr)'에서 확인할 수 있다. 재무제표가 중요성의 관점에서 공정하게 작성되었는지 여부에 대한 감사인의 의견을 보고서 형식으로 볼 수 있는데, 많은 투자자가 감사보고서는 전문적이고 뻔한 내용일 것으로 생각해 그냥 지나쳐 버리고는 한다. 하지만 감사보고서에는 우리가 쉽게 지나칠 수 없는 수많은 기업에 대한 세밀한 정보가 들어 있다. 그리고 기업의 재무제표가 제대로 작성되었는지, 투자자들에게 '이 기업에 투자하는 것은 위험할 수도 있다'라는 것을 알려주는 단서도 제공한다.

간혹 감사보고서를 무시하고 투자했다가 큰 손실을 보는 경우도 있다. 예를 들어, A라는 투자자는 자신이 잘 알지 못하는 상장기업 B의 호재성 풍문을 듣고 무리하게 대출을 받아 투자했다가 B 기업이 상장 폐지되는 바람에 모든 돈을 잃었다고 한다. A는 나에게 '적정의견'이라는 B 기업의 감사보고서까지 읽어봤다고 했는데, 도대체 왜 상장 폐지되었는지 모르겠다며 울분을 토했다.

투자자 A는 큰돈을 투자하는 만큼 감사보고서를 확인하는 정성을 보인 것은 맞다. 하지만 그는 감사의견에서 '적정의견'이 무엇을 의미하는지 제대로 이해하지 못하고, 말 그대로 B 기업이 투자하기에 '적정'하다고 믿고 투자를 했던 것이다. 감사의견에는 '적정의견'이라고 되어 있는데, 왜 B 기업은 상장 폐지되었을까? 지금부터 투자자들이 투자하기 전 감사보고서를 통해 주의 깊게 살펴야 할 4가지에 대해 알아보자.

투자자들은 투자에 앞서 감사보고서의 '감사의견', '계속기업 관련 중요한 불확실성', '핵심감사사항', '강조사항' 등을 면밀하게 살펴볼 필요가 있다. 우선 감사의견은 감사보고서 제일 처음에 나와 있는 부분이다. 감사의견은 '적정의견', '한정의견', '부적정의견', '의견거절' 등으로 명시되는데, 감사의견은 기업이 작성한 재무제표가 회계처리 기준에 따라 적정하게 표시되었는지를 나타내는 외부감사인의 의견을 의미한다.

그런데 많은 투자자가 착각하는 것이 하나 있다. 대부분 투자자는 감사의견에 '적정'이냐 아니냐가 매우 중요하다고 생각하는데, 실제로는 그렇지 않다. 물론 감사의견이 '적정의견'이 아니라, '부적정의견'이나 '의견거절' 등일 수도 있는데, 만약 이런 의견이 있다면 그 기업의 주식은 이미 매매를 할 수 없는 상태일 확률이 높다. 감사보고서의 감사의견이 '적정의견'이 아니라면, 의견이 발표되는 순간 상장 폐지 사유에 해당하고 거래는 정지된다. 이 경우에는 감사의견을 확인한 다음에 대응할 방법이 없다.

〈삼성전자의 감사보고서 감사의견〉

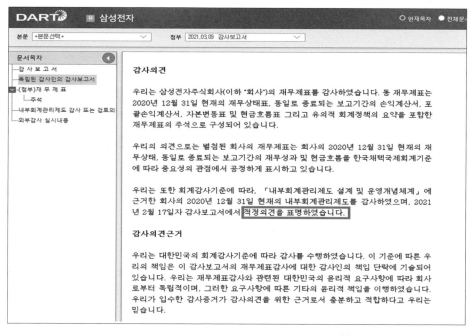

(출처: 금융감독원 전자공시시스템 DART)

삼성전자 감사보고서의 감사의견을 읽어 보자. 외부감사인은 삼성전자 감사의견에 '적정의견'을 표명했지만, 이 적정의견은 투자하기에 적합하다는 의견이 아니라, '재무성과 및 현금흐름을 한국채택국제회계기준에 따라 중요성의 관점에서 공정하게 표시'하고 있다는 것을 의미한다. 즉, 적정의견은 기업이 작성한 재무제표가 회계처리기준에 따라 적정하게 표시되었을 때 내리는 의견으로 적정의견이 기재되었다고 해서 해당 기업의 경영 성과나 재무건전성이 양호하다는 것을 보장하는 것은 아니다.

감사의견은 기업이 제시한 재무제표와 기업의 재무 상태가 일치하는지에 대해서만 의견을 제시한다. 재무 상태가 건전하지 않은 기업이 곧 망할 것 같은 재무제표를 제출해도, 재무 상태와 재무제표가 서로 일치한다면 외부감사인은 '적정의견'을 표명한다. 다만 감사인은 부실기업의 감사의견을 '적정의견'으로 냈더라도, 망할 위험이 높다는 점은 따로 강조한다. 바로 '계속기업 관련 중요한 불확실성'에 대한 의견을 내는 것으로 말이다.

〈신라젠의 감사보고서〉

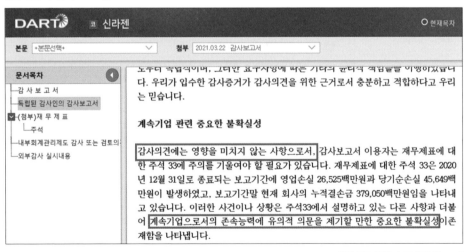

(출처: 금융감독원 전자공시시스템 DART)

'계속기업 관련 중요한 불확실성'은 재무제표 작성의 기본 전제인 계속기업의 가정, 즉 예측 가능한 미래에 경영진이 영업을 계속할 것이라는 가정에 부정적인 영향을 미칠 수 있는 중요한 사건이 발생했다는 것을 의미한다. 예를 들면 자본잠식이 되었다거나 유동자금이 부족해 부도가 날 수 있다는 것을 경고하는 것이다.

2022년에 상장 폐지 공시로 거래가 정지된 신라젠의 감사보고서를 보면, '계속기업 관련 중요한 불확실성'에 대한 의견이 제시되어 있다. 내용을 보면 '계속기업 관련 중요한 불확실성'이 '적정의견'이라고 하는 감사의견에는 영향을 미치지 않지만, 이 기업이 계속기업으로서 존속하는 것이 어려울 것 같다는 의견을 내고 있다.

〈감사의견의 구분〉

구분		적정의견	한정의견	부적정의견	의견 거절
감사 범위 제한	중요하지 않은 경우	O			
	중요하지만 전반적이지 아니한 경우		O		
	중요하면서 전반적인 경우				O
회계 기준 위배	중요하지 않은 경우	O			
	중요하지만 전반적이지 아니한 경우		O		
	중요하면서 전반적인 경우			O	
계속기업 존속 가능성	타당하나 중요한 불확실성 존재 / 회사 공시	O			
	타당하나 중요한 불확실성 존재 / 회사 미공시		O	O	
	타당하지 않음			O	

계속기업 불확실성이 기재된 기업은 감사의견에서 '적정의견'을 받았더라도 추후

상장 폐지될 가능성이 있으니 투자자들은 이 종목에 투자를 피하는 것이 좋다. 금융감독원 자료에 따르면 지난 2018년 회계연도를 기준으로 감사의견이 '적정의견'이면서 계속기업 불확실성이 기재된 기업이 1년 내 상장 폐지되거나 '비적정의견'을 받은 비율은 23.5%로, 그렇지 않은 기업 2.2%보다 11배나 높은 수준이었다. 예를 들어 아이디에스라는 기업은 2015년 3월 감사보고서에서 감사의견은 '적정의견'을 받았으나, 계속기업 불확실성이 기재되었고 정상적인 영업 활동을 통해 부채를 상환하지 못해 2016년 4월에 상장 폐지되었다.

〈아이디에스 감사보고서〉

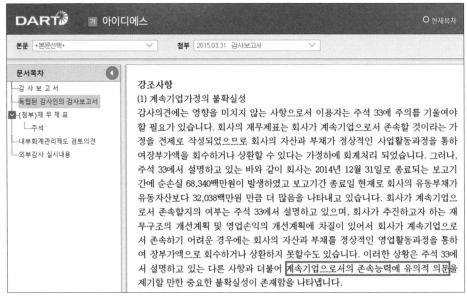

(출처: 금융감독원 전자공시시스템 DART)

다음으로 투자자가 감사보고서에서 확인해야 할 부분은 '핵심감사사항'이다. 핵심감사사항은 과거에는 없다가 2018년부터 적용되었다. 여기는 감사위원회와 감사인이

협의해 기재하는 사항으로, 감사인이 판단하기에 재무제표 감사에서 가장 의미 있는 것으로 꼽은 사항을 기재한다. 감사인은 해당 사항을 핵심감사사항으로 선정한 이유, 감사인이 수행한 감사절차 등도 명시한다.

핵심감사사항으로 기업의 주요 회계, 경영, 감사 이슈를 파악할 수 있는데, 이를 통해 투자자들은 해당 기업을 분석할 때 특히 유의해야 할 분야를 확인할 수 있다. 매

〈삼성전자 감사보고서 핵심감사사항〉

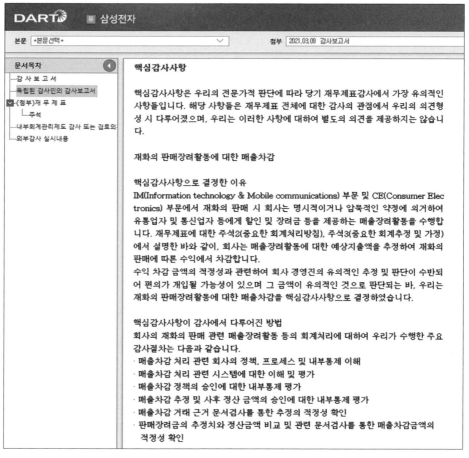

(출처: 금융감독원 전자공시시스템 DART)

출, 자산손상, 재고자산, 공정가치평가 등 기업의 다양한 이슈를 파악할 수 있으니 투자자들은 재무제표의 주석과 더불어 투자에 앞서 이를 확인하는 것이 좋다.

마지막으로 투자자들이 감사보고서를 통해 봐야 할 것으로 '강조사항'이라는 것이 있다. 강조사항은 감사의견과는 직접 관련은 없지만, 재무제표에 기재된 사항을 조금 더 이해하는 데 도움이 되는 정보가 기재된다. 예를 들면 기업 합병이나 분할 등 영업 환경의 중요한 이슈나 소송 등이 있다. 또 특수관계자 등의 중요한 거래, 지배 구조의 변화, 회계 정책의 변경 등 투자자가 기업의 상태를 분석하는 데 도움이 될 만한 여러 정보를 제시한다. 강조사항은 기업의 향후 재무 상태나 경영 성과에 큰 영향을 미칠 수 있는 정보이기에 투자자들이 눈여겨봐야 할 부분이기도 하다.

세상 모든 일이 그렇듯 아는 사람 눈에는 보이고, 알지 못하는 사람 눈에는 보이지 않는 법이다. 재무제표를 아무리 열심히 분석해도 몇 페이지 되지도 않은 감사보고서를 무시한다면 지킬 수 있는 돈을 잃는 것과 마찬가지다. 물론 감사보고서가 재무제표의 핵심은 아니지만, 기업의 과거와 현재 상황이 객관적인 시각에서 요약정리가 되어 있으니 투자 판단에 있어 많은 도움이 될 것이다. 안다고 자만하는 순간, 모든 걸 잃을 수 있다. 투자에 있어서는 언제나 신중하게 판단하자.

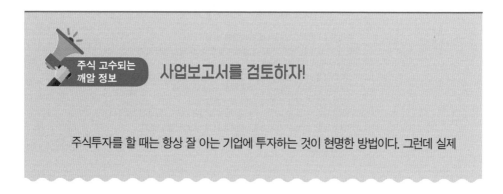

주식 고수되는 깨알 정보

사업보고서를 검토하자!

주식투자를 할 때는 항상 잘 아는 기업에 투자하는 것이 현명한 방법이다. 그런데 실제로 투자를 하다 보면 주변인들의 추천이나 각종 뉴스를 통해 잘 알지 못하는 기업에 투자를 하게 될 때도 있다. 잘 모르는 기업이라고 해서 무작정 피하는 것만이 상책은 아니다. 그렇다면 모르는 기업에 투자할 때 투자자들이 가장 먼저 해야 할 일은 무엇일까?

바로 사업보고서를 확인하는 것이다. 사업보고서는 감사보고서와 마찬가지로 전자공시시스템에서 해당 기업 이름만 검색해도 쉽게 찾을 수 있다. 사업보고서에는 투자에 대한 힌트가 있고, 기업에 대한 기본적 분석을 위해 필요한 모든 요소가 기재되어 있다. 기업의 성장 여부를 파악하는 데에 기초 자료가 될 수 있으며, 저평가 여부를 파악하는 데도 편리하다. 즉 투자자의 투자 판단을 돕는 데 유용한 도구가 된다는 뜻이다.

사업보고서에는 '회사의 개요', '자금 변동 사항', '사업 내용', '재무제표', '이사의 경영진단 및 분석 의견', '주주에 관한 사항', '계열 회사 등에 관한 사항', '그 밖에 투자자 보호를 위하여' 등 다양한 기업 정보가 망라되어 있다. 모든 내용을 면밀히 살피는 것도 좋지만, 시간이 부족한 투자자들은 사업보고서 내의 '사업 내용', '재무제표', '계열 회사 등에 관한 사항' 등은 반드시 확인하는 것이 좋다.

사업 내용은 기업의 사업 부문별 상품과 해당 산업을 이해하는 바탕이 된다. 사업 부문별 제품과 매출, 이익 등에 관련한 여러 유용한 정보가 담겨 있어 투자 판단에 도움이 된다. 그리고 재무에 관한 사항인 재무제표는 투자자가 기업을 알기 위해 반드시 봐야 하는 내용이다. 계열 회사 관련 사항에는 기업의 계열 회사에 관한 전반적인 내용이 있고, 투자자들은 관계사 등의 이해를 통해 투자할 기업의 방향성과 더불어 성장 및 위기 요인을 추가로 살펴볼 수 있다.

장기투자, 어떤 종목을 눈여겨봐야 할까?

우리나라 코스피 시장은 지난 2021년 6월 25일 3316선을 고점으로 2022년 1월 28일 2591선까지 725포인트 하락했다. 한국거래소에 따르면 2022년 2월 15일 코스피 2676.54 선은 PBR 기준으로 1.09배, PER는 12.20배, 배당수익률은 1.91%였다.

예전에 서브프라임 모기지 사태로 시장이 하락한 이후 2011년 4월 27일에 2231.47선 까지 반등 후 기술적 조정 시기에 들어갔는데 2011년 9월 26일 저점으로 1644.11선을 터치 했다. 총 587.36포인트 조정을 받았으며, 2011년 9월 26일 종가 기준으로 한국거래소에 따 르면 1652.71선은 PBR는 1.08배, PER는 9.81배, 배당수익률은 1.70%였다.

이를 보면 코로나 이후의 상황과 비슷한 주가 위치인 것을 확인할 수 있다. 즉 과거에 비 해 지수 포인트는 높지만, 상장기업들의 자산 가치 대비 주가 위치는 비슷하다는 것을 알 수 있다. 그러니 현시점부터는 장기투자 관점으로 투자할 종목들이 많다는 의미이기도 하다.

특히 국제 유가가 100달러에 육박하는 시기, 화학 섹터의 매출과 마진이 증가하는 상황 에 주가 조정이 맞물려 상당히 조정받은 롯데케미칼과 대한유화를 장기투자 종목으로 눈여 겨보는 것이 좋다.

〈롯데캐미칼〉

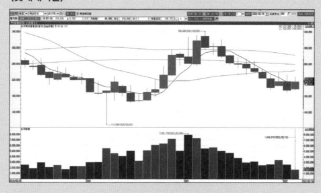

〈대한유화〉

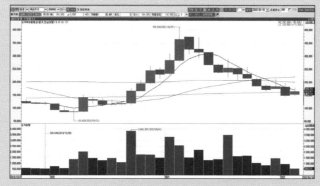

(출처: 신한금융투자 신한아이HTS)

사상 최대 실적을 내는 자동차 섹터도 잘 살펴보자. 최근 현대차의 매출은 사상 최대치

를 찍었고 영업이익은 역대 2번째로 높은 상황인데 주가는 고점에 이르지 못하고 있다. 서

연이화같이 실적이 크게 개선되고 있는 중소형 부품 주도 같이 눈여겨보면 좋다.

〈현대차〉

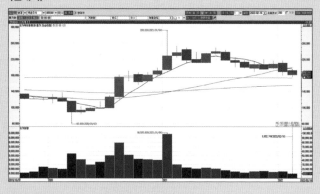

〈서연이화〉

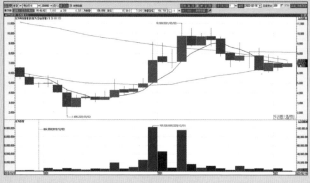

(출처: 신한금융투자 신한아이HTS)

　　최근 OLED 판매 호조로 인해 과거 LCD 판매 호조였던 시기만큼 영업이익을 올리고 있는 LG디스플레이도 장기투자 관점에서 눈여겨볼 만하다. LG디스플레이뿐만 아니라 DMS 같은 디스플레이 장비 주도 같이 눈여겨보면 좋다. 또한, 자동차 판매 호조와 더불어 조선 섹터 또한 8년 만에 최대 수주를 기록하고 있는 상황에서는 철강을 주목하자. 현대제철 및 POSCO도 이러한 정세에 맞물려 최대 매출과 영업이익을 만들어내고 있지만, 현재 주가는 낮게 형성되어 있어 장기투자 종목으로 추천할 만하다.

〈LG디스플레이〉

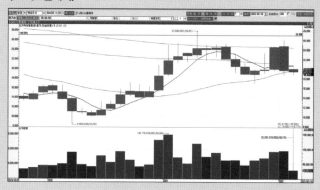

〈DMS〉

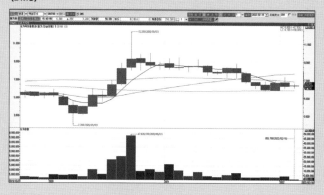

〈POSCO〉

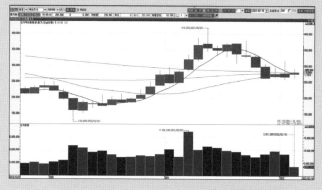

(출처: 신한금융투자 신한아이HTS)

'투자 왕'이 되는

실전 투자 핵심 노하우

BEST10

평생 수익으로 이어지는
알짜배기 노하우 전격 공개!

1. 저평가 매집주의 대시세 가능 프로세스를 이해하라

대시세에 수익을 취하려면 주가가 바닥일 때 느긋하게 매집해 놓는 것이 좋다. 그래야 시장의 약세 흐름에서나 세력에 의해 흔들리는 주가의 변동성을 견뎌낼 수 있다. 나는 10년 이상 검증을 거쳐 한 가지 프로세스를 발견하였다.

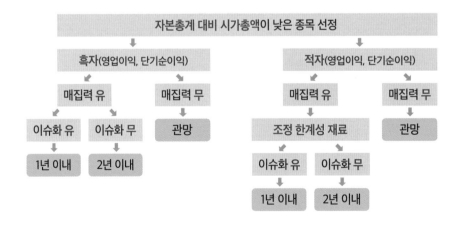

앞 페이지의 표를 살펴보면 처음에는 자본총계 대비 시가총액이 낮은 종목을 물색한다. 자산가치 대비 시가총액이 낮게 형성되어 있어야 시장에서 부각될 때 주가가 크게 올라갈 수 있다. 만약 시장이 판단과 다르게 조금 더 약세로 움직인다 해도 심리적으로 버틸 수 있는 확신이 생긴다.

두 번째로는 흑자를 내는지 확인해야 한다. 물론 적자 기업을 다 배척해야 한다는 의미는 아니다. 그래도 흑자를 내고 있으면 조금이나마 심리적인 안정감을 가질 수 있다. 흑자이든 적자이든 매집력 유무가 상당히 중요하다. 차트상 매집은 앞에서 한국파마라는 종목을 예시로 설명한 것을 참고(153p)로 하자.

일단 매집력이 있고 다양한 경로를 통해 선전한 종목이 이슈화될 거리가 있다면 1년 이내에 큰 상승력을 만들 수 있다. 만약 이슈화가 보이지 않는다면 2년 정도 기간을 잡고 대응하는 것이 좋다. 매집력이 없다면 일단 관망한다. 모든 주식은 세력이 없으면 움직이지 못한다.

적자 기업도 매집력만 있으면 갈 수 있는데 조정 한계성 재료를 꼭 확인해야 한다. 조정 한계성 재료란 대규모 유상증자, 전환사채, 신주인수권부사채의 발행가 또는 행사가다. 적자 기업이 이러한 대규모 자금 유치가 가능하다는 것은 강력한 구조 조정이나 이슈화가 있다는 것이니 우리가 같이 올라탈 수 있고, 발행가나 행사가가 주가 조정의 마지노선이 되기도 한다. 그래서 발행가와 행사가 근처나 그 이하로 분할 매수한다면 긍정적인 결과를 낼 수 있다. 마찬가지로 적자 기업도 이슈화에 따라 1년과 2년으로 나뉜다.

2. 투자할 종목을 1차 선별할 때는 차트를 본다

앞서 설명했듯이 세력이 없어도 시장에 의해 상승력이 나올 수 있다. 하지만 모든 급등주는 99% 세력에 의해 움직인다. 그렇다면 세력이라는 게 도대체 무엇일까? 세력은 주가를 주도적으로 움직일 수 있는 개인, 특정 단체, 다수의 단체, 법인, 다수의 법인, 금융기관, 다수의 금융기관, 외국인, 다수의 외국인 등을 말한다. 즉 특정 주가를 주도적으로 크게 움직일 수 있는 독자 세력이 있다면 주식 시장에서의 세력이라고 표현할수 있다. 그러니 차트를 먼저 보는 것이 세력 유무를 판별하는 가장 기본적인 방법이다.

세력 유무를 차트상 거래량으로 판별하는 것은 이미 간단하게 다루었지만, 가장 핵심적인 방법은 상승 구간 또는 양봉 캔들에 큰 폭의 거래량 증가로 확인할 수 있다. 양봉이 나와 짧은 단기 상승 이후 주가가 다시 내려오면서 지그재그 형식의 횡보 국면을 만들더라도, 또는 위 꼬리를 길게 단 양봉을 만든 다음, 그다음 날부터 조금 내려오면서 횡보성 흐름을 만들더라도 여러 번 상승할 때마다 거래량이 강력하게 붙었다는 것은 누군가가 주기적으로 매집을 한다고 볼 수 있다. 그러니 지금은 당장 그 주식의 숨어 있는 정보나 이슈가 보이지 않더라도 관심을 가지고 지켜보는 것이 좋다. 모든 정보나 이슈화는 90% 이상 주가를 움직이는 세력이 만들어내기 때문이다.

당신이 이미 정보나 이슈화를 알게 되었다면, 세력은 그 주식을 이미 매집한 이후이고 일정 부분 주가 상승을 시킨 다음이라는 점을 알아야 한다. 과거 장기적 매집 패턴을 보였던 'DSR제강 차트'를 참고하자. DSR제강은 세력이 2015년부터 매집하기 시작하여 2016년 7월까지 매집을 마무리한 후, 정치 테마에 엮어 4,000원 구간에서 20,000원 구간까지 상승을 만들었다.

〈DSR제강 차트 1〉

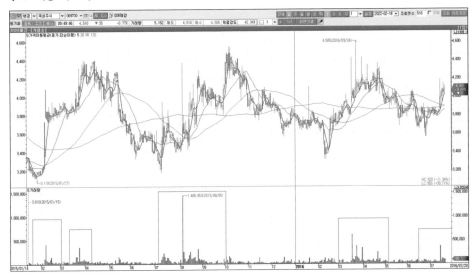

(출처: 신한금융투자 신한아이HTS)

〈DSR제강 차트 2〉

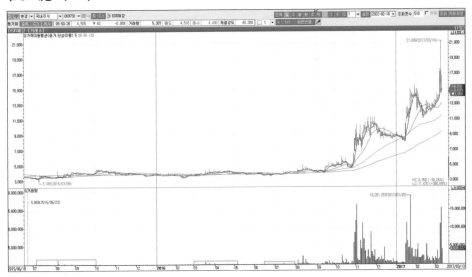

(출처: 신한금융투자 신한아이HTS)

3. 차트가 좋아도 재무제표는 꼭 확인하자

2014년 이전에는 많은 슈퍼개미가 장기투자 관점으로 큰돈을 벌었기 때문에 재무분석을 통한 투자자들의 장기투자 인식이 지금보다는 좋았다. 그런데 2014년 이후 제약·바이오 섹터가 부각을 받기 시작하면서 재무구조가 좋지 않아도 미래의 성장 가능성과 이슈화만으로 큰 폭의 주가 상승을 만들어내기 시작했다. 비전만 좋다면 재무구조는 크게 신경 쓰지 않고 투자하는 '묻지 마 투자'가 성행하기 시작한 것이다. 보통 이런 섹터의 순환은 3~5년 주기로 바뀌지만, 제약·바이오 섹터는 생각보다 장수하고 있다. 현재 코로나19 팬데믹으로 인해 쉽게 무너지지 않고 9년째 그 프리미엄을 유지하고 있다. 물론 최근에는 이차전지가 '묻지 마 투자'의 성장 프리미엄 바통을 이어받아 움직이고 있기는 하지만 제약·바이오 섹터를 예로 들어 살펴보자.

최근 신라젠과 오스템인플란트의 상장 폐지 가능성과 헬릭스미스 임상 실패와 사모펀드 투자 손실에 의한 폭락 등 다양한 악재가 서서히 나오고 있다. 대표적인 바이오시밀러 기업인 셀트리온도 최근 주가가 고점 대비 반 토막 났지만 사상 최대 실적을 만들었음에도 불구하고 주가가 반등하지 않고 있다. 주가가 반 토막 난 상황임에도 고평가이기도 하고 분식회계 논란이 지속되고 있기 때문에 반등이 없는 것이다. 그래서 재무제표를 확인하여 현재 주가가 어느 정도 주목받고 있는지 확인해야 한다. 요즘은 주가의 위치 판단도 없이 단순히 차트나 이슈 또는 재료만 보고 투자하는 투자자가 너무나 많다. 또한 재무제표를 파악해야 오랜 기간 이 회사가 살아남을 수 있을지 없을지 판단할 수 있음에도 재무제표는 그저 누구나 다 알고 있는 서류 한 장으로만 치부하는 경우가 다반사다.

많은 투자자가 불성실 공시, 횡령 배임, 관리 종목 지정, 상장 폐지 지정 사유 발생

등 갑작스러운 악재에 직면한다. 그러나 묻지 마 투자자들에게는 갑작스럽지만, 재무제표를 확인한 사람은 갑작스럽다고 생각하지 않는다. 이미 재무제표 감사보고서 또는 현금흐름표의 동향을 보면 이 기업의 상황을 면밀히 파악할 수 있으며, 투자하기에 좋은지 나쁜지 힌트를 얻을 수 있기 때문이다.

그런데 '오스템임플란트는 재무구조가 좋았는데, 왜 횡령 배임이 발생했나'라고 의문이 들 수도 있다. 하지만 재무제표를 자세히 들여다봤다면 섣불리 투자하지는 않았을 것이다. 2020년 기준 자산이 9,000억 원 수준인데 재고 및 매출채권이 대략 2,000억 원으로 잡혀 있다. 부채를 7,000억 원 이상 보유하고 있을 뿐만 아니라, 부채도 매년 급격하게 증가하고 있다. 즉 이 회사는 실적을 내고 현금성 자산도 있지만, 부채를 제외하면 껍데기에 불과한 상황이다. 그런데도 자본총계 2,000억 원 정도 수준의 회사가 시가총액이 2조 원대를 형성하면서 오스템임플란트 주가가 본연의 자산 가치 대비 10배 넘게 부각 받고 있다. 결국 오너의 방만한 경영 또는 오너를 포함한 주요 임원들에 의한 주가 작업이 상당히 많이 진행되었다고 유추해 볼 수 있고 최대 주주 지분율이 20%밖에 되지 않기 때문에 충분히 횡령 배임 가능성도 어느 정도 유추해 볼 수 있었다.

투자자들은 항상 명심해야 한다. 주가 상황이 너무 안 좋아도 문제가 되지만 너무 좋아도 문제가 된다. 특히 오너의 횡령 배임 가능성은 회사 지분율과 관련성이 크다. 회사 지분이 20% 이하인데 주가 작업이 많이 된 회사일 경우 횡령 배임이 일어날 확률이 높다는 점은 반드시 이해하고 투자하자.

4. 부동산과 비교하면 주식의 가치가 보인다

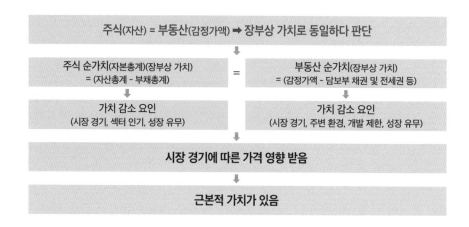

집안 사업과 관련해 오랜 기간 부동산 투자를 간접 경험한 지식을 활용해 주식투자에 접목하여 저평가를 판단하는 기준을 만들었다. 부동산에서 객관적으로 부동산의 가치를 평가하는 것은 감정평가법인이, 주식에서는 회계법인이 기업의 가치를 평가한다. 감정평가를 통한 감정가액이 나오면 보통 부동산에서는 시가보다 저렴하게 평가액이 나온다. 감정평가액에 따라 실거래가 이뤄지면 상당히 싸게 샀다고 인식하는 반면, 주식에서는 순자산가치인 자본총계 수준에 시가총액이 형성되어 있는 주식을 사면 싸게 샀다고 인식하지 않는다.

나는 감정가액이든 자본총계든 장부상 가액으로 동일하게 여기고, 그 가격 이하면 상당히 저렴한 것으로 판단했다. 보통 부동산 경매에서 경매 시작가는 감정가액이 되고, 3번 정도 유찰되면 감정가액의 반 토막 수준으로 가격이 떨어진다. 대개 이렇게 3번 정도 유찰되는 물건들은 선순위 채권이 있거나 유치권 혹은 임차인들의 복잡한 문제가 얽혀 있는 것들이 많다. 또 외부적인 요인으로는 경기가 상당히 안 좋아졌을 때 이런 상황이 연출된다. 하지만 감정가액이 반 토막 난 부동산을 경매로 낙찰받고 문제를 해결했다면 보통 2년 안에 2배 이상 수익을 내고, 조금만 더 오래 끌고 가면 더 많은 수익을 창출할 수도 있다.

주식도 부동산 시장의 상황과 비슷할 것으로 판단했고, 이러한 관점으로 과거 금융위기 시절 주식들의 시가총액이 자본총계 대비 어느 정도까지 하락했는지 분석했었다.

과거 금융위기 시절(IMF, 서브프라임모기지) 자본 총계 대비 시총 위치
↓
30~50% 구간까지 내려온 극단적 과거 사례

분석 결과, 영업이익을 잘 내는 기업의 주식이 자본총계 대비 30~50% 정도 수준까지 시가총액이 형성되어 있는 것을 확인했고, 그 이후 2년 안에 빠르게 대 상승을 만들어내는 것을 추가로 알 수 있었다. 이것을 토대로 자본총계 대비 시가총액을 비교하면서 저평가 유무를 판별하는 기준을 만들었고, 그를 통해 10년간 꾸준하게 주식투자 수익을 만들어내고 있다.

5. 장기투자는 시장의 불확실성을 견딜 수 있어야 한다

장기투자는 재료나 정보만으로 접근하면 낭패를 보기 십상이다. 시장은 내가 생각한 대로 움직여주지 않는다. 아무리 좋은 재료나 정보가 있어도 시장이 하락하면 주가가 내려갈 수밖에 없고, 이미 정보나 재료를 취한 시점이 주가에 많이 반영된 시점이라면 세력이 물량을 털면서 장기적 하락을 경험할 수도 있다.

장기투자는 항상 재무제표를 기반으로 접근해야 하고, 앞서 설명한 자본총계 대비 시가총액이 낮게 형성되어 있으면서 흑자를 유지하는 종목을 선정해 분할 매수로 접근해야 한다. 최근 장기투자를 진행한 종목 중 생각과 다르게 더 길게 투자를 유지해야 했던 사례를 들어보자.

자동차 내비게이션 및 블랙박스를 제조해 판매하는 파인디지털이라는 기업의 주식을 2017년 5,000원대 구간부터 매수했다. 당시 해당 종목은 주가 5,000원에 시가총액 510억 정도를 형성하고 있었고, 자본총계는 868억으로 순자산 대비 41% 저평가 구간으로 판단했다. 매수를 시작한 당시에는 자율주행 기술 개발이 한창이었고 자율주행 이슈에 의해 고정밀 지도를 개발하고 있는 파인디지털이 부각 받을 것으로 판단해 매수했던 것이다.

그런데 이 기업은 실적이 간신히 흑자를 유지하는 수준이었기에 성장성 측면에서는 매력이 없었다. 그렇지만 자산이 1,018억, 부채가 121억으로 재무구조는 상당히 안정적으로 보였기에 적자만 커지지 않는다면 충분히 버틸 수 있을 것으로 판단했다. 하지만 2018년부터 증시는 하향하기 시작했고, 그 하락 추세가 2020년 3월까지 이어졌다. 파인디지털도 시장의 흐름에 따라 주가의 하향 추세를 이어갔다. 2018년 4,200원 구간에 추가 매수를 진행하였고 당시는 자본총계 대비 50% 저평가된 구간이었다. 하지만 주가는 더 하락을 거듭했고 3,300원에 마지막 추가 매수를 했는데 이때는 자본총계 대비 61% 저평가된 구간이었다. 그렇게 해서 평단을 4,000원대 초반으로 형성했고 2019년 반등이 4,500원 구간까지 나오기는 했으나, 코로나19 팬데믹으로 약세장을 만나 2,300원까지 하락하게 된다. 평균 매수가 대비 50% 가까운 손실권역으로 자산 가치에 대한

〈파인디지털 재무제표〉

038950 ▼ □ Q 토 파인디지털									
Financial Summary					주재무제표 ∨ 검색 IFRS⑦ 산식⑦				
전체	연간	분기			* 단위: 억원, %, 배, 주 · 분기: 순액기준				
주요재무정보	연간 ⊖					분기 ⊖			
	2017/12 (IFRS연결)	2018/12 (IFRS연결)	2019/12 (IFRS연결)	2020/12 (IFRS연결)	2021/12(E) (IFRS연결)	2020/12 (IFRS연결)	2021/03 (IFRS연결)	2021/06 (IFRS연결)	2021/09 (IFRS연결)	2021/12(E) (IFRS연결)
매출액	760	860	961	1,045		266	236	271	260	
영업이익	-37	14	-2	34		-12	9	9	20	
영업이익(발표기준)	-37	14	-2	34		-12	9	9	20	
세전계속사업이익	-32	22	12	65		-10	12	11	25	
당기순이익	-45	21	-1	60		-15	9	6	22	
당기순이익(지배)	-46	19	-1	61		-14	10	7	20	
당기순이익(비지배)	0	2	0	-1		-1	-1	-1	1	
자산총계	1,018	1,017	1,066	1,094		1,094	1,074	1,073	1,089	
부채총계	121	131	172	163		163	138	130	128	
자본총계	897	886	894	931		931	936	943	961	
자본총계(지배)	868	854	861	899		899	906	910	926	
자본총계(비지배)	30		32	32		32	30	33	35	
자본금	51	51	51	51		51	51	51	51	
영업활동현금흐름	6	-54	140	76		55	-46	6	38	
투자활동현금흐름	3	72	-145	-51		-39	23	-4	-22	
재무활동현금흐름	-4	-24	-6	-26		-1	-1	-9	-1	
CAPEX	8	3	5	6		3	2	2	3	
FCF	-2	-57	136	70		52	-48	4	35	
이자발생부채	0	0	4	2		2	3	4	2	
영업이익률	-4.84	1.66	-0.23	3.28		-4.50	3.92	3.18	7.83	
순이익률	-5.98	2.44	-0.11	5.74		-5.57	3.81	2.31	8.33	

(출처: 신한금융투자 신한아이HTS)

믿음이 없었다면 버틸 수 없는 상황에 이른 것이다. 하지만 자산 가치 대비 50% 정도 할인된 구간에 평균 매수가를 형성하고 있었기 때문에 마음은 힘들지만 버텼고, 결국 2021년 초반 9,700원까지 상승력이 나오며 8,000원대에서 전량 매도할 수 있었다. 분할 매수 기간만 2년, 그 후 버틴 기간이 2년으로 만 4년을 끌고 갔다.

이 사례를 통해서 보면 장기간 버틸 수 있는 첫 번째 힘은 최악의 경우를 가정한 분할 매수였다. 그리고 재무제표를 기반으로 순자산가치보다 낮게 형성되어 있는 주가의 평단을 형성한 것이 두 번째로 버틸 수 있는 힘이었다.

〈파인디지털 차트〉

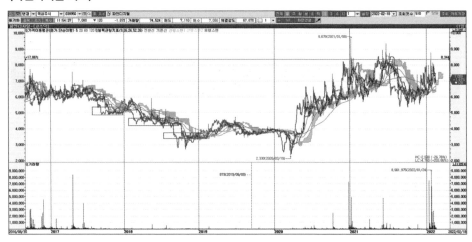

이렇듯 장기투자는 내가 생각한 대로 움직이지 않는다. 그렇기에 시장의 불확실성을 직면하더라도 버틸 수 있는 포지션, 즉 자신만의 기준을 만들어야 한다.

6. 피보나치 비율을 적극 활용하라

주식 가격은 항상 상승과 하락을 거듭하는 숙명을 가지고 있다. 이러한 흐름 속에서 '어느 정도까지 조정과 반등이 나올까' 하는 것을 늘 고민한다. 이러한 고민을 해결해 주고, 적절한 대응을 가능하게 해 주는 도구가 있으니, 바로 '피보나치 비율'이다.

초심자들은 대개 엘리엇 파동 이론을 통해 많은 파동 패턴에 집중하면서 공부한다. 하지만 피보나치 비율을 모르고 파동 패턴에 집중하는 것은 핵심을 제대로 잡지 않고 공부하는 것과 마찬가지다. 엘리엇 파동 이론의 핵심은 피보나치 비율이다. 즉 피보나치 비율의 활용만 마스터한다면 엘리엇 파동이론의 80% 이상을 배운 것과 다름없다.

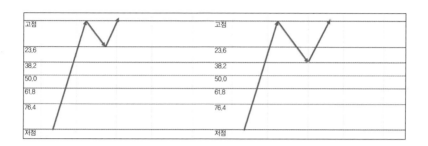

나는 실전 투자에서 피보나치 비율을 이렇게 활용한다. 하나의 상승 파동 이후 조정 파동은 상승 파동 폭의 23.6% 또는 38.2% 정도로 짧게 조정을 받고, 재차 반등이 나와야 1차 상승 파동의 고점을 돌파할 확률이 높아진다.

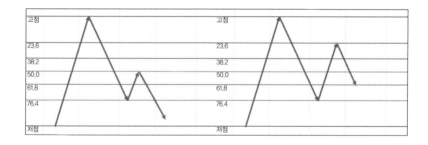

1차 상승 이후 그림처럼 76.4% 구간까지 조정이 깊어지면 살짝 반등 이후 재차 조정을 받든가, 그렇지 않으면 수렴형 지그재그 형식으로 주가 흐름이 상승으로 나아가지 못할 수도 있다.

최소한 조정은 상승 폭의 50% 구간을 이탈하지 않는 선에서 재차 반등이 나와 줘야 좋지만, 전반적인 바닥권 구간의 짧은 상승 파동에서는 상승 폭의 61.8% 또는 76.4% 구간까지 조정을 주고 일명 '짝궁둥이 쌍 바닥' 형태로 상승 시세가 나올 수도 있다.

〈LG디스플레이 바닥권 흐름에서의 '짝궁둥이 쌍 바닥' 조정 이후 대 상승 시세〉

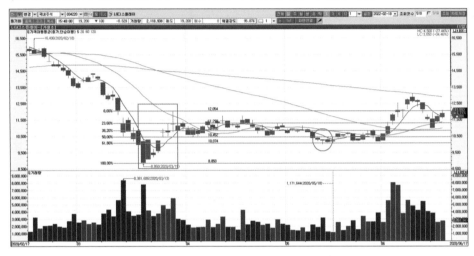

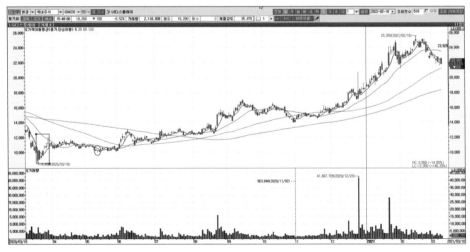

(출처: 신한금융투자 신한아이HTS)

반대로 하락 흐름에서 반등은 50% 구간을 넘지 못하면 재차 조정을 받을 가능성이 있다.

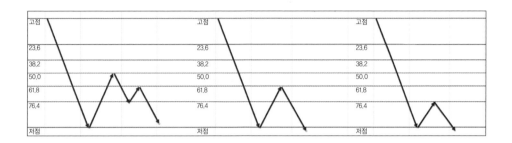

만약 50%를 넘는다면 매수세가 매도세를 이기고 상승할 가능성도 있다. 캔들 매매에서도 이전 장대음봉의 중간값을 넘는 양봉 캔들이 나오면 상승 반전이라고 이야기한 것과 같은 원리다.

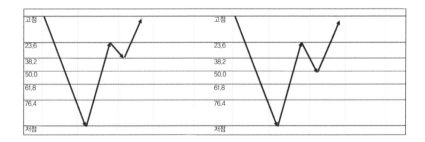

하지만 이러한 흐름을 보아도 '무조건 이렇게 될 거야'라고 확신하지 말고, 비율 라인에 따른 캔들의 지지나 저항 또는 돌파나 이탈에 따른 되돌림에 따라 상황에 맞게 대처하는 것이 훨씬 현명하게 대응하는 투자이다.

7. 주식투자의 시간론

일목균형표를 창시한 일목산인 시간론의 핵심은 대등이다. 즉 하나의 파동이 만들어졌다면 추후 그 파동 일수와 비슷한 일수에 변곡이 일어나는 것을 말하는데, 다음 차트를 보면 이해하기가 쉽다.

(출처: 신한금융투자 신한아이HTS)

LG디스플레이 일봉상 파동을 잡아 보았더니 14캔들 기준으로 변곡이 자주 일어나는 것을 볼 수 있다. 즉 대등적 변곡의 모습이다. 대등적 일수에서 오차 하루 정도는 인정한다. 결국 11일 변화일을 제외하고는 거의 14캔들 기준으로 변곡이 일어났다

그리고 일목산인은 기본 수치(9, 17, 26, 26~33의 중간, 33, 42, 65, 129, 172, 200~257)

에 의한 변화일 예측 또는 기본 수치를 결합하여 다양한 수치를 만들어 변화 일을 예측
했다. 하지만 개인적으로 일목산인의 기본 수치를 이용한 변화일 예측 및 파동 분석은
애매한 면이 있다. 그러니 여기서는 대등적 변곡 포인트만 알고 넘어가자. 그리고 나머
지 확장 및 다양한 변곡 일수를 잡는 법은 피보나치 비율을 활용하여 예측하면 정확한
포지션을 취할 수 있다.

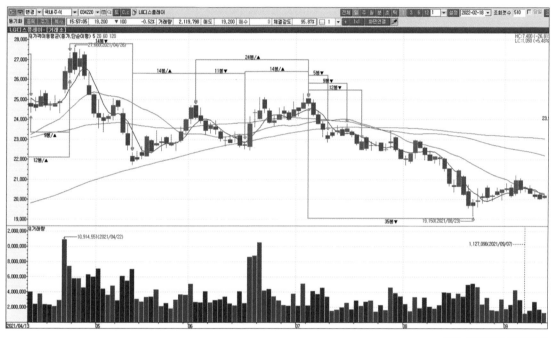

(출처: 신한금융투자 신한아이HTS)

차트를 보며 간단하게 설명을 하면 14봉 이후 하락 파동이 길게 이어졌는데 추후
35봉 이후 변곡이 나왔다. 35 수치는 14×2.618, 두 파동을 합친 일수 24의 24×1.5
의 수치다.

$$24 \times 0.236 = 5, \ 24 \times 0.382 = 9, \ 24 \times 0.5 = 12$$

이 비율 수치를 차트에 표시해본 결과 약하지만 변곡을 시도한 흔적이 보인다. 하지만 결과적으로 이전 음봉을 넘지 못하는 시세이거나, 재차 하락하는 변곡이거나 기본 비율 이상 변곡이 나오지 못했기 때문에 하락 일수 확장으로 이어져 결국은 35라는 수치까지 하락하게 되었다. 시간론은 간단하게 설명하기에는 매우 복잡한 이론이기 때문에 우선 이 정도만 이해하도록 하자.

8. 대세에 휩쓸리지 않는 장기투자자가 되자

매일 또는 매달 꾸준한 수익을 내고 싶어 하는 것은 거의 모든 투자자의 바람이다. 그런데 항상 생각했던 것만큼 큰돈을 벌 수는 없다.

대세 상승기에는 많은 종목이 꾸준히 또는 순차적으로 상승하기에 잦은 매매를 하더라도 수익을 낼 가능성이 있다. 하지만 계좌 수익 결과를 보면, 잦은 매매를 하지 않은 계좌가 300~500% 수익이 나온다면, 잦은 매매를 한 계좌는 50~100%의 수익을 거둘 뿐이다. '결과만 좋으면 괜찮은 것 아닌가'라고 생각하는 사람들도 있겠지만, 대세 상승기는 흔히 오는 기회가 아니기 때문에 한번 놓치면 또 얼마나 기다려야 할지 기약이 없다.

마찬가지로 대세 약세기에는 대다수의 종목이 하락한다. 손해를 만회하기 위해 기존 종목을 손절하고 다른 종목으로 매매해 봐야 수익이 날 확률이 낮고 매매수수료만 내면서 계좌 마이너스는 가속화된다. 하락기에 가장 좋은 대응 방법은 시장에서 많은 이목이 쏠린 성장 및 테마 섹터는 손절하고, 상대적으로 시장에서 덜 주목받는 실적이 좋은 종목들로 압축해서 홀딩하는 것이다. 이렇게 하면 추후 시장 회복기에 빠르게 회복할 수 있다. 기존 보유 종목 안에서 자금을 조율하고 압축하는 게 가장 좋지만, 시장에서 많이 부각된 성장 섹터 및 테마 섹터로만 매매한다면 70% 이상 손절로 현금을 확보해 놓는 것도 괜찮다.

대세 하락기에는 시장에서 많이 부각된 주도 종목들도 하락하는데 추후 그 종목들이 과거의 주가를 회복하기는 많이 어려울 수 있다. 하지만 상대적으로 덜 부각된 섹터나 자산 가치 대비 충분히 조정받은 실적이 우량한 종목이라면 손절하는 것보다 그대로 버티는 것도 나쁘지 않다. 모든 것은 시간이 해결해 준다.

'현금을 확보하고 바닥에서 다시 사는 것이 좋지 않을까' 하는 생각을 가진 투자자도 있겠지만, 주식투자자들이 시장의 흐름에 맞춰 현금을 확보해서 수개월 기다리는 것은 생각처럼 쉽지 않다. 마지막으로 정리하면, 실적이 우량하고 자산 가치 대비 시장에서 부각되지 못했다면 시장의 상황에 크게 신경 쓰지 말고 홀딩하며 기다리자. 기다리면 복이 온다.

9. 철학은 주식투자에 긍정적인 영향을 준다

나는 깨달음을 얻은 이후부터 주식투자에서 손실 없는 투자를 할 수 있었다. 처음에는 주식과 관련한 수백 권의 책을 읽으며 분석하고, 이를 실전 투자에 적용하면서 나름대로 기술적 분석에 심취했었다. 물론 그 시절에는 단기적으로 높은 수익률을 올리기도 했었으나, 10년 후 계좌를 열어보니 남은 것이 없다는 것을 깨달았다. 그런 후 '주식투자를 포기할까? 나랑은 맞지 않는 것인가' 하는 심각한 고민을 했었다.

그러던 중 우연히 이진우 교수의 '신이 죽은 시대를 말하다'라는 니체 철학 강의를 접했다. 이후 최진석 교수의 '노자 철학 도덕경' 강의를 들으며 내 안에서 문제를 찾기 시작했다. 고통의 문제를 이해하기 시작하자 그동안 현실을 왜곡하고 있는 원인을 찾을 수 있었다.

투자는 현실을 올바르게 인지하고 대응하는 것이 핵심이다. 그렇지 못하면 올바른 대응도 힘들어진다. 현실을 인지하는 데에 방해가 되는 요소는 자신의 지식, 경험, 생각, 감정(희망, 욕망, 두려움, 고통) 등이다. 이러한 것들은 스스로 세뇌하고 명령하여 일정한 틀을 형성해 현실을 있는 그대로 바라보는 것을 방해한다.

니체와 노자는 어린아이의 마음 또는 눈이 통찰자이자 창조자로 가는 길이라고 말한다. 어린아이는 보는 대로 느끼고 받아들인다. 현실을 있는 그대로 받아들이는 순수함의 결정체인 것이다. 왕필의 〈도덕경〉에 대한 해석에 따르면 어린아이 같은 경지를 '절대적인 무', 물아일체의 상태라고 말한다. 물아일체 상태는 사물을 분별하는 지(知)와

〈'지'와 '욕'에 따른 행위 프로세스〉

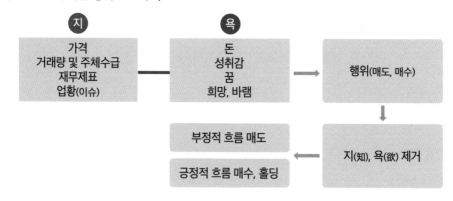

무엇인가 하고자 하는 욕(欲)을 제거할 때 체득할 수 있는 경지, 곧 마음을 완전히 비울 때 도달할 수 있는 경지다. 이러한 물아일체 상태를 '천지의 흐름과 일치한다'라고 하는데 현실을 그대로 받아들이는 것과 같은 이치다.

그래서 항상 매수하기 전에는 나의 모든 것(기술적 요소, 펀더멘탈, 업황 이슈 및 각종 정보, 경험 등)을 최대한 꺼내어 분석하고 욕심도 부리라고 이야기한다. 하지만 매수를 진행할 때는 모든 것을 내려놓은 채 판단하고, 매도할 때는 지(知)와 욕(欲), 모든 것을 제거하고 바라보면서 부정적이면 매도, 긍정적이면 홀딩하면 된다. 이러한 물아일체의 경지에 이르면 단기 매매에서도 엄청난 결과를 만들어낼 수 있다.

10. 주식투자 고수와 하수와의 차이

많은 투자자가 수익을 낼 확률을 높이기 위해 숨어 있는 패턴과 투자법을 찾아 헤맨다. 하지만 결과적으로 매매 횟수가 많아지면 꾸준하게 높은 확률로 수익을 내는 게 어려워질 수밖에 없다. 하락장에는 어떤 투자 기법을 쓰든 성공 확률은 떨어지기 때문이다. 반면 상승장에서는 어떤 투자 기법이든 성공 확률이 급격하게 올라가서 투자자들이 바라는 결과를 만들 수 있다. 그러니 '확률에 집착하지 말자.'라고 말해주고 싶다. 이 말은 '남들이 모르는 어마어마한 기법은 세상에 존재하지 않는다'라는 말과 같다.

다음 1번 그림과 2번 그림을 보자. 화살표는 매매 1회를 의미하고 빨간색은 수익, 파란색은 손실, 화살표 길이는 수익과 손실의 크기를 나타낸다. 1번 그림은 매매 횟수에 비해 여러 번 작은 손실을 냈지만, 한번 수익이 나면 크게 났다. 2번 그림은 매매 횟수에 비해 작은 수익으로 여러 번 성공했지만 손실이 나면 크게 났다.

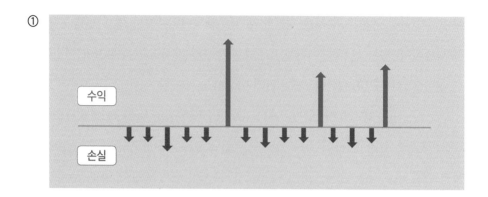

①

수익

손실

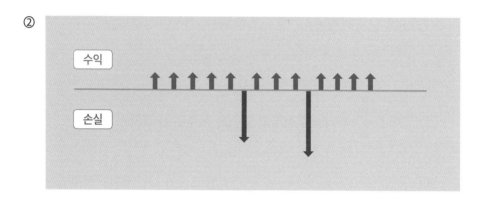

②

수익

손실

자, 그러면 어느 그림이 투자 고수인지 생각해보자. 실전 투자 관점으로 보면 계좌 수익을 크게 늘린 주인공은 1번 그림이다. 손실은 작지만 수익이 날 때 크게 났기 때문에 계좌 수익이 늘어날 수밖에 없는 구조다. 2번 그림은 여러 번 짧은 수익으로 마무리했지만 손실이 날 때 크게 나면서 그동안 여러 번 수익을 낸 수익금을 뱉어내고 원금까지도 타격을 줬다.

그림에서도 알 수 있듯이 진정한 고수는 확률에 집착하는 것이 아니라 손실을 최소화하는 전략을 펼친다. 부정적인 흐름을 보일 때는 확고한 결단력이 필요하며, 긍정적인 흐름일 때는 상황이 부정적으로 변할 때까지 끌고 가는 굳은 심지도 필요하다.

맹수의 제왕이라 불리는 사자나 호랑이도 사냥 성공률이 겨우 25%에 불과하다. 비록 사냥 성공률은 낮지만 자기보다 몸집이 큰 동물을 사냥을 할 때는 가시권역에 들어올 때까지 한없이 기다리는 인내심을 보이기도 한다. 하지만 한번 사냥에 성공하면 4일을 굶어도 될 만큼 포식을 하면서 생태계의 제왕으로 살아남는다.

주식투자에서도 매매 횟수를 줄이고 인내심을 가지고 가시권역에 들어올 때까지 기다린다면 잦은 매매를 할 때보다 성공 확률을 올릴 수 있다. 또 조금이라도 생각지 못한 위험에 노출된다면 빠르게 도망치고 다음 기회를 노리는 전략을 펼쳐야 주식판에서 장수할 수 있다. 만약 좋은 종목을 선택했는데 지속해서 긍정적인 흐름을 보인다면 불안해하지 말고 인내심을 가져야 한다. 포식하는 맹수가 되기 위해서는 인내하고 또 인내해야 한다. 결국 주식판에서 포식하는 맹수는 큰 수익을 내는 투자자라는 것을 기억하자.

주식투자는
내 인생의 평생 동반자

요즘 우리나라의 MZ세대(밀레니얼+Z세대)는 워라밸(일과 삶의 균형)을 중요시한다. 모든 즐거움과 행복을 뒤로 하고 최선을 다해 일만 했던 중장년 세대와는 확실히 차별화된다. 그러나 끊임없이 치솟는 물가 앞에서 우리의 삶은 점점 팍팍해져 가고 있다. 이제는 부동산이나 주식투자를 하지 않고서는 재산을 늘려나가기 어렵다. 그러다 보니 어느덧 주식투자 인구도 급격히 증가하고 있다. 예탁원의 지난 2021년 12월 결산 상장법인 개인 소유자 조사 결과에 따르면 1,373만 6,703명이 지분을 보유하고 있다고 한다. 우리나라 사람 4명 중 한 명꼴로 주식투자를 하고 있다는 말이다. 그에 비해서 체계적으로 주식투자를 교육하는 환경은 열악한 편이며, 그러다 보니 학습 없이 주식투자에 뛰어드는 불나방 같은 투자자들이 계속 늘어나고 있다.

이 책을 기획하게 된 이유도 갑작스럽게 주식투자 인구가 증가하면서 갈 길을 잃은 2년 차 내외 투자자들에게 도움을 주기 위해서다. 나 또한 오랜 기간 시장에 돈을 잃었다. 투자자들이 나와 같은 실수를 하지 않고, 시행착오를 조금이나마 줄였으면 하는 마음으로 이 책을 집필했다.

주식투자에서 투자자들이 가장 궁금한 것은 종목 선정일 것이다. 이 종목을 선정하기 위해서는 재무제표를 가장 중요하게 봐야 한다. 기본적으로 재무제표를 확인하고 접근해야만 우리가 예상하지 못한 악재(상장 폐지, 불성실 공시, 횡령 등)를 피할 수 있다. 또한 잘못된 매매 타이밍을 잡더라도 시간이 해결할 수 있는 길을 만들 수 있다. 보통 단타(단기매매) 종목을 선정할 때는 이슈를 많이 보고 접근한다. 나 또한 그렇지만 항시 재무제표를 확인하고 난 후에 이슈적으로 접근한다. 대규모 영업이익 적자가 있거나 재무적 자산이 부실한 기업이라면 아무리 이슈가 좋아도 쳐다보지 않는다. 장기투자라면 긴 시간 동안 이루어지기 때문에 더욱더 재무제표를 꼼꼼하게 분석한다.

투자자들이 두 번째로 궁금해하는 것은 매매의 타이밍이다. 이 타이밍을 위해서 가격과 거래량으로 분석하는 차트 분석을 공부해야 한다. 일부 투자자들은 차트 분석으로 투자하는 사람들을 무시하기도 하는데 기본적(재무제표) 분석을 바탕으로 차트 차트를 분석하면 조금 더 정밀한 매매가 가능하다. 하지만 아무리 열심히 차트를 분석해도 대부분 사람들은 생각, 마음, 행위가 일치하지 않고 따로 움직이면서 투자에 있어 많은 실수를 하게 된다. 이러한 실수를 줄이기 위해 조금 더 명확하게 가격 원리를 제시한 것이 중요가격론이다. 투자자들이 명확하게 대응할 수 있도록 가격 움직임의 원리를 최대한 쉽게 기술했다. 무엇보다 근본적인 원리를 이해할 수 있다면 많은 도움이 될 것이다.

세 번째로 투자자들이 궁금해하는 것은 기준과 원칙의 정립이다. 계속 손실이 나는 상황에서는 뜬구름 잡는 말로 들릴 수도 있다. 그러나 나는 이것을 투자 철학이라 말한다. 말 그대로 철학이기 때문에 자기 투자에 대한 고충과 고통으로 얻는 깨달음이 바탕이 되어야 한다. 기준과 원칙은 단순히 암기나 이해로 만들어질 수 없다. 자신의 고통과 고충을 이해하면서 투자의 문제점을 해결하는 자세야말로 통찰적인 투자자로 거듭나는 길이다.

지금까지 주식투자를 돕기 위한 가장 확실하고 효과적인 투자법에 대해 이야기했다. 그러나 무엇보다 중요한 것은 투자자 각자의 소신과 노력에 따른 투자를 진행하는 것이다. 이 책이 변화무쌍한 주식시장에서 살아남아 평생 주식투자로 돈을 벌어 편안하고 행복한 삶을 이루는 데 조금이라도 도움이 될 수 있기를 간절히 바란다.